编委会

编撰单位：
  厦门理工学院文化发展研究院
  台北教育大学文化创意产业经营学系
  福建省社会科学研究基地文化产业研究中心
  福建省高校特色新型智库两岸文创研究院
  福建省高校人文社会科学研究基地两岸创意经济研究中心

顾　问： 罗昌智　柏定国
主　编： 丁智才　林义斌
副主编： 颜莉虹　宋西顺
编　委：（按姓氏笔画顺序）

马培红	叶玉婷	邢　峥	伍玉恬	刘　枭
刘子嘉	孙　璐	孙文琪	李康化	李筱婷
肖绯霞	吴　珞	吴应其	何　鹏	张伟勤
张淑华	陈文伟	陈劭恩	陈秋英	陈俐洁
范　平	林江珠	林郁絜	林思玲	俞龙通
黄玉妹	黄金洪	赖守诚	蔡佩桦	蔡清毅

2017
闽台文化发展报告
（特色小镇卷）

■ 主编 ◎ 丁智才　林义斌

Mintai Wenhua
Fazhan Baogao

图书在版编目(CIP)数据

闽台文化发展报告.2017.特色小镇卷/丁智才,林义斌主编.—厦门:厦门大学出版社,2017.10
ISBN 978-7-5615-6755-5

Ⅰ.①闽… Ⅱ.①丁… ②林… Ⅲ.①文化发展-研究报告-福建 ②文化发展-研究报告-台湾 Ⅳ.①G127.57 ②G127.58

中国版本图书馆 CIP 数据核字(2017)第 263536 号

出 版 人	蒋东明
责任编辑	王鹭鹏
封面设计	蒋卓群
技术编辑	朱 楷

出版发行	厦门大学出版社
社　　址	厦门市软件园二期望海路 39 号
邮政编码	361008
总 编 办	0592-2182177　0592-2181406(传真)
营销中心	0592-2184458　0592-2181365
网　　址	http://www.xmupress.com
邮　　箱	xmup@xmupress.com
印　　刷	厦门市金凯龙印刷有限公司

开本　720mm×1000mm　1/16
印张　22.5
插页　4
字数　369 千字
印数　1～1 500 册
版次　2017 年 10 月第 1 版
印次　2017 年 10 月第 1 次印刷
定价　50.00 元

本书如有印装质量问题请直接寄承印厂调换

厦门大学出版社
微信二维码

厦门大学出版社
微博二维码

摘　要

2017年度的《闽台文化发展报告》聚焦特色小镇建设,将特色小镇放在现代经济社会发展特别是文化繁荣发展的时代趋势下进行考察,及时反映两岸特别是闽台特色小镇发展成果与际遇。

本报告由"总报告""理论探索篇""福建发展篇""台湾经验篇""典型案例篇"五大部分构成。整体分析特色小镇的渊源与属性、挑战与机遇、发展状况与典型案例,以宽广的时代视野、深切的人文关怀,生动展示两岸(特别是闽台)特色小镇发展的历程、经验、问题、最新成就与未来趋势。理论探索篇重点探讨特色小镇起源与浙江经验、特色小镇的融资运营、特色小镇的文化传承、创意循环模型与特色小镇发展等。"福建发展篇"调查分析福建特色小镇发展现状与路径、福建特色小镇的产业布局与发展、地域文化与福建特色小镇建设路径、福建"侨"文化与特色小镇建设等。"台湾经验篇"阐述分析台湾特色小镇的地方意识、"一乡一品"到特色乡镇发展、产业节庆活动带动特色乡镇发展、台湾地方观光旅游新气象等。"典型案例篇"精选闽台代表性的特色乡镇进行举证剖析。

报告指出,作为经济新常态下加快区域创新发展、激发创新创业活力的新平台,推进供给侧结构性改革、推动高端要素集聚、产业转型升级和历史文化传承的新举措,推进项目建设、拉动有效投资的新引擎,加快推进新型城镇化的新抓手,特色小镇重在特色,产业是关键,文化是灵魂。福建是沿海经济较为发达的省份,拥有丰富的自然、人文及旅游资源,且地处海峡西岸,是全国深化改革的先行区域,在大力推进特色小镇建设上具有较大优势和潜力。福建

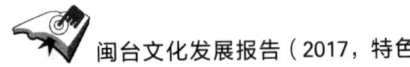

相继开展小城镇综合改革建设试点,出台特色小镇建设指导意见。初步形成以传统特色产业、高科技特色、旅游休闲文化产业为主的特色小镇建设体系。但也存在特色不鲜明、体制机制创新不足、行政化严重等问题,应结合福建的特殊情况选择路径。近年来台湾当局推动生物科技、绿色能源、精致农业、观光旅游、医疗照护、文化创意等六大新兴产业,出台一系列的观光旅游推广政策。从民间自发、由下而上、公民参与的小区营造运动开始,关心自己的土地与环境,解决社区居民共同的议题。为应对加入WTO对农产品的挑战,政府借由"一乡镇,一特色"计划,策略性地辅导地方特色产业的发展。从"体验观光·点亮村落"计划到票选十大观光小城,从"台湾向前行"到"微笑台湾319",极力推展台湾各地乡镇在地特色及观光发展。台湾特色小镇发展的下个阶段,打造以台湾文化为特色、以"三生、三慢"(生产、生态、生活;慢游、慢食、慢活)为策略、达到"四位一体"(生产、文化、旅游、小区)的文化旅游。

《闽台文化发展报告》(特色小镇卷)由厦门理工学院文化发展研究院与台北教育大学文化创意产业经营学系联合编撰。

目 录

总报告

特色小镇：产业转型与文化复兴 …………………… 丁智才　林义斌 / 002

理论探索篇

特色小镇起源与浙江经验 ……………………………………… 马培红 / 028
PPP 视角下特色小镇的融资问题 ……………………… 孙文琪　孙　璐 / 043
特色小镇的生产、生态、生活融合之道 ……………………… 戎　霞 / 055
特色小镇建设中的文化传承 …………………………………… 马培红 / 066
以创意循环模型探究特色小镇发展
　　——以台湾南投县国姓乡咖啡特色小镇为例 ……… 俞龙通 / 079

福建发展篇

福建特色小镇发展现状与路径 ………………………………… 蔡清毅 / 096
福建省特色小镇的产业布局与发展 …………………………… 吴　珞 / 114
地域文化视角下福建特色小镇建设路径 ……………………… 黄玉妹 / 128
福建"侨"文化与特色小镇建设 ……………………………… 林江珠 / 140

台湾经验篇

台湾特色小镇的地方意识 …………………………………… 李康化 / 156
一乡一品到特色乡镇发展 …………………………………… 张淑华 / 173
产业节庆活动带动特色乡镇发展 …………………………… 邢　峥 / 186
台湾地方观光旅游的新气象:新竹新埔柿饼饮食观光的崛起 … 赖守诚 / 197

典型案例篇

鹿港:过尽千帆的海港小镇 ………………………………… 陈文伟 / 218
淡水:从开港通商到创意小镇 ……………………… 李筱婷　张伟勤 / 226
北投:恋恋温泉乡 …………………………… 刘子嘉　伍玉恬　陈俐洁 / 235
九份:千与千寻的山城 ……………………………… 林郁絜　范　平 / 244
五沟水客家聚落:文化资产保存与特色小镇营造 …………… 林思玲 / 254
后壁土沟:村是美术馆,美术馆是村 ………………… 蔡佩桦　陈劭恩 / 262
垦丁:山海交融的魅力小镇 …………………………………… 刘　枭 / 271
湄洲岛:妈祖文化特色小镇 …………………………………… 陈秋英 / 280
长泰古琴小镇:古琴文化与山水田园的和谐乐章 …… 颜莉虹　陈俊杰 / 291
集美汽车小镇:平台经济视角下的小镇建设 ………………… 肖绯霞 / 301
澳头:国际艺术海港小镇 ……………………………………… 何　鹏 / 310
嵩口:千年古镇新兴文创地 …………………………………… 叶玉婷 / 321
和平古镇:特色小镇的机遇与提升 …………………………… 吴应其 / 331
汀溪:乡村休闲小镇的特色建设 ……………………………… 黄金洪 / 343

总 报 告

特色小镇:产业转型与文化复兴

丁智才　林义斌[*]

摘　要：　特色小镇重在特色,产业是关键,文化是灵魂。作为经济较为发达的沿海省份,福建拥有丰富的产业与文化资源,城镇化基础较好,是全国深化改革的先行区域,在大力推进特色小镇建设上具有较大的优势和潜力。近年来福建相继开展小城镇综合改革建设试点,出台特色小镇建设指导意见,初步形成以传统特色产业、高科技特色产业、旅游休闲文化产业为主的特色小镇建设体系,但也存在定位不明确、行政化较严重、基础设施配套不完善等问题,应结合区域特殊情况选择不同的路径。台湾特色乡镇建设从民间自发、由下而上、公民参与的小区营造运动开始,到推出"一乡镇、一特色"计划,辅导地方特色产业发展,以"三生、三慢"(生产、生态、生活;慢游、慢食、慢活)为策略,极力打造"四位一体"(生产、文化、旅游、小区)的文化旅游。近年来,台湾当局推动生物科技、绿色能源、精致农业、观光旅游、医疗照护、文化创意六大新兴产业,出台一系列观光旅游推广政策。从"体验观光·点亮村落"计划到"票选十大观光小城",从"台湾向前行"到"微笑台湾319",极力展示各地乡镇在地特色,推动观光发展。

关键词：　特色小镇;产业转型;文化复兴;福建;台湾

---

[*] 丁智才,博士,福建省社会科学研究基地文化产业研究中心教授;林义斌,博士,台北教育大学创意产业经营学系教授。本文系福建省软科学项目"福建新型城镇化与传统村落文化良性互动机制与路径研究(2017R0108)"、福建省中国特色社会主义理论体系研究中心重大项目(FJ2017ZTZ002)、福建新世纪优秀人才支持计划项目成果。

小城镇是经济转型升级、新型城镇化建设的重要载体，在推进供给侧结构性改革、生态文明建设、城乡协调发展等方面发挥重要作用。2016年2月，国务院《关于深入推进新型城镇化建设的若干意见》指出，应加快特色小镇发展，发展具有特色优势的休闲旅游、商贸物流、信息产业、先进制造、民俗文化传承、科技教育等魅力小镇；同年3月的《国民经济和社会发展第十三个五年规划纲要》也提出要因地制宜，加速发展特色鲜明、产城融合、充满魅力的中小城市和特色小镇。2016年7月，住房和城乡建设部、国家发展改革委员会以及财政部共同发布《关于开展特色小镇培育工作的通知》，特别指出，预计到2020年，培育1 000个左右各具特色、富有活力的休闲旅游、商贸物流、现代制造、教育科技、传统文化、美丽宜居的特色小镇。由于受到中央的重视和政策支持，大陆各地兴起特色小镇建设热潮。2016年10月11日，住建部公布了第一批中国特色小镇名单，共有127个小镇入选。人们普遍认为，特色小镇建设能化解由"工业中心主义"长期主导导致的千城一面格局，能解决由此衍生的资源枯竭、产业同质、土地浪费、人口膨胀、交通拥挤和就业不充分等系列社会问题。

一、特色小镇的兴起

特色小镇不能简单地看作产业发展之举或城镇体系格局的变化，而应意识到其关系中国发展的方向，这是各地政府和众多资本对之热衷的根源。

（一）背景与意义

1.城镇化的必然趋势

城镇化是现代化的必由之路。改革开放30多年来，中国的城镇化水平随着工业化的迅猛发展而大幅提高，2016年已达57.35%，并以每年增加1个百分点的速度进入快速发展期。但城镇化面临发展难题，如物的城镇化快于人的城镇化、土地的城镇化快于产业的城镇化，导致城镇就业难、农业转移人口融入难、城市公共服务难等相关问题。城乡二元结构矛盾越来越明显，房价高企、交通拥堵、空气污染等"城市病"开始蔓延。在经济发展新常态下，城镇化很难按照原有速度持续扩大规模，工业化也很难延续简单的规模扩张路径，旧的发展共识终结，成为横亘在中国面前的巨大挑战。

早在20世纪80年代，中国就提出以小城镇为主体的城镇化战略构想。虽然出现一批基于"一镇一品"的工业强镇，但普遍而言，小城镇缺少发展动力。与"小城镇、大战略"相比，特色小镇具有鲜明的差异性，是新的城镇化模式。这种模式体现了新型城镇化的基本思想——坚持以创新、协调、绿色、开放、共享的发展理念，以人的城镇化为核心，更加注重提高户籍人口城镇化率，更加注重城乡基本公共服务均等化，更加注重环境宜居和历史文脉传承，更加注重提高人民群众获得感和幸福感。所以，特色小镇成为政府大力推行的新型城镇化路径。"十三五"规划纲要提出：加快新型城镇化步伐，提高社会主义新农村建设水平，努力缩小城乡发展差距，推进城乡发展一体化；加快发展中小城市和特色小镇，因地制宜发展特色鲜明、产城融合、充满魅力的小城镇。2017年"中央一号文件"《关于深入推进农业供给侧结构性改革、加快培育农业农村发展新动能的若干意见》提出，将大力培育宜居宜业特色村镇，发展有基础、有特色、有潜力的产业，建设一批农业文化旅游"三位一体"、生产生活生态同步改善、一产二产三产深度融合的特色村镇。

2.经济转型升级的需要

改革开放30多年来，东部沿海培育并形成一大批块状经济和区域特色产业。"集聚"和"特色"是这些地区产业发展的重要路径，也是其经济发展的重要"符号"。在经济发展迈上新台阶后，这些地区面临一个重大课题——传统块状经济强镇和区域特色产业发展乏力，产业竞争力日趋下降，过多依赖低端产业，资源利用效率低，创新能力不足。建设特色小镇，是经济新常态下加快区域创新发展、激发创新创业活力的有效方法；是推进供给侧结构性改革，推动高端要素集聚、产业转型升级和历史文化传承的新举措。创建特色小镇，应充分利用块状经济、山水资源、历史文化的比较优势，利用新一轮信息技术和新业态发展中的领先优势，通过资源整合、项目组合、功能集合，助力产业转型发展，促进经济转型升级。

（二）属性与特征

特色小镇是世界主要发达国家产业竞争力的重要载体，也应该成为中国新时期产业升级的主要载体。

1. 特色小镇的概念

特色小镇始于浙江，它是基于创新、协调、绿色、开放、共享等理念，关注信息经济、环保、健康、旅游、时尚、金融、高端设备等七大新兴产业发展，融合产业、文化、旅游、小区等多重功能的创新创业平台。但在发展过程中，不同主体对其有不同的理解。

住房城乡建设部、国家发展改革委、财政部联合发布的《关于开展特色小镇培育工作的通知》认为，特色小镇拥有特色鲜明的产业形态、和谐宜居的美丽环境、彰显特色的传统文化、便捷完善的设施服务、充满活力的体制机制，拥有富有活力的休闲旅游、商贸物流、现代制造、教育科技、传统文化。到2020年，我国将努力培育1 000个特色小镇，约占全国建制镇总数的5%。国家发展改革委发布的《关于加快美丽特色小（城）镇建设的指导意见》认为，特色小（城）镇包括特色小镇、小城镇两种形态：特色小镇主要指聚焦特色产业和新兴产业，集聚发展要素，不同于行政建制镇和产业园区的创新创业平台；特色小城镇指以传统行政区划为单元，特色产业鲜明、具有一定人口和经济规模的建制镇；特色小镇和小城镇相得益彰、互为支撑。

从发改委的角度看，特色小镇不仅仅是普通意义上的小镇，而有本质的区别。普通意义上的小镇，多指行政区域，这种小镇可以有产业，也可以没有产业；可以有很深的文化底蕴，也可以仅是小规模人群的聚居地。特色小镇是集合产业、文化、旅游和社区之功能于一体的新型聚落单位；以产业为核心，以项目为载体，生产、生活、生态互相融合。特色小镇既不是行政区划单元上的"镇"，也不同于产业园区、风景区的"区"；而是按照创新、协调、绿色、开放、共享五大新发展理念，结合自身特质，拥有准确的产业定位、科学规划、富有产业特色、人文底蕴和生态禀赋，是"产、城、人、文"四位一体有机的重要功能平台。与建制镇和产业园区的"大而全"相比，特色小镇讲究"小而美"，以特色的产业或业态为基础,重视产业链上下游各要素的集聚。特色小镇规划面积为3平方千米左右,是特色产业聚集区,具有明确的产业定位和文化内涵,兼具旅游和社区功能。

表1 几种区域类型的比较

属性	特色小镇	建制镇	工业园区	旅游景区
行政区划	非行政区划,可跨区域	行政概念	单一行政区划内的区域	非行政区划,可跨区域
划分依据	优势产业聚集	行政目的	区域自身发展需求	旅游景点
主体	企业	政府	管委会	企业或政府
发展理念	五大理念	综合发展	可持续发展	可持续、服务至上
产业	七大新兴产业	综合性产业	工业制造业	旅游、餐饮

资料来源:吴奶金,谢晓维,陈晔,刘飞翔.福建省特色小镇建设的路径选择[J].台湾农业探索,2017(1):44.

2.特色小镇的特色

无论是小城镇还是特色小镇,发展必须突出特色。住建部要求小城镇的发展要从当地经济社会实际出发,突出特色产业,传承传统文化,注重生态环境保护,完善市政基础设施和公共服务设施,防止千镇一面;要求小城镇依据特色资源优势和发展潜力,科学确定培育对象,防止一哄而上。发改委则要求特色小镇的发展遵守以下原则:特色是产业发展的竞争力,要立足资源禀赋、区位环境、历史文化、产业集聚等特色,加快发展特色优势主导产业。两种形式的小镇,特色是共同点,其发展都要立足自身资源和环境禀赋,把握区域分工和社会分工带来的发展机遇,充分发挥区位优势、资源优势和产业优势,坚持和把握小镇发展的特色且突出特色。

特色是小镇的核心元素,产业特色是重中之重。特色小镇建设的关键在于找准特色,凸显特色,放大特色,主攻最有基础、最有优势的特色产业及其产业链,不能"百镇一面",同质竞争。即便主攻同一产业,也要差异定位,细分领域,错位发展,突出特色优势,创新品牌市场。发展特色产业,不能墨守成规,不能千篇一律,要加强创新和品牌建设,发展品牌产业、品牌产品和品牌服务,提高品牌的知名度、美誉度,用特色品牌占领市场。

3. 特色小镇的产业

产业是人口合理聚集、城镇健康发展的基础,更是特色小镇发展的生命力。特色小镇的特色首先是产业的特色。发展特色小镇应从产业抓起,依靠产业集聚人口,发展经济,提供服务;以产立镇,以产带镇,以产兴镇,实现产镇统筹和协调发展。从小镇的自然资源、人口结构、产业基础等条件出发,因地制宜,确定小镇发展的主导产业和支柱产业,从小镇资源到小镇产业,从小镇产业到小镇经济,从小镇经济到小镇发展,为特色小镇持续健康发展提供源源不竭的动力和支持。研究当地产业体系,寻找特色产业业态,挖掘产业的内容及活力,制定产业的扶持及优惠政策,用产业的活力带动整个产业链的发展,促进第一、二、三产业协调发展,形成良好的供需关系,是特色小镇的发展动力和可持续的基础。

特色小镇的产业定位还需面向未来,引领市场发展,推动产业聚集,提高规模效应。发改委要求各地通过规划引导、市场运作,培育出兼具休闲旅游、商贸物流、智能制造、科技教育、民俗文化传承功能的专业特色小镇,面向未来。以浙江为例,重点打造信息经济、环保、健康、旅游、时尚、金融、高端装备制造七大万亿产业,即使是茶叶、丝绸、黄酒、中药、青瓷、木雕、石雕这些历史经典产业,也借助互联网和文化创意而蝶变更新。每个小镇立足一个主导产业,打造完整的产业生态圈,培育具有行业竞争力的"单打冠军";坚持产业、文化、旅游"三位一体"和生产、生活、生态"三生融合"。

4. 特色小镇的文化

文化是特色小镇的灵魂,特色小镇应融合当地的人文脉络、现代文明的新风尚及当地产业的进化升级等要素,兼具各种功能、元素,以提高凝聚力,具备品牌传播特性。

特色小镇要具有独特的历史人文气息或现代文化气息,要对当地人文脉络进行深度梳理,了解其历史、人物、遗址、风俗、物产、自然环境等,找到当地的差异基因,与现代社会诉求融合。中国农村和小城镇历史悠久文脉悠长,许多历史文化都源于农业农村,集中展现在村镇。与工业化、城市化区域相比,小镇大多保持农村生产生活的特点,彰显区域特色,体现村风民俗,传承优秀文化,保持田园风光和良好生态环境,要坚持和突出小镇的历史文化特色,防止千篇一律,实现个性化发展。要注意的是,特色小镇是以高校毕业生等"90后"、大企业高管、科技人员、留学归国创业者为主的"新四军"的创新创业地,有望凝聚独特的人文气息;要打造"传统特色产业+互联网"的发展新高地,建设活跃的创新文化;注重新产业新业态的孵化,形成独特的产业文化。

5.特色小镇的运营

特色小镇是综合改革试验区,国家、省级或市级的改革举措将率先在特色小镇推广。创新社会治理模式是建设特色小镇的重要内容,特色小镇的运作方式、建设机制要新,要平衡政府、社会、市民三大主体积极性,推动政府、社会、市民同心同向行动,充分发挥社会力量作用,激发市场主体活力和企业家创造力,鼓励企业、其他社会组织和市民积极参与投资、建设、运营和管理,成为建设的主力军。要积极调动市民的建设热情,促进其致富增收,让发展成果惠及广大群众。逐步形成多方主体参与、良性互动的现代城镇治理模式。小城镇建设普遍面临资金、土地、人才紧缺等困难,必须强化运作,想方设法破解这些难题。如资金方面,要在用好增减挂钩指标交易收益、税费返还、专项资金、国债资金、贴息贷款、转移支付等政策性资金的同时,积极争取银行信贷资源的倾斜配置,鼓励、吸引社会资金参与。用地方面,要着力盘活存量,开展农村土地整治和"三旧"改造,科学合理地使用增减挂钩指标。环境容量方面,要按照"宁可少一点也要好一点,宁可少一点也要实一点"的要求,优选项目,上好项目,力争少排放、零排放。人才方面,要通过就地培训、内部挖潜、外部选派等办法,引进人才,培养人才,留住人才,努力创造条件为小城镇建设提供人才支撑。

二、福建特色小镇建设

福建位于东南沿海,是"海上丝绸之路"的起点。作为经济较为发达的沿海省份,拥有丰富的自然、人文及旅游资源,且地处海峡西岸,民营经济较为发达,是全国深化改革的先行区域,在大力推进特色小镇建设上具有极大优势和潜力。

(一)现状与问题

改革开放以来,福建城镇化快速发展,城镇化率从13.7%提高到60.8%,年均提高1.35个百分点。在城镇化快速发展的同时,质量不高与风貌特色不鲜明的问题也日益突出。加快特色小城镇发展是福建城镇体系和海峡西岸城市群建设的重要组成部分。福建已经形成闽侯根雕产业、德化陶瓷产业、建瓯竹制品产业等十大特色产业集群,为创建特色小镇打下较好基础。从2010年开始,福建省先后确定45个小城镇开展综合改革建设试点,省政府出台《关于开展小城镇综合改革建设试点的实施意见》,提出:以科学规划为前提,坚持以人为本,突出资源优势,凸显特色功能,强化产业支撑,优化空间布局,创新体制机制,实施综合开发,增强集聚能力,探索解决"三农"问题和城乡结构矛盾的途径,逐步实现城乡基础设施、公共服务、就业和社会保障的一体化,建成一批"规划先行、功能齐备、设施完善、生活便利、环境优美、保障一体"的宜居城市综合体。通过试点探索,力争在三到五年内,基本形成布局合理、特色鲜明、生态优美的小城镇发展格局和配套保障政策。农村人口稳步有序地向镇区集中;基础设施和公共服务设施更加完善,向相邻地带的农村延伸;各具特色的产业基础初步建立,市场发育比较健全;小城镇居民基本享有与城市居民均等化的公共服务和社会保障;有利于发挥小城镇特色优势的体制机制基本建立;生态环境优美,辐射带动能力较强的宜居城市综合体基本建成。各级政府在财税、土地、基础设施、房地产、户籍就业、金融等方面给予支持。

表2　福建小城镇综合改革建设试点

地市	第一批试点镇	第二批试点镇
福州市	闽侯县青口镇、荆溪镇,福清市龙田镇	福清市高山镇,长乐市江田镇,连江县琯头镇
厦门市	同安区汀溪镇、翔安区新圩镇	集美区灌口镇、海沧区东孚镇
泉州市	晋江市金井镇、南安市水头镇,安溪县龙门镇	惠安县黄塘镇、安溪县湖头镇,晋江市东石镇

续表

地市	第一批试点镇	第二批试点镇
漳州市	龙海市角美镇,长泰县岩溪镇	漳浦县杜浔镇(古雷新港城),南靖县靖城镇
莆田市	荔城区西天尾镇,涵江区江口镇	仙游县枫亭镇,秀屿区埭头镇
三明市	永安市小陶镇,尤溪县洋中镇	梅列区陈大镇,三元区岩前镇
南平市	建阳市将口镇,武夷山市兴田镇	建阳市水吉镇,邵武市和平镇
龙岩市	上杭县古田镇,永定县高陂镇,新罗区白沙镇	漳平市永福镇,上杭县才溪镇
宁德市	福安市赛岐镇,福鼎市秦屿镇	蕉城区飞鸾镇,霞浦县牙城镇

资料来源:笔者整理(2017年5月)。

开展小城镇综合改革建设试点以来,福建小城镇建设取得较好成绩。据初步统计,近年来45个试点镇累计实施项目5 978项,投资4 265亿元;2015年45个试点镇实现地方一般公共预算收入68.3亿元,农民人均纯收入11 817元,比2010年增长70%,城镇居民人均可支配收入24 923元,增长54%,分别比全省增幅高出58个百分点和44个百分点[①],经济实力较大增强。住建部公布认定第一批127个中国特色小镇,福建有5个,都是全省试点镇中的佼佼者。

表3 中国特色小镇建设名单中的5个福建小镇

地市	小镇名称
厦门	同安区汀溪镇
福州	永泰县嵩口镇
泉州	安溪县湖头镇
南平	邵武市和平镇
龙岩	上杭县古田镇

资料来源:笔者整理(2017年5月)。

福建省政府发布的《福建省人民政府关于开展特色小镇规划建设的指导意见》(以下简称《意见》)提出:"通过三到五年的培育创建,建成一批产业特色

---

① 叶飞文.福建特色小城镇建设路径的实践与探索[J].中国投资,2016(19):66.

鲜明、体制机制灵活、人文气息浓厚、创业创新活力迸发、生态环境优美、多种功能融合的特色小镇。"①《意见》要求特色小镇的发展坚持以特色为本、产业为根、精致宜居、双创载体、项目带动和以市场为主体。要结合自身特质，找准产业定位，制定各具特色的发展规划，挖掘产业特色、人文底蕴和生态禀赋，使"产、城、人、文"四位一体有机结合。要坚持精而美，按照节约集约发展、多规融合的要求，充分利用现有区块的环境优势和存量资源，合理规划生产、生活、生态等空间布局，规划区域面积一般控制在3平方千米左右（旅游类特色小镇可适当放宽）。所有特色小镇要按照3A级以上景区建设，旅游产业类特色小镇按5A级景区标准建设。各部门在土地、资金、人才方面给予大力扶持：省国土资源厅为每个特色小镇预留100亩用地指标，新增建设用地计划予以倾斜支持。在符合相关规划的前提下，利用现有房屋和土地兴办文化创意、科研、健康养老、工业旅游、众创空间、现代服务业、"互联网＋"等新业态的，可实行继续按原用途和土地权利类型使用土地的五年过渡期政策。在符合相关规划和不改变现有工业用地用途的前提下，对工矿厂房、仓储用房进行改建及利用地下空间，提高容积率的，可不再补缴土地价款差额。该指导意见结合福建的产业基础，要求小镇聚焦新一代信息技术、高端装备制造、新材料、生物与新医药、节能环保、海洋高新、旅游、互联网经济等新兴产业，兼顾工艺美术（木雕、石雕、陶瓷等）、纺织鞋服、茶叶、食品等传统特色产业，选择具有当地特色和比较优势的细分产业作为主攻方向，将其培育为支撑特色小镇未来发展的大产业。每个细分产业原则上只规划建设一个特色小镇。福建省推进新型城镇化工作联席会议办公室相继出台《福建省特色小镇创建指南》《福建省特色小镇创建规划编制指引（试行）》，对各地特色小镇创建和申报提出具体要求。要求各地结合自身特质，找准产业定位，挖掘产业特色、人文底蕴和生态禀赋，融合产业、文化、旅游和社区功能，打造"产、城、人、文"四位一体有机结合的发

---

① 福建省人民政府.《福建省人民政府关于开展特色小镇规划建设的指导意见》政策解读［EB/OL］.（2016-06-16）［2017-05-10］.http://www.fujian.gov.cn/zc/flfgjd/szfzcjd/201606/t20160616_1188875.htm.

展平台。明确特色小镇创建规划体系为"1+X",其中"1"为特色小镇创建规划,"X"为若干专题研究,产业发展、文化旅游专题为必选专题。

2016年9月,福建公布省级第一批特色小镇创建名单[①],共有28个特色小镇入选。通知要求这些特色小镇推动人才、技术、资本等高端要素的集聚,发挥产业比较优势,传承发展传统特色产业,培育战略性新兴产业,推动产业转型升级,为全省推进供给侧结构性改革、实施创新驱动发展战略创造经验,提供示范。

表4 福建第一批特色小镇创建名单及产业分布

地市	特色小镇名单	产业类别
福州市 (2个)	长乐东湖VR小镇, 永泰嵩口休闲旅游小镇	新一代信息技术、文化旅游
厦门市 (1个)	集美汽车小镇	高端装备制造
泉州市 (5个)	永春达埔香都小镇,德化三班瓷都茶具小镇,安溪藤云小镇,晋江人才梦想小镇,晋江深沪体育小镇	与香文化有关的旅游文化产业,与瓷器、茶具有关的文化休闲产业和文化创意产业,与茶文化相关的文化休闲产业,与体育相关的文化休闲产业
漳州市 (4个)	南靖山城兰谷小镇,长泰古琴小镇,东山海洋运动小镇,诏安四都渔乡休闲小镇	生态农业、工艺美术、多元休闲产业、旅游休闲
莆田市 (4个)	仙游仙作工艺小镇,城厢华林鞋艺小镇,秀屿上塘银饰小镇,湄洲妈祖文化小镇	传统工艺、纺织鞋服、传统工艺、文化休闲
三明市 (2个)	明溪药谷小镇,永安石墨小镇	食品、新材料
南平市 (4个)	光泽圣农小镇,武夷山五夫朱子文化休闲小镇,政和石圳白茶小镇,建瓯徐墩根艺小镇	生态食品产业、与理学宗师朱熹有关的文化休闲产业、与茶文化有关的产业、与"根艺城"相关的旅游文化产业
龙岩市 (3个)	上杭古田红色小镇,漳平永福花香小镇,连城培田草药小镇	文化休闲、茶产业、药品
宁德市 (3个)	屏南药膳小镇,霞浦三沙光影小镇,蕉城三都澳大黄鱼小镇	食品药品、文化休闲、渔业

---

① 福建省人民政府.关于公布福建省第一批特色小镇创建名单的通知[EB/OL].(2016-09-22)[2017-05-10].http://www.fujian.gov.cn/zc/zxwj/szfwj/201609/t20160923_1216970.htm.

从第一批创建名单来看,福建特色小镇的名称具有浓厚的地方特色,体现地方优势产业。但以传统特色产业为优势产业的较多,体现高科技特色的相对较少。无论是以传统特色产业为支柱产业,或以新兴高科技产业为支柱产业,都可以很好地带动旅游休闲文化产业。在传统工艺方面,福建省工艺美术品种齐全,有雕刻、漆艺、美术陶瓷、工艺花画、竹草藤编织、戏装道具等13个大类100多个品种[①],历史悠久、种类丰富的传统工艺为福建特色小镇的发展奠定良好的基础。在休闲农业方面,福建省具有一定规模的休闲农庄2 200多家,资产总额达387亿元,年接待游客超过6 000万人次,年营业额85多亿元[②],获得全国最美休闲乡村称号的村镇共9个,领先于其他省份,较易打造旅游休闲类特色小镇。

从总体上看,福建特色小镇的建设上还存在定位不明确、行政化严重、基础设施配套不完善等问题。特色小镇发展不能简单照搬国内外的成功经验,应结合福建区域的特殊情况进行路径选择和遴选策略。

(二)趋势与路径

1.把规划放在首位,突出规划前瞻性

充分考虑经济社会发展、社会结构变迁、城镇体系演化对小城镇未来的影响,统筹各种要素,合理谋划布局。坚持节约集约原则,合理确定小城镇发展的规模和边界,不能一味求大。规划要突出地方特色,充分结合当地人文风貌、建筑风格,传承展现文化元素,发展有历史记忆、地域特色、民俗风情特点的美丽城镇;发挥福建良好的生态优势,依托现有山水脉络,让特色小城镇融入大自然,让居民望得见山,看得见水,记得住乡愁;要保留村庄原始风貌,慎砍树,不填湖,少拆房,尽可能在原有村庄形态上改善居民生活条件。

2.依托内生动力,突出小镇特色

小城镇发展必须依托各自优势和潜力,构建发展内生动力,促"星星之火"

---

① 胡渡南.福建省工艺美术产业化的现状与发展对策[J].福建论坛:人文社会科学版,2007(8):119-121.
② 王舒宁.福建省休闲农业发展存在的问题与对策[J].福建农业科技,2015(10):67-68.

成"燎原之势"。福州青口、泉州龙门等镇,依托大项目、龙头企业,逐步发展成为工业主导型小城镇;龙岩永福、厦门汀溪等镇,发挥农产品加工、旅游资源优势,发展成为生态农业、旅游主导型小城镇;福州荆溪、莆田西天尾等中心城市周边的镇,依托中心城市,加快发展与中心城市紧密联系、功能互补的产业和配套设施,逐步成为中心城市的重要组团。特色是小镇的核心元素,产业特色是重中之重。福建地域多样,发展各异,小镇建设要找准特色,凸显特色,放大特色,主攻最有基础、最有优势的特色产业及其产业链,不能"百镇一面",同质竞争。即便主攻同一产业,也要差异定位,细分领域,错位发展。

3.升级传统产业,由产业园区到特色小镇

在高端技术领域方面,福建省共有7个高新区进入国家高新区行列,拥有国家级重点实验室9个(省级以上200个)、国家级工程技术研究中心7个(省级以上447个),可以此为依托重点发展高新产业的特色小镇。福建传统产业园区较多,这些园区主要进行生产上的分工协作,开发模式相对比较单一,规划设计粗放,缺乏系统的功能分区,生活配套和生态空间严重缺乏。应该利用特色小镇建设的机会,对园区产业进行梳理,明晰产业发展思路,清退低端、散乱、不符合园区定位的企业。园区比较大,可以划出1平方千米左右的空间来,仿照现在产业特色小镇的开发模式进行集中规划建设,重建园区生态,完善园区生活配套,构建产业、生活、生态一体化的空间经济平台,从产业园区向产业社区转变。

4.优化创业创新环境,吸引优质项目进镇

用新模式汇聚发展新动能是特色小镇建设中必须思考的问题。福建中小企业多,民营企业多,有利于大力发展创新创业,推进特色小镇建设:一是要积极鼓励大众创业,大胆引入创业项目,成立特色小镇创业孵化基地,提高创业项目的可行性及减少项目的风险性,适当资助已经初步成型且有较大市场潜力的创业项目。二是要营造良好的创新环境,补助创新性项目,奖励创新人员,形成良好的社会风气,从政策上提供便利,引进创新合作科研机构,增强创新成果转化能力。特色小镇的建设应以项目带动型为主,发挥项目的带动支撑作用,吸引优质项目进镇,夯实特色小镇的发展基础。实际执行中应提高项目准入门槛,对优质项目简化审批程序,鼓励多元化投资,密切协调配合,完善项目推进机制,加强对重点项目的考核监督力度,优化特色小镇项目结构,改善项目引入环境,发挥项目应有的支持作用,增强特色小镇经济发展动力。

5.强化运作,完善政府引导机制

特色小镇建设普遍面临资金、土地、人才紧缺等困难,必须强化运作破解这些难题。如资金方面,要用好增减挂钩指标交易收益、税费返还、专项资金、国债资金、贴息贷款、转移支付等政策性资金,积极争取银行信贷资源的倾斜配置,鼓励、吸引社会资金参与。用地方面,要着力盘活存量,开展农村土地整治和"三旧"改造,科学合理地使用增减挂钩指标。人才方面,要通过就地培训、内部挖潜、外部选派等办法,引进人才,培养人才,留住人才,努力创造条件为小城镇建设提供人才支撑。要完善政府引导机制,赋予企业主导权。特色小镇建设要坚持政府适度引导原则。一是政府在政策制定上要对特色小镇给予一定的优惠和倾斜,放手给市场,成立特色小镇建设委员会,指导特色小镇的规划、建设等,简化各类行政审批程序和制度,做到高效、便捷。二是在保证公平公正的前提下,应根据特色小镇的类型、区域情况,制定出灵活的考核标准,避免考核一刀切。

三、台湾特色小镇路径与经验

实际上,台湾并没有"特色小镇"或"特色乡镇"这样的说法,也没有促成"产、城、人、文"四位一体的产业发展政策或城乡建设政策。不过,20多年来,台湾慢慢从工业社会转型成以商业服务为主的社会,同样面临传统产业转型、劳动力密集产业外移、城镇开发与文化传承冲突、经济发展与生态保育冲突、休闲旅游发展与生活质量下降等问题;其间,不论是民间自发还是政府主导,投入许多人力、资金,制定执行了许多政策来促成台湾的社会和谐与经济发展。近年来,当地政府推动生物科技、绿色能源、精致农业、观光旅游、医疗照护、文化创意六大新兴产业,推出一系列观光旅游推广政策,有效引导小城镇发展,引导社会和谐发展。

(一)台湾特色小镇发展脉络分析

台湾是个小岛,但地理位置特殊,横跨亚热带与热带,气候多变、地势起伏、高山林立,除拥有丰富的地质景观与生态多样性,历史命运乖舛也让台湾蕴含丰富而多元的文化,拥有汉族文化、少数民族文化、荷兰文化、西班牙文化、日本文化等,呈现跨文化的多元特性和多样族群的活泼文化生态,其本土文化在不同文化的对立、妥协、再生的历史过程中发展。

台湾主流的文化是汉民族自大陆带来的文化及汉民族在台湾创造的文化。闽南人、客家人、外省人,各族群孕育出属于自己的特有文化资产,至今仍随处可以看到这些先民留下的生活轨迹,台北、台南、鹿港等街头遍布古城、寺庙、街道、战争遗迹或传统聚落,也可以见到三义木雕、莺歌陶瓷、苗栗蔺编、嘉义交趾等独具风格的传统工艺。

台湾20年来文化旅游与特色产业的发展始于民间自发、由下而上、公民参与的小区营造运动,居民关心环境,解决社区居民共同的问题,所牵涉范围分人、文、地、产、景等五类。随后,台湾当局为应对加入世界贸易组织(World Trade Organization,WTO)后农产品生产遇见的挑战,制定推行"一乡镇,一特色"计划,辅导加工食品、文化公益、创意生活、休憩服务、民俗节庆、在地美食等地方特色产业发展,卓然有成。

2000年,台湾政局波动,造成经济低迷、社会不安。《天下杂志》创办人殷允芃秉持"关怀,由认识开始;凝聚,由了解形成"的远见,着手规划"319乡向前行"特刊与活动,透过人文关怀,报道和记录台湾的319个乡镇,鼓励民众带着微笑走入每个乡镇,帮助台湾民众认识自己脚下的土地,产生关怀,凝聚信心。这个活动举办10余年,成功地把台湾各乡镇的特色营销给台湾民众,促进民众旅游的发展。

与此同时,台湾观光部门也意识到,观光产业是21世纪的风向产业,于是将2000年确定为观光规划年,将2011年确定为观光推动年,研究提出21世纪台湾发展观光新战略,以打造观光之岛为目标,对外推动各种观光营销品牌和营销策略。例如,2002年的观光客倍增计划和台湾生态旅游年,2004年的台湾观光年计划,2008年的旅行台湾年计划,2011年的"旅行台湾·感动100",2012—2013年的"旅行台湾·就是现在",2015—2018年的观光行动方案,乃至台湾永续观光发展策略,显示台湾当局积极发展观光的企图心,努力使台湾成为亚洲旅游重要的目的地。

台湾有很多城乡小镇,拥有不同的风情,极具深度旅游与文化体验的潜力。为了吸引旅客造访,推动观光发展,推展台湾各地的特色乡镇建设并带动深度旅游风潮,2012年,台湾观光部门推出"十大观光小城"票选活动,引起岛内外游客广泛的讨论和关注;为了让游客放慢脚步,静下心来感受各地的人情温度,2016年观光部门再度推出"体验观光·点亮村落"计划,从北中南东及离岛等地中挑选出6个村落作为示范,将台湾的观光旅游与文化体验推向另一个高峰。

未来,台湾的特色小镇将以台湾文化为特色、以"三生、三慢"(生产、生态、生活;慢游、慢食、慢活)为策略,融生产、文化、旅游、小区"四位一体"。

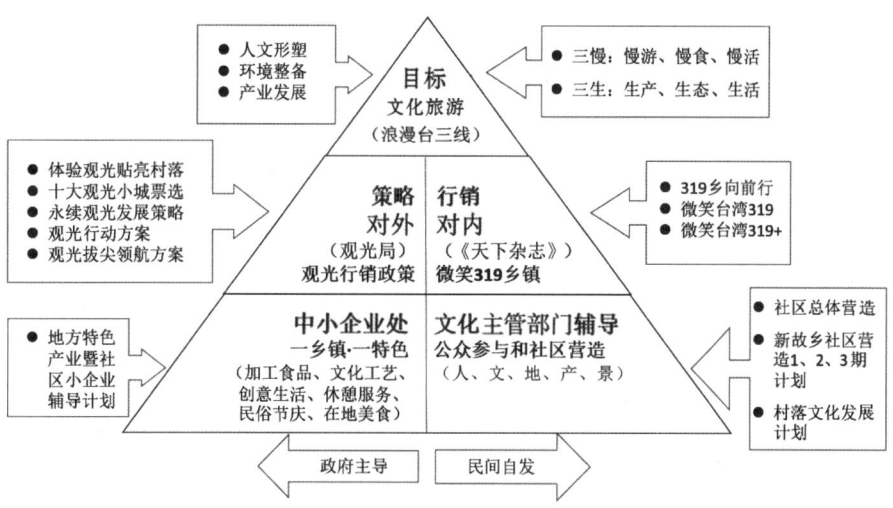

图1 台湾特色小镇发展脉络与策略

(二)小区营造是特色发展的基础

小区是基本的生活单元,地理范围可大可小;小至村里聚落,大至城市甚或整个国家。每个小区都有独特的人文内涵,其功能是提供良好的生活环境。小区营造指居住在同一地理范围(小区)内的民众,以集体行动来参与并处理共同面对的生活议题,解决问题,创造共同价值,居民彼此间、居民和小区环境间,凭此建立起紧密的感情和联系。

1994年,台湾文化主管部门提出小区总体营造理念,以建设小区文化来凝聚小区共识,建构小区生命共同体,透过各种补助,通过小区推展,以凝聚小区意识,重建小区伦理,推动地方产业转型,改善小区环境质量[①]。

小区营造是长期且牵涉广泛的社会改造工程。在台湾,小区营造不仅仅是文化政策,更着意培养在地关怀,促进公民参与社会建设。虽然,小区营造主要是居民自发的行动,但涉及许多公共议题,必须有公共部门的协助;为了支持小区营造,政府用许多补助和鼓励政策来引导,期望吸引民众参与,促进小区自主和永续发展。在台湾,小区营造的发展可划分为三个阶段。

1.第一阶段(1994—2001年)

这一阶段,着重理念倡导、人才培育、产业振兴和景观改造。例如,实施社区文化活动发展计划,完善乡镇展演设施;辅导美化地方传统文化建筑空间;辅导县市主题馆设立及充实文物馆藏。具体措施为选择示范性小区,组织观摩参考与经验交流[②]。

2.第二阶段(2002—2008年)

实施"挑战2008:台湾发展重点计划""新故乡小区营造计划"是这一阶段工作的重点,具体结合特有文化传统、空间环境与地方产业,发挥地方特色。"新故乡小区营造计划"注重"行政社区化",通过政府部门的整合协调,促使小

---

① 陈锦煌,翁文蒂.以小区总体营造推动终身学习、建构公民社会[J].政策季刊,2003(3):63-90.
② 王本壮.小区总体营造的回顾与展望[J].府际关系研究通讯,2008(3):18-21.

区在执行不同政府部门的计划时能有整体性思考,避免各项工作在推动时相互牵制,导致资源重复和浪费。到2004年,继续深化执行"新故乡小区营造计划",行政主管部门提出"台湾健康小区六星计划"①,将小区营造工作划分为产业发展、社福医疗、小区治安、人文教育、环保生态、环境景观六个方面,将零散分布的项目计划分门别类,成功促成政府部门重视"小区营造"理念,从注重落实各自的业务权责到鼓励民众共同参与,以建成全面适合居民生活的小区,落实"总体"营造精神。这一阶段,透过共同辅导,花莲县牛犁小区、台南市土沟小区、云林县林北小区、台东县永安小区及南投县桃米小区成为全台示范性亮点案例,成为"台湾最美风景"的最佳代言,带动政府与民众协力合作的社会风潮。

3. 第三阶段(2009—2013年)

这一阶段,扩大前期小区营造的成果,制定执行"盘石行动:新故乡小区营造第二期计划",扩大联结在地周边的人、事、物,实现突破与提升,营造"地方文化生活圈",结合"地方文化环境发展计划(地方文化馆第二阶段计划)",有效推动小区营造。

为迎合小区不同发展阶段的需求,激活民间小区营造的动力,应对危机与挑战,迎接日渐严峻的资源分配、人口老化及少子化等挑战,文化主管部门采用"由内而外"(小区营造)及"由外而内"(村落文化发展)的双向辅导策略,推动民众深度参与,深化艺文推展活动,整并"小区营造三期及村落文化发展计划(2016—2021年)"②。这一阶段的目标有三个:扩大艺文扎根,建构文化价值;促进多元参与,协调城乡发展;分层辅导培力,强化行政动能。

小区营造唤醒小区居民意识,透过多元学习机制,促进其参与公共事务,以"民主参与""由下而上"的决策及执行模式,解决小区问题。20多年来,台湾民众由小区营造机制参与社会公共议题,认识自己,了解在地,激起在地关

---

① 行政主管部门.台湾健康小区六星计划推动方案[J].小区发展季刊,2005(110):517-526.
② 文化主管部门.小区营造三期及村落文化发展计划(2016—2021)[A/OL].(2017-02-15)[2017-05-21].http://www.moc.gov.tw/information_302_45992.html.

怀及情感,学习解决地方问题及落实文化平权,发展各地区和族群特有的生活习俗与文化多样性,带动地方产业与经济发展,使台湾社会整体改善。近年来,台湾各地出现各式各样的特色乡镇(或农村),小区营造扮演重要的角色,功不可没。

(三)地方特色产业是文化与体验的内涵

地方产业的发展有助于稳固地区经济发展基础,创造就业机会,充实地方财源,累积既有产业技术,联结当地人际关系,凝聚互信互助基础等作用,有助于形成特有风土、文化与民情。地方产业不但是地方经济的重要支柱,也是社会安定力量与地方精神的象征。因此,地方产业的发展还与地方人文风格的形成及社会结构的健全发展息息相关。

针对地方特色产业的政策,始于日本的"一村一品"(One Village One Product,OVOP)。1979年的日本,正处于快速工业化和城市化进程中,九州岛的大分县面临经济萧条、农村人才外流、农业萎缩的困境,知事平松守彦倡导"一村一品"运动,基于本地资源的优势,发展具有地方特色的主导产品或产业,以提高农民收入、振兴农村经济[①]。在推广"一村一品"运动后,大分县农民的收入持续增长,农村面貌不断改善,成为农村开发与转型的典范。大分县的事迹不仅在日本国内,也在世界各地,引起广泛的讨论和关注,各国政府纷纷派人前往考察,制定扶植地方特色产业的计划。

为应对2002年加入WTO后对产业及经济的冲击,台湾的经济主管部门于1989年推动"地方特色产业暨小区小企业辅导计划"[②],在台湾各乡镇中挖掘深具当地特色的产业及产品,以"一乡镇,一特色"(One Town One Product,OTOP)为口号,以振兴小区暨地方产业为目标,系统规划、整合及包装地

---

① 为何日本一村一品成全球范本——四个案例解读一村一品发展方法论[N/OL].(2016-08-15)[2017-05-24].https://read01.com/zxMQLO.html.

② 经济主管部门.中小企业处办理地方特色产业暨小区小企业辅导作业要点[A/OL].(2015-09-08)[2017-05-24]. http://www.moeasmea.gov.tw/ct.asp? xItem=705&ctNode=215.

方文化、艺术活动及外围产物,将各地的特色文化当作产业来经营,由辅导团队协助,以创新、创意和品牌提高产品的附加价值,培育人才,创造就业机会,有效地与当地生态、观光、节庆结合,形成更具规模且可永续经营的经济体。

为促进地方产业长足发展,结合地方传统人文,繁荣地方经济,提高产经发展动能,2008年,台湾经济主管部门设置"地方产业发展基金"[①],本着"一乡一品"的精神,由地方提出计划,上级部门给予经费补助,协助各县市全力发展地方特色产业,促进经济繁荣,增加就业机会。

根据"地方产业发展基金补助要点"[②],所谓"地方特色产业",指以乡、镇(市)或小区(部落、聚落)等为单位,发挥当地特有的历史、文化、特性或创意,运用当地素材、自然资源、传统技艺、劳动力,从事生产及提供服务,进而形成地方群聚之产业;经济主管部门的"OTOP品牌通路深化与推动"行动方案也将地方特色产业分为六大类别,其定义与产业范畴如下[③]:

1.产品类

(1)加工食品类:包含制茶、脱水食品(如米粉)、豆类加工食品(如豆干)、酒类酿造、糖果、烘焙食品、食用油、腌制品、冰冻食品等。

(2)文化工艺类:在地住民运用当地原料发展具地方文化特质、蕴藏历史意涵及收藏或实用价值的产品,如竹艺、石艺、木艺、漆艺、陶艺、编染、纸制品等。

(3)创意生活类:以创意整合生活之核心知识,提供具有深度体验及高质美感之产业,如特制毛巾、竹炭制品、手工肥皂、精油等生活用品,以及运用地方民俗文化或产业转型所延伸之相关创意产品。

---

① 经济主管部门.地方产业发展基金[EB/OL].(2017-02-12)[2017-05-24].https://fund.sme.gov.tw/.
② 经济主管部门.地方产业发展基金补助要点[A/OL].(2012-10-25)[2017-05-24].http://www.moeasmea.gov.tw/ct.asp?xItem=8111&ctNode=672&mp=1.
③ 地方特色产业[EB/OL].(2017-05-24)[2017-05-24].https://zh.wikipedia.org/wiki/%E5%9C%B0%E6%96%B9%E7%89%B9%E8%89%B2%E7%94%A2%E6%A5%AD.

2.服务类

(1)休憩服务类:各地区地形、资源的不同及当地住民的巧妙运用所形成的商业活动,成为当地地方特色,如休闲农场、民宿(度假村)、观光景点、生态体验、温泉(冷泉)等。

(2)节庆民俗类:台湾十二大节庆、地方特色及传统庆典、民俗或传统仪式,如台中大雅小麦节、白河莲花季等。

(3)在地美食类:地方小吃、创意主题美食、养生蔬食等。

自1989年推动"地方特色暨小区小企业辅导计划"迄今,经济主管部门累积20余年丰富经验;未来将进一步推动地方特色产品的营销,透过策略联盟及系统整合营销通路,让地方特色产品销往全台乃至国际,吸引消费者至各个乡镇体验其特色产业与文化。

(四)从台湾向前行到微笑台湾319,凝聚人民的信心和善意

2001年,台湾政治混乱,经济低迷,企业出走,失业率攀升,人心惶惶,社会弥漫着不安的焦躁感。当时,正值《天下杂志》创刊20周年,面对不安的社会氛围,《天下杂志》着手规划"319乡向前行"特刊,以人文关怀的笔触报道和记录台湾319个乡镇①,帮助台湾民众深刻认识自己脚下的土地,进而产生关怀,凝聚信心。

"关怀,由认识开始;凝聚,由了解形成",《天下杂志》是第一个完整采访记录台湾319个乡镇的媒体。为了制作"319乡向前行"特刊,他们动员全部的文字和摄影记者,从策划、采访到后制,历时将近一年,走遍台湾319个乡镇,深入发掘当地的历史人文,最后整理成"319乡向前行"乡镇特刊四册,于2001

---

① 台湾的地方行政区主要包括乡镇市区四种层级或类型。2010年以前,台湾仅有台北市和高雄市两大省直属城市,其余乡镇市共有319个。改制后,至2016年年底共有6个省直属城市(台北市、新北市、桃园市、台中市、台南市、高雄市)、三个地级市(基隆市、新竹市、嘉义市),包括170个行政区;此外,还有13个县(新竹县、苗栗县、彰化县、南投县、云林县、嘉义县、屏东县、宜兰县、花莲县、台东县、澎湖县、金门县、连江县),下辖14个县辖市、38镇、146乡,合计368乡镇(含区)。不过,民众仍习惯用319乡镇的叫法,较为顺口。

年7月发表。《天下杂志》还发行乡镇护照,供民众索取体验,鼓励各地居民互相拜访。

2001年,"信心台湾"活动一共发出120万份乡镇护照,配合系列报道活动和集章抽奖鼓励,短短一年内就促成534人走完319乡,吸引超过40万人走过20个以上的乡镇,创下台湾媒体参与社会公益的最大行动规模,诱发岛内旅游和特色乡镇观光风气。

2005年,《天下杂志》又推出《微笑台湾319》特辑,殷允芃相信,只要每个人每天多做一件让人开心微笑的事,台湾就会更加美好。因此,她要大家"带着微笑,再访319乡",鼓励台湾民众走入台湾319个县辖乡镇市,在旅游中体验并找出属于台湾独特的微笑竞争力,增加台湾观光休闲产业的产值。

"微笑台湾319"以发放领取免费的"乡镇护照"为活动主轴,参加者皆可至台湾319个乡镇市(含本岛及离岛)的"7-11便利商店"和"微笑商店"及旅游景点加盖纪念戳章,每集20个章就获得一次抽奖机会。为了推广旅游,台湾著名的风景旅游点、旅游服务中心、高铁车站、机场,甚至地铁站,亦可盖纪念戳章。

从"319乡向前行"到"微笑台湾319",带动台湾岛内超过600万人行脚台湾各乡镇,不仅帮助各地乡镇找出特色与自信,也将台湾在地的力量联结到国际,使台湾成为重要的文化观光目的地。"319乡向前行"让台湾人重新认识这块土地;"微笑台湾319"夯实了人与人之间善意的基础。2011年,"319乡向前行"十周年之际,《天下杂志》与联盟企业再度推出"微笑台湾319+"活动。

(五)台湾特色乡镇的观光政策与国际营销策略

台湾的产业以外销为导向,过度集中在科技制造业(信息、半导体、通信及面板),缺乏多元发展,易受国际景气影响。2008年,应未来节能减碳、人口老化、创意经济兴起等国际潮流趋势,台湾行政主管部门遴选并推广生物科技、绿色能源、精致农业、观光旅游、医疗照护及文化创意等六项产业,以带动产业结构转型,吸引民间投资,扩大产业规模,提高附加价值。

1.台湾观光政策发展脉络

观光旅游为台湾的"六大新兴产业"之一,交通主管部门编列观光发展基金来推动。首先于2009—2014年推动"观光拔尖领航方案",以"发展国际观光,提高台湾旅游质量,增加观光外汇收入"为理念,通过开发利用台湾观光资源以"拔尖",辅导产业转型升级以"筑底",催生星级旅馆、好客民宿及加强国际市场开拓之"提升"等三大行动方案,试图将台湾打造成东亚观光交流中心乃至国际观光重要旅游目的地。该计划成功扩大台湾观光市场规模,引领产业国际化发展,营造资源分区旅游风貌,并于2015年创下吸引旅客来台破千万人次的纪录。

为提高台湾观光旅游的质量,增加收益,2015—2018年接着推动"观光行动方案",秉持"质量优化、价值提升"理念,以"优质、特色、智慧、永续"为口号,搭建观光平台,促进观光产业及人才优化,促进整合及营销特色产品,推广绿色及关怀旅游,全方位增加台湾观光价值,增强国际观光竞争力,努力使台湾成为质量优化、创意加值、处处皆可观光的观光地区。

联合国世界旅游组织将2017年定为国际永续观光发展年,为顺应这一国际观光发展趋势,把握观光转型契机,交通主管部门也确定于2017—2020年执行"Tourism 2020——台湾永续观光发展策略",以"开拓多元市场,活络民众旅游,辅导产业转型,发展智慧观光及推广体验观光"为策略,持续促进观光产业优化转型,营造在地旅游亮点,推广绿色运输及关怀旅游,以优质观光服务及品牌形象为口碑吸引更多国际旅客来台,使台湾成为"友善、智慧、体验"的亚洲重要旅游目的地。其中,"体验观光"为策略重心,辅导地方政府营造国际观光游憩亮点,发展地方旅游亮点特色游程,营销村落特色节庆及民俗活动,积极推动部落观光。

"体验观光·点亮村落"计划推动小众、精致的深度旅游,从北、中、南、东、离岛等不同区域筛选出6个属性完全不同的示范点——新北市石门区的"石门fun风趣·嵩山千岁米"文化体验、苗栗县南庄乡的"怡客蓬莱·蔬活厨房"慢食慢游、嘉义县中埔乡的"农趣中埔GO"整合平台、台东县长滨乡"一起跳吧·南竹湖"部落观光、澎湖县湖西乡的"南寮农情蜜·北寮尝馨鱻"农渔体验及马祖(连江县)莒光乡的"点亮离离离岛·东莒洛神赴"东莒战地生活,让旅客放慢脚步,感受台湾各地的人情与温度,展示台湾各地村落之美与特色。

2.票选十大观光小城造成话题

台湾除了有日月潭、阿里山、垦丁、台北故宫博物院等令人耳熟能详的景点,还有很多在地的城乡小镇,它们拥有不同的特色风情。为了吸引岛内外旅客,推动观光发展,带动深度旅游风潮,2012年,交通观光主管部门推出"十大观光小城"票选活动,让民众投票选出心目中最佳的观光小城。

除选十个观光小城外,还增选"最具地方特色小城""最整洁干净观光小城""最具国际观光潜力小城"及其他潜力小城,从南到北分散相当平均。

表5 台湾主要观光小城

序次	小城名称	小城标语	特色类型
1	台中市大甲区	大甲妈祖文化	文
2	桃园市大溪区	大溪镇	人
3	台北市北投区	北投风华小镇	地、景
4	台南市安平区	台湾之名源自安平	人、文
5	金门县金城镇	金城镇后浦古朴小镇	人、文
6	高雄市美浓区	美浓美意情浓	产
7	彰化县鹿港镇	鹿港镇工业、美食、古迹	人、文、产
8	南投县集集镇	火车印象、踩风集集	文、地、产
9	新北市瑞芳区	水金九地区矿山秘境	产、景
10	宜兰县礁溪乡	礁溪温泉养生乐活小镇	地、景
11	苗栗县三义乡	三义木雕艺术城	增选,最具地方特色小城
12	花莲县瑞穗乡	瑞穗温泉休闲	增选,最整洁干净小城
13	台北市信义区	信义时尚之城	增选,最具国际观光潜力小城
14	马祖(连江)北竿	战地之乡	潜力小城
15	屏东县琉球乡	生态保育琉球乡	潜力小城
16	澎湖县马公镇	澎湖县马公民俗小镇	潜力小城
17	台东县鹿野乡	热气球的故乡	潜力小城

注:依小城所在行政区首字笔画多寡顺序排列,非投票名次。
资料来源:观光局.观光小城[EB/OL].(2017-05-22)[2017-06-22].http://www.taiwan.net.tw/m1.aspx? sNo=0017730.

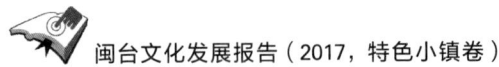

台湾拥有丰沛的人文资产与多样的自然环境等重要的观光资源。除了上文提及的17个行政区之外,近来,许多自助行游客陆续发现许多特色鲜明的景点,例如:号称最萌小镇的猴硐(猫村)、充满东洋色彩的溪头妖怪村、老式火车文化小镇的南投集集小镇、海角七号的恒春小镇等①。未来,打造完善便利的景区设施,加强大众运输接驳系统,强化区域特色,发展深度旅游,展现台湾人善良热情的特质,成为台湾推动特色乡镇及发展文化观光的关键。

---

① 中国企业报.精选8个台湾最受瞩目的特色小镇[N/OL].(2017-01-16)[2017-05-22].https://kknews.cc/zh-tw/travel/bxnyagn.html.

理论探索篇

特色小镇起源与浙江经验

马培红[*]

摘　要： 特色小镇建设是新型城镇化的重要实践，是破解城乡二元结构瓶颈的重要路径。特色小镇的出现有其科学性与历史必然性，在特色小镇建设方面，浙江创新机制，敢于改革，坚持市场化运作，取得显著成效，为其他地区提供了借鉴。

关键词： 特色小镇；产业集群；浙江经验

特色小镇在国外早已发展得非常成熟，但在中国提出时间较短。浙江在政策引导、发展模式上逐渐形成浙江经验，已经成为其他省市争相学习和模仿的榜样，甚至成为国内新型城镇化建设、产业集聚发展的风向标。

一、特色小镇的理论基础

特色小镇"更像是一个新的地域生产力结构创新空间，在有限的空间内优化生产力布局，破解高端要素聚集不充分的结构性局限，探索创业创新生态进化规律"[①]，有效促进了经济的转型升级与社会的可持续发展。

---

* 马培红，厦门大学嘉庚学院教师，两岸语言应用与叙事文化研究中心成员，主要研究文化资源与文化产业。本文系 2017 年厦门市社会科学调研课题项目成果。
① 张鸿雁.论特色小镇建设的理论与实践创新[J].中国名城，2017(1)：4－10.

(一)特色小镇概念的提出

中国的城镇化发展迅速,2015年城镇化率达到56.10%,城镇人口规模达7.7亿。随着城镇化发展重点从数量提高向质量改善转移,建设特色小镇成为提高城镇质量的重要举措,成为促进城镇精致化发展的重要推动力。2016年7月1日,住房和城乡建设部、发改委、财政部下发《关于开展特色小镇培育工作的通知》,使用"特色小镇"的叫法,明确"特色小镇原则上为建制镇(县城关镇除外)"[①]。

在国内,特色小镇并不由国家首先提倡,也不由浙江省首创,多年前,北京、云南、江西等地就提出要打造特色小镇,但基本都是从小城镇发展战略衍生而来,试图以特色小镇的名义来推动建制镇的发展,未能取得如期效果。现在国家层面已对特色小镇给出界定,但部分省市因地制宜,对特色小镇进行多种解读(表1)。如重庆市依然采用建制镇的提法,浙江、江苏、福建等则打破建制镇的局限,侧重于打造发展平台。

表1 部分省(自治区、直辖市)特色小镇相关政策一览表

省(自治区、直辖市)	提出时间	文件名称	具体阐述	发展目标
浙江省	2015.04.22	《关于加快特色小镇规划建设的指导意见》	相对独立于市区,具有明确产业定位、文化内涵、旅游和一定社区功能的发展空间平台,区别于行政区划单元和产业园区。	重点培育和规划建设100个左右特色小镇。规划建设一批产业特色鲜明、体制机制灵活、人文气息浓厚、生态环境优美、多种功能叠加的特色小镇。

---

① 住房城乡建设部、发改委、财政部关于开展特色小镇培育工作的通知[EB/OL].(2016-07-20)[2017-04-02]. http://www.mohurd.gov.cn/wjfb/201607/t20160720_228237.html.

续表

省（自治区、直辖市）	提出时间	文件名称	具体阐述	发展目标
甘肃省	2016.07.27	《关于推进特色小镇建设的指导意见》	按照创新、协调、绿色、开放、共享发展理念，以打造特色业态为主导，产业定位明确、市场要素集聚、管理机制创新、生产生活生态统筹布局的综合性发展平台。	通过3年的努力，在全省范围内初步建成一批特色鲜明、绿色低碳、功能完善、产业集聚、开放包容、机制灵活、示范效应明显的特色小镇。
福建省	2016.06.03	《福建省人民政府关于开展特色小镇规划建设的指导意见》	区别于建制镇和产业园区，是具有明确产业定位、文化内涵、兼具旅游和社区功能的发展空间平台。	通过3~5年的培育创建，建成一批产业特色鲜明、体制机制灵活、人文气息浓厚、创业创新活力迸发、生态环境优美、多种功能融合的特色小镇。
江苏省	2017.01.21	《关于培育创建江苏特色小镇的指导意见》	特色小镇不是行政区划单元，而是产业发展载体；不是产业园区，而是同业企业协同创新、合作共赢的企业社区；不是政府大包大揽的行政平台，而是企业为主体、市场化运作、空间边界明晰的创新创业空间。	通过3~5年分批培育创建100个左右的特色小镇。
重庆市	2016.06.23	《关于培育发展特色小镇的指导意见》	具有特色资源、特色产业、特色风貌，文化底蕴深厚、综合服务功能较为完善、生产生活生态融合发展的小城镇。	在"十三五"期间建成30个左右在全国具有一定影响力的特色小镇示范点，推动形成一批产城融合、集约紧凑、生态良好、功能完善、管理高效的特色小镇。

资料来源：笔者整理（2017年5月）。

(二)特色小镇的理论基础

随着城市化不断推进，"网络和智能技术为全球产业分工和竞争提供了新的竞争场域,使得各种经济要素可以不依赖传统区位空间而形成全球意义上的'特色文化中心',这也是特色文化城市和特色小镇广泛崛起的现实理论基础和土壤"[①]。产业集群理论、空间结构演进理论、可持续发展理论成为特色小镇建设的理论基础。

1. 产业集群理论

产业集群理论由迈克尔·波特在《国家竞争优势》一书中提出,他认为,产业集群是一组在地理上靠近、在产业上相互关联的公司或机构,它们"同处在一个特定的产业领域,由于具有共性和互补性而联系在一起"[②]。区域形成产业集群可以使不同企业分享公共设施和专业技术、劳动力资源,有助于形成产业链,产生规模效益,增强区域竞争力。特色小镇往往有主导产业,以之为核心在地理上形成集聚,在产业上形成相互关联的产业链,形成核心竞争力,推动区域经济的特色化发展。

2. 空间结构演进理论

空间结构演进理论即为"核心—边缘理论"。约翰·费里德曼认为核心区具有较强的经济发展能力,会不断向外围区扩散发展成果,通过涟漪式的扩展推动外围区域发展。中国城乡二元结构比较突出,区域发展不均衡,核心—边缘理论能有效地指导城市和乡村寻找出适合的发展模式,为城镇化进程中的不均衡现象提供理论支撑。广州、深圳、上海是经济发展的核心区域,为周边特色小镇的建设提供了人才支持、科技扩散、资源共享等,促进了周边特色小镇主导产业的形成。

3. 可持续发展理论

随着城市化进程加快,环境问题日益严重,引起人们对传统发展模式的反思。城镇化是不断发展的动态过程,在快速发展的同时出现诸多不和谐因素,"表现为正负效应结合的交替进程。在推进城镇化的同时必须对其负

[①] 张鸿雁.论特色小镇建设的理论与实践创新[J].中国名城,2017(1):4—10.
[②] 卫玲,邱德钧.现代产业集群理论的新进展及其述评[J].兰州大学学报(社会科学版),2007(2):122—127.

面效应加以限制,使城镇化速度、规模和强度等与生态环境的承载力相适应"①,实现可持续发展。特色小镇要以科学发展观为指导,从数量型的增长向质量提升转变,关注以人为本的可持续发展,实现人与人、人与社会的和谐相处。

二、特色小镇发展历程分析

(一)探索阶段(20世纪80年代—2011年)

此阶段主要强调特色与小城镇紧密结合。1983年,费孝通进行了对吴江的调查,发布著名的报告《小城镇,大问题》,提出小城镇概念。1998年,中共中央发布《关于农业和农村中若干重大问题的决定》,提出"发展小城镇是带动农村经济和社会发展的一个大战略",小城镇发展模式得以制度化并在全国推广实施。2005年9月27日,云南省人民政府发布《关于加快旅游小镇开发建设的指导意见》,要求有效聚集各种资源和要素,促进小城镇建设。2008年5月12日,济南着力打造"特色小镇","第一批展开的商河县怀仁镇、平阴县孔村镇、长清区万德镇,正分别规划营造'商贸特色''工业特色''绿色城镇',第二批展开的城镇也将结合自身环境和文化特色进行城镇建设"②。此阶段的特色小镇建设受小城镇的理念指导。

(二)发展阶段(2011—2016年)

此阶段,特色小镇的提法清晰化。2011年5月5日,云南省人民政府出台《关于加快推进特色小镇建设的意见》,提出,特色小镇分为现代农业、工业、旅游、商贸、边境口岸、生态园林六类,在旅游特色小镇的基础上形成特色小镇

---

① 崔凯,郭静利.新型城镇化的理论基础、现实选择与推动策略[J].现代经济探讨,2014(7):29—33.
② 马国军.济南着力打造"特色小镇"[N].济南日报,2008-05-12.

体系。2012年9月,中共贵州省委、贵州省人民政府发布《关于加快推进小城镇建设的意见》,提出:到2015年,建成100个交通枢纽型、旅游景观型、绿色产业型、工矿园区型、商贸集散型、移民安置型等各具特色的示范小城镇。"从政府工作实践来看,采用特色小城镇、特色镇、特色小镇等名词,含义都是特色的小城镇的简称。"① 此一阶段,不同省份的特色小镇建设处于深入探索阶段,对特色小镇的理解各有不同(表1)。

(三)快速发展阶段(2016年至今)

此一阶段,特色小镇建设上升为国家战略。2016年7月1日,住房城乡建设部、发展改革委、财政部发布《关于开展特色小镇培育工作的通知》,采用"特色小镇"的叫法,认为特色小镇是建制镇,是产业、社区相融合的城镇化平台,是区域城镇化和现代化的载体。由于地域辽阔,各地经济背景迥异,特色小镇在不同省市、地方也有不同的发展模式和界定方式。目前,多省市相继出台特色小镇的建设规划和发展目标(表1)。国家在特色小镇培育、创建、资金筹集等方面给予政策支持(表2)。2016年10月,国家首次公布127个特色小镇名单。

表2 国家层面对特色小镇的政策支持一览表

时 间	文件名称	内 容
2014.03.16	《国家新型城镇化规划(2014—2020年)》	重点发展小城镇,通过规划引导、市场运作,将具有特色资源、区位优势的小城镇,培育成为文化旅游、商贸物流、资源加工、交通枢纽等专业特色镇。
2016.02.16	《关于深入推进新型城镇化建设的若干意见》	加快特色镇发展,发展具有特色优势的休闲旅游、商贸物流、信息产业、先进制造、民俗文化传承、科技教育等魅力小镇。
2016.03.17	《国民经济和社会发展第十三个五年规划纲要》	加快发展中小城市和特色镇,因地制宜发展特色鲜明、产城融合、充满魅力的小城镇。

---

① 人民网—文史频道.特色小镇的起源和探索历程[EB/OL].(2016-10-2)[2017-6-2]. http://history.people.com.cn/n1/2016/0912/c393599-28710443.html.

续表

时间	文件名称	内容
2016.07.01	《关于开展特色小镇培育工作的通知》	特色小镇原则上为建制镇,到2020年,培育1 000个左右各具特色、富有活力的休闲旅游、商贸物流、现代制造、教育科技、传统文化、美丽宜居等特色小镇,引领带动全国小城镇建设,不断提高建设水平和发展质量。
2016.10.31	《关于加快美丽特色小(城)镇建设的指导意见》	打造一批新兴产业聚集、传统产业升级、体制机制灵活、人文气息浓厚、生态环境优美的美丽"特色小(城)镇"。
2016.12.12	《关于实施"千企千镇工程"推进美丽特色小(城)镇建设的通知》	加强政企银合作,拓宽城镇建设投融资渠道,加快城镇功能提升。通过搭建平台更多依靠市场力量引导企业等市场主体参与特色小(城)镇建设。
2017.01.24	《关于推进开发性金融支持小城镇建设的通知》	以农村人口就地城镇化、提升小城镇公共服务水平和提高承载能力为目的的设施建设;促进小城镇产业发展的配套设施建设;促进小城镇宜居环境塑造和传统文化传承的工程建设。
2017.04.11	《关于推进商业金融支持小城镇建设的通知》	支持改善小城镇功能、提升发展质量的基础设施建设;支持促进小城镇特色发展的工程建设;支持小城镇运营管理融资。

三、特色小镇发展概况

特色小镇的独特之处在于"特色",根据各地情况的不同,特在资源,特在产业。创意是小镇实现"特"的重要途径,是特色小镇区别于其他传统小镇的核心要素,也是特色小镇最明显的特征。在创意推动下,各种要素充分涌流,特色小镇建设如火如荼。

(一)各省市积极创建特色小镇,目标明确

自国家发布《关于开展特色小镇培育工作的通知》以来,各省市结合各自特色,积极出台相关政策,探索特色小镇的发展之路(表1)。经过创建培育,申报考核,2016年10月,住建部公布第一批特色小镇,共127个。

(二)特色小镇空间分布差异明显

每个省市均有特色小镇,但空间分布仍然不均衡,呈集中态势。从首批国家公布的中国特色小镇名单看,浙江8个,江苏省、山东省、四川省均为7个,数量较多;宁夏回族自治区只有2个,新疆生产建设兵团仅1个(表3)。从地理位置上看,东部沿海地势平坦,经济较为发达,特色小镇分布较多,西部地区经济发展落后,特色小镇仅有零星分布。

表3 第一批中国特色小镇名单

省 市	数 量	省 市	数 量	省 市	数 量
浙江省	8	河北省	4	上海市	3
江苏省	7	辽宁省	4	云南省	3
山东省	7	江西省	4	甘肃省	3
四川省	7	河南省	4	新疆维吾尔自治区	3
广东省	6	广西壮族自治区	4	天津市	2
安徽省	5	重庆市	4	海南省	2
福建省	5	北京市	3	西藏自治区	2
湖北省	5	山西省	3	青海省	2
湖南省	5	内蒙古自治区	3	宁夏回族自治区	2
贵州省	5	吉林省	3	新疆生产建设兵团	1
陕西省	5	黑龙江省	3		

资料来源:笔者整理(2017年5月)。

(三)多样化的发展模式

特色小镇的发展以产业和特色为依托,产业是特色小镇发展的重点,每个特色小镇都有主导产业,突出小镇建设的差异化。在特色小镇建设过程中,不少省市定位鲜明,主导产业发展迅速,逐渐形成多样化的发展模式,主要类型有以下三种:(1)面向历史的传统经典产业发展模式。如丁蜀镇,因紫砂而闻名,通过搭建"'创造+创意(服务平台)+体验=产业链'模式,着重发展创意研发设计制作、产品推广营销、创意休闲体验等创意产业"①。2015年,丁蜀镇紫砂产业实现产值78亿元,带动实现文化产业增加值14.5亿元,实现旅游总收入7亿多元。②(2)依托信息、智能装备等前沿科技而兴起的新兴产业发展模式,如云栖小镇以信息经济产业为核心,着力打造云生态,已经覆盖云计算、大数据、互联网金融、移动互联网等各个领域。(3)借鉴国外经验,形成特色产业的发展模式。部分省市借鉴国外特色小镇理念打造自己的发展模式,如浙江上城玉皇山南基金小镇,借鉴美国格林威治对冲基金小镇的发展思路,建成中国版的格林威治小镇。

四、基于浙江经验的特色小镇发展建议

在特色小镇建设方面,浙江在政策引导、发展模式上逐渐形成浙江经验,已经成为其他省市争相学习和模仿的榜样,成为国内新型城镇化建设、产业集聚发展的风向标。在住建部公布的第一批特色小镇名单中,浙江有8个特色小镇,数量居各省市之首。浙江的特色小镇打破建制镇的局限(表4),本质上是"对特定空间内各类生产要素、制度要素、文化要素的重新整合和高效利用"③,走出一条融合创新发展的特色小镇建设之路。

表4 浙江特色小镇的基本情况

项 目	内 容
概 念	相对独立于市区;具有明确产业定位、文化内涵、旅游和一定社区功能的发展空间平台;区别于行政区划单元和产业园区。
产业定位	聚焦信息经济、环保、健康、旅游、时尚、金融、高端装备制造等七大产业,兼顾茶叶、丝绸、黄酒、中药、青瓷、木雕、根雕、石雕、文房等历史经典产业。
建设空间	规划面积一般控制在3平方千米左右,建设面积一般控制在1平方千米左右。

---

① 张胤,丁宣.丁蜀镇产业为本建设特色小镇[EB/OL].(2017-02-08)[2017-04-25].http://culture.china.com/heritage/folklore/11170665/20170208/30239978.html.
② 苏雁,吴春燕,储鑫.特色小镇,关键在"特"[N].光明日报,2017-1-24.
③ 周鲁耀,周功满.从开发区到特色小镇:区域开发模式的新变化[J].城市发展研究,2017(01):51—55.

续表

项 目	内 容
运作方式	政府引导、企业主体、市场化运作。
要 求	所有特色小镇要建设成为3A级以上景区,旅游产业类特色小镇要按5A级景区标准建设。支持各地以特色小镇理念改造提升产业集聚区和各类开发区(园区)的特色产业。
目 标	培育和规划建设100个左右特色小镇。通过3年的培育创建,规划建设一批产业特色鲜明、体制机制灵活、人文气息浓厚、生态环境优美、多种功能叠加的特色小镇。

资料来源:笔者整理(2017年5月)。

(一)浙江经验

特色小镇正成为加快产业转型升级,推进项目建设,拉动有效投资的新引擎。2015年,"37个省级特色小镇创建对象全年完成固定资产投资(不含商品住宅和商业综合体项目)477.92亿元,与申报时自定的年度投资目标426.18亿元相比,超额完成51.74亿元"[1],特色小镇的发展取得惊人的成效。近两年,不少省市前往浙江调研,研究浙江特色小镇的发展模式。总结特色小镇发展的浙江经验,有四个方面。

1.理念创新,政策支持

在概念的理解上,浙江大胆创新,敢于突破行政区域,发展非镇非区的特色小镇。2014年,浙江省在原有小城镇发展的基础上,结合特色鲜明的区域板块,突破性地提出建设特色小镇的设想,实施特色小镇培育工程。浙江省明确指出,"特色小镇的定位是综合改革试验区——凡是国家的改革试点,特色小镇优先上报;凡是国家和省里先行先试的改革试点,特色小镇优先实施;凡是符合法律要求的改革,允许特色小镇先行突破"[2]。自提出要创建特色小

---

[1] 刘乐平.去年完成固定资产投资逾477亿元[N].浙江日报,2016-3-25.
[2] 常晓华,屈凌燕,王政.特色小镇是什么——浙江全面推进特色小镇创建综述(上)[EB/OL].(2016-2-28)[2017-4-9].http://news.xinhuanet.com/local/2016-02/28/c_1118181253.html.

镇,浙江省就频繁出台政策(表5),从金融投资、技术创新、质量监管、信息共享、文化发展等方面为其发展保驾护航。

表5 浙江特色小镇政策一览表

序号	时间	政策名称
1	2015.04.22	《关于加快特色小镇规划建设的指导意见》
2	2015.07.12	《浙江省工商局关于发挥职能作用支持省级特色小镇加快建设的若干意见》
3	2015.10.09	《浙江省特色小镇创建导则》
4	2015.10.15	《关于金融支持浙江省管特色小镇建设的指导意见》
5	2015.11.17	《关于金融支持浙江省特色小镇建设的指导意见》
6	2015.12.28	《浙江省特色小镇建成旅游景区的指导意见》
7	2016.02.25	《浙江省经信委关于支持特色小镇加快发展的指导意见》
8	2016.03.16	《关于高质量加快推进特色小镇建设的通知》
9	2016.05.19	《浙江省科学技术厅关于发挥科技创新作用推进浙江特色小镇建设的意见》
10	2016.06.07	《浙江省文化厅关于加快推进特色小镇文化建设的若干意见》

资料来源:笔者整理(2017年5月)。

2.定位明确,差异化明显

(1)产业定位明确。浙江特色小镇聚焦信息经济、环保、健康、旅游、时尚、金融、高端装备制造等支撑浙江未来发展的七大产业,兼顾茶叶、丝绸、黄酒、中药、青瓷、木雕、根雕等历史经典产业,"产业选择紧扣产业升级,即便主攻同一产业,不同的小镇也会差异定位、细分领域、错位发展"[①]。现已公布的省级特色小镇都有自己的主导产业,力求做到"一镇一品,一镇一风格"(表6)。目前,浙江已经公布第一、二批特色小镇名单,鲜明的产业定位有效避免了千镇一面的现象,避免了同质化竞争。

---

① 贾淑军.浙江特色小镇建设经验与启示[N].河北日报,2016-9-8.

表6 浙江部分特色小镇的产业定位与发展概况

特色小镇	产业定位	具体定位	发展概况
新昌智能装备镇	高端装备制造产业	智能装备制造小镇综合服务发展	2016年以来,实现工业总产值超过200亿元,亩产超过700万元,以高端化、智能化、绿色化为专攻方向,带动引领企业的转型升级。
梦想小镇	信息产业	互联网创业小镇和天使小镇双镇融合发展	入驻创业项目500余个,新注册投资机构和各类基金108家,集聚管理资本总额逾362亿元。
杭州西湖区云栖小镇	信息产业	以云计算为核心,大数据和智能硬件产业为主导产业的云计算产业生态小镇	2015年实现涉云产值近30亿元,完成财政总收入2.1亿元,累计引进企业328家,其中涉云企业255家,产业覆盖云计算、大数据、互联网金融、移动互联网等各个领域。
平阳宠物小镇	时尚产业类小镇	国内知名宠物主题小镇	完成投资额10.05亿元,主要用于宠物用品研发中心建设。
杭州玉皇山南基金小镇	金融产业小镇	集基金、文创和旅游三大功能为一体的特色小镇	集聚68家私募、股权投资企业,到位资金63亿元,管理资产规模300多亿元,成为杭州市私募股权投资企业最多、管理资产规模最大的区块。为区域产业转型提供金融引擎。
开化根缘小镇	以根雕为主的历史经典产业	以根雕文化产业为核心,打造根雕产业与休闲旅游、国学文化、传统技艺、电子商务融合发展的根雕小镇	2015年,小镇完成固定资产投资7亿元,建成、开放醉根天工博物馆、根宫佛塔、醉文阁等10多个项目,集聚20余家根雕企业在小镇集中展示销售,年度产值达14.2亿元,税收收入3 444.8万元。

资料来源:笔者整理(2017年5月)。

(2)功能定位明确。浙江特色小镇力求功能融合,而非功能的简单拼凑,实现产业功能、文化功能、旅游功能、社区功能的有机统一,建设成适宜生产、生活的现代化开放型特色小镇。如开化根缘小镇以根雕文化为核心,全方位展示传统手工技艺,发展根雕产业,突出"旅游+休闲+文化"的发展思路。

3.体制机制灵活

(1)严格的考核机制。浙江在特色小镇建设上坚持质量第一,实施创建制,重谋划、重实效,宽进严定、动态管理,不搞区域平衡、产业平衡,形成"落后者出、优胜者进"的竞争机制。2015年,浙江省发布《浙江省特色小镇创建导则》指出,对特色小镇采取"宽进严定、动态管理、验收命名"的创建制度,第一年未完成建设进度、不符合特色小镇建设理念的,次年降格为省级培育名单;连续两年没有完成建设进度的,退出省级培育名单。2016年公布第一批省级特色小镇考核成绩,是对制度的践行。2016年6月,浙江省对第一批的37个特色小镇进行考核(表7),总体合格率为89.2%。考核中发现,"奉化滨海养生小镇2015年度完成固定资产投资为0,特色产业投资、税收收入等方面均为0,因而考核评分最低"[①],只能降为省级特色小镇培育对象。南浔善琏湖笔小镇、苍南台商小镇、磐安江南药镇三个缺乏特色产业投资的小镇也被警告。

表7 浙江第一批省级特色小镇考核成绩一览表

考核成绩	数量	特色小镇名称
优秀	7	诸暨袜艺小镇、上城玉皇山南基金小镇、余杭梦想小镇、西湖云栖小镇、嘉善巧克力甜蜜小镇、龙游红木小镇、莲都古堰画乡小镇
良好	9	临安云制造小镇、桐乡毛衫时尚小镇、海宁皮革时尚小镇、江干丁兰智慧小镇、黄岩智能模具小镇、武义温泉小镇、富阳硅谷小镇、景宁畲乡小镇、德清地理信息小镇
合格	17	仙居神仙氧吧小镇、越城黄酒小镇、湖州丝绸小镇、桐庐健康小镇、青田石雕小镇、义乌丝路金融小镇、江北动力小镇、海盐核电小镇、开化根雕小镇、余杭艺尚小镇、南湖基金小镇、梅山海洋金融小镇、瓯海时尚智造小镇、西湖龙坞茶镇、常山赏石小镇、龙泉青瓷小镇、路桥沃尔沃小镇
警告	3	南浔善琏湖笔小镇、苍南台商小镇、磐安江南药镇
降格	1	奉化滨海养生小镇

资料来源:笔者整理(2017年5月)。

4.以市场为主导的运营模式

"政府引导、企业主体、市场运作"是浙江特色小镇建设的原则,这明确了政府与企业的关系。"企业主动参与特色小镇建设,是浙江特色小镇活力所

---

① 浙江公布省级特色小镇考核成绩,出台特色小镇考核标准[EB/OL].(2016-06-12)[2017-04-29].http://n.cztv.com/news/12092185.html.

在,也是浙江特色小镇可持续发展的动能所在"①,如平湖九龙山航空小镇由海航集团建设,路桥沃尔沃小镇由吉利集团建设,既凸显企业主体地位,充分发挥市场在资源配置中的决定性作用,又使政府在规划编制、基础设施配套、资源要素保障、文化内涵挖掘传承、生态环境保护等方面更好发挥作用。

(二)发展建议

1.加大改革创新力度,构建多样化创新平台

制度创新、理念创新是浙江特色小镇成功的重要因素。不同省份应根据地方特色,加强理念突破,积极从文化、科技、财政等各方面推进特色小镇建设。建设中要努力杜绝换汤不换药的现象,特色小镇不是产业园区,也不是简单的圈块地,改个名字就好,必须求真务实,将制度落到实处。

构建多样化的创新平台是特色小镇建设的关键,在此平台上实现产业、文化、社区等多种功能的融合,是构建特色小镇的题中应有之义。要积极引进投资,打造诸如创业、云计算、根雕技艺等产业平台,真正形成产业集群。

2.深度挖掘资源,塑造小镇品牌

加强对文化资源、自然资源的挖掘,加强主导产业的打造,是小镇品牌塑造的重要方面。对资源的挖掘是对小镇品牌形象、气质的塑造,对主导产业的打造是对小镇核心竞争力的打造,二者结合有助于塑造真正有影响力的小镇品牌。不同地区须因地制宜,一方面,积极推动地方特色文化的产业化发展,努力形成历史经典类产业;另一方面,积极聚焦高端要素,寻找适宜当地发展的新兴产业,如信息技术类、装备制造类产业,形成产业集群,产生规模效应,增强特色品牌竞争力。

特色是小镇的核心元素,找准特色,凸显特色,放大特色,是小镇品牌塑造的关键所在。整合特色小镇的文化资源、产业资源,挖掘小镇品牌的核心要素,科学定位小镇的主导产业,是特色小镇产业发展的首要任务。特色小镇规

---

① 刘乐平.国家发改委推广浙江经验 特色小镇故事多[EB/OL].(2016-02-28)[2017-04-04].http://zjnews.zjol.com.cn/system/2016/02/28/021040130.html.

划一般都由规划设计团队完成,设计团队需把新理念、新思维与现代新的科技、新的资本相结合,与新的生态、新的经营模式、新的生活方式相结合,力求实现特色小镇在产业上的"特而强",功能上的"聚而合",形态上的"小而美",机制上的"活而新"。

3. 坚持市场化运作

特色小镇建设过程中,应始终坚持政府引导、企业主体、市场运作、社会参与的方式,充分激发企业活力,发挥市场在资源配置中的决定性作用。政府要明确职责边界,坚持服务意识,不断完善相关制度,在规划编制、基础设施配套、要素保障、文化传承、生态保护等方面充分发挥职能。特色小镇建设的成功,绝不是政府大包大揽,而在于企业有动力,要充分调动企业的活力,这是小镇可持续发展的动力所在。

4. 引进高精尖人才,激发创新能力

人才是最重要的资源,科学技术是第一生产力,掌握科学技术的是人。要充分认识人才资源的重要性,积极出台各项优惠政策,鼓励高精尖人才参与特色小镇建设,推动小镇可持续发展。现在,不少省份都有不同级别的工艺美术大师、非物质文化遗产传承人,这些人都拥有独特的技艺,可以带动相关产业的集聚,激活创新创意能力。

特色小镇是新型城镇化的重要举措,是区域经济发展的重要路径,在功能定位、文化特色、建设管理等方面,实现战略、产业、空间、规划、建设、运营的有机结合,是特色小镇融合发展的方向。特色小镇构建创新发展平台,为地区产业的集聚,产业链的延伸,竞争力的增强提供推动力。当然,在特色小镇建设中要处理好小镇产业发展与文化传承的关系,要充分发掘自身的历史文化内涵,讲好自己的小镇故事,打造独有的文化名片和文化品牌。

PPP 视角下特色小镇的融资问题

孙文琪 孙 璐*

摘 要: 在政府与组织的关注与参与下,特色小镇建设如火如荼,住建部公布的数据显示,截至 2016 年 10 月,第一批中国特色小镇有 127 个,预计到 2020 年,将培育出 1 000 个特色小镇。特色小镇建设并不按照行政区划进行,政府依然按照传统行政管理模式介入,又有多方利益相关者,特色小镇的运营管理中存在复杂的融资问题,严重影响运营效率。本文拟应用完全信息静态博弈、完全信息混合策略动态博弈分析贷款矛盾,从运营方、银行、保险、政府四个利益相关体角度提出对应的策略。

关键词: PPP 模式;特色小镇;融资;博弈

2014 年 8 月 21 日,国家出台《国务院关于促进旅游业改革发展的若干意见》,提出,"推动乡村旅游与新型城镇化有机结合,合理利用民族村寨、古村古镇,发展有历史记忆、地域特色、民族特点的旅游小镇,建设一批特色景观旅游名镇名村"。2017 年 3 月 17 日,国家发布《国务院办公厅关于印发东北地区与东部地区部分省市对口合作工作方案的通知》,提出"支持有实力的旅游企业跨区域开发东北地区优势旅游资源,合作建设一批特色旅游小镇"。这一期

---

* 孙文琪,东北林业大学讲师,博士,研究方向为经济管理。本文系黑龙江省哲学社会科学基金项目(14D005)的相关成果。孙璐,厦门理工学院教授,博士,研究方向为工商管理,本文系福建省社科研究基地重大项目(2016JDZ037)的相关成果。

间,国务院先后出台9个关于特色小镇建设的文件,目前,第二批全国特色小镇候选名单正在征集中,2017年5月26日,住房城乡建设部发布《关于做好第二批全国特色小镇推荐工作的通知》,要求各省于6月底前上报特色小镇推荐名单,总数300个。其中,江苏省、浙江省、山东省、广东省分别有15个推荐名额,为最多;四川省的推荐名额也较多,为13个;河北省、安徽省、福建省、河南省、湖北省、湖南省、贵州省、云南省、陕西省则分别有11个名额;山西省、内蒙古自治区、辽宁省、江西省、广西壮族自治区的名额为10个;重庆市有9个名额;吉林省、黑龙江省的名额为8个;新疆维吾尔自治区有7个;上海市、海南省、甘肃省有6个;北京市、天津市、西藏自治区、青海省、宁夏回族自治区的名额为5个;新疆生产建设兵团有3个。

《特色小镇培育建设调研报告》显示,自2016年相关部委公布特色小镇名单和发布相关政策后,不到半年时间,已有多家房地产上市公司披露涉足小镇建设的计划[①]。据不完全统计,碧桂园、华夏幸福、绿城、绿地、融创、华侨城、雅居乐、阳光城等企业均参与特色小镇建设。可以看出,目前,从政府到企业,都在热衷特色小镇建设。

特色小镇建设涉及小镇运营管理中的融资问题,通常采用公共私营合作制,把小镇的建设与运营作为项目,政府与私人组织之间以特许权协议为基础,通过签署合同来明确双方的权利和义务,合作为社会群众提供公共物品和服务,彼此之间是伙伴式的合作关系。

因为有的地方政府既搭台又唱戏,行政干涉较多,不以市场为主导,导致企业想投资但望而却步。合作机制也有问题,政府和投资企业缺乏稳定的合作基础,难以做到利益共享,风险共担,特色小镇建设中的融资问题亟待解决。

---

① 新华社.全国特色小镇创建培育情况调研报告[EB/OL].(2017-03-28)[2017-07-04].http://www.cbda.cn/html/hyfx/20170328/107387.html.

一、特色小镇的内涵与特点

建设特色小镇,按照创新、协调、绿色、开放、共享的发展理念打造具有明确产业定位、科技元素、文化内涵、生态特色、旅游业态和一定社区功能的发展空间平台,以建成资源优势独特、经济规模较大、产业相对集中、建筑特色明显、地域特征突出、历史文化保存相对完整的区域空间。

特色小镇不是行政区划单元的"镇",也不是产业园区、景区的"区",一般布局在城镇周边、景区周边、高铁站周边及交通轴沿线,布局在适宜集聚产业和人口的地域。选址相对独立于城市和乡镇建成区中心,原则上布局在城乡接合部,以连片开发建设为宜。特色小镇应彰显产业特色、文化特色、建筑特色、生态特色;突出功能集成,推进"多规合一",体现产城人文四位一体和生产生活生态融合发展;突出节约集约,合理界定人口、资源、环境承载力,严格划定小镇边界;突出历史文化传承,注重保护重要历史遗存和民俗文化,挖掘文化底蕴,开发旅游资源。

从现阶段特色小镇建设与发展的实践看,首先是以政府为主体进行顶层设计和制度建设,主导规划小镇未来产业发展架构,吸引企业共同参与投资建设小镇,企业作为小镇的建设主体,依靠市场机制运行。小镇的管理者和建设者、参与者共同监督小镇的运营。

二、特色小镇 PPP 运营框架中利益相关者博弈分析

(一)特色小镇 PPP 模式运作流程设计

特色小镇 PPP 模式,以特色小镇项目为合作载体,让实力较强的企业参与项目建设,政府负责建设特色小镇,为社会资本带来回报。合作中,在确保特色小镇建设效率和质量的前提下,适当满足社会资本的投资营利要求。

(1)采用 PPP 模式的特色小镇项目是特许经营项目,特色小镇的财产权

归政府所有,政府只是将特色小镇项目的建设、经营和维护交给社会投资者。

(2)特色小镇的PPP模式下,政府和社会资本之间属于长期合作,最终的目的在于提高特色小镇的长期效益。特色小镇项目回报的周期长,成功的关键在于项目的存续期内政府和社会资本保持稳定、良好的合作关系。

(3)PPP模式是利益共享,风险共担的机制。政府和社会资本共享特色小镇的社会效益,社会资本也获得比较好的经济收益。但这种投资回报绝对不是超额利润,否则从根本上难以做到利益共享。利益与风险的匹配性,要求项目双方共享利益的同时承担相应的风险。

(4)特色小镇建设PPP模式的交易架构。社会资本依据特色小镇项目成立项目公司,由项目公司负责对项目进行融资,这其中包括融资金额和目标、融资结构、确定项目资金的结构,要签署相关协议。

要大力推广该类模式,政府要从政策、法律、税收和金融等方面提供支持,推动特色小镇建设。

(二)融资困境

投融资模式及运营管理方式,影响特色小镇的建设。融资约束是特色小镇建设的最大障碍,因为融资难,有些运营方甚至通过内部筹款来维持运营。长周期特性决定了特色小镇的建设前期投入大,资金链长,资金困境亟待摆脱。

持续稳定的资金是特色小镇发展的关键,合适的融资模式是重要的保证。目前PPP模式虽在中国各级地方政府中得到广泛运用,但PPP模式在特色小镇建设方面尚未发挥作用。将PPP融资模式成功引入特色小镇建设过程中,用以解决特色小镇建设过程中的资金来源问题,成为资本运营下特色小镇的攻坚课题。

为了简化分析,将参与特色小镇建设的利益相关者分为运营方、银行、保险、政府。

(三)四方共赢机制的博弈分析

1.无政府和金融保险参与的情况

假设银行的贷款为T,贷款利率s_1,则当运营方完全履行约定还款,则银

行收益为 $T\times s_1$。运营方在贷款资金的支持下获得收益率 s_2，则运营方的收益为 $T\times s_2$。如果一旦运营方违约，此时银行的收益为 $-T(1+s_1)$，运营方的收益为 $T\times s_2+T$。如果银行不贷款，运营方选择诚信还款，此时，银行可以把这笔资金贷给别的机构或个人，可以获得一定利息。当然，也可能出现无人贷款，银行此时的收益为就为 0。可以假设此时获得收益为 C，C 应该小于 $T\times s_1$。运营方无法获得贷款，因为缺乏资金失去收益 $T\times s_2$。第四种情况，银行选择拒绝贷款，运营方选择违约，双方没有合作意向，由此不存在任何损失，双方收益均为 0。

		合作组织	
		还款	违约
银行	贷款	$T\times s_1, T\times s_2$	$-T(1+s_1), T\times s_2+T$
	不贷	$C, -T\times s_2$	0,0

图 1 合作组织在申请贷款过程中的博弈矩阵

显然，银行的最优策略是选择贷款，可以获得最大收益。然而，对于运营方来说，无论银行是否选择贷款，最优策略是违约。因此，此时银行和运营方根本无法达到均衡。运营方的最优策略是违约，所以银行只能退而求其次——选择不贷款。由于运营方缺乏信用抵押，运营方违约的可能性大大增高。即使，由于道德的约束，运营方愿意还款，但要受自然灾害、气候条件等因素的影响，运营方的收益产出也会受影响，此时运营方往往不得不选择违约。从这个纯策略的博弈分析可以看到，运营方与银行之间的博弈不存在纳什均衡。不论怎么选择，双方的利益始终不能一致。因此这不是纯策略博弈，而是完全信息下的混合策略博弈。运营方和银行都会按照一定的比率，随机地从两种纯策略选择一种。

2.政府和金融保险参与的情况

下面从完全信息下的混合策略博弈来分析，同时，由于政府和金融保险参与，博弈形成动态结构，因此构成完全信息下的混合策略动态博弈。现假设：运营方贷款申请阶段，保险公司的行动空间为[参与,不参与]。其中，保险公司对运营方的经营风险(主要是非人为原因,如自然灾害)进行风险补贴,采取参与的概率是 P_1,保险公司不参与的概率是 $1-P_1$。运营方的行动空间为[申贷,不申贷]。运营方申请贷款的概率是 P_2,不申贷的概率是 $1-P_2$。银行的行动空间为[放贷,不放贷],在保险公司支持的条件下,银行放贷的概率是 P_3。在保险公司不支持的情况下,放贷的概率是 P_4。这里 $P_3 > P_4$。

在贷款申请阶段,如果运营方不申请贷款,三方的收益都是 0;如果运营方申请贷款但银行不放贷,三方的收益也是 0;如果运营方申请贷款,保险公司选择参与,银行选择贷款,运营方、银行、保险公司三方的收益分别是 Ts_2、$Hny-F$、Ts_1+F-K。为了简化计算,假设每个运营方参与保险,每年上缴的保费相同,都为 H,保险公司的收入为 Hny,n 表示参与保险的运营方数目,y 表示运营方缴纳保险的年限。保险公司的赔付为 F。保险公司的收益为 $Hny-F$。运营方的收益为 Ts_2,银行的收益为 Ts_1+F-K,K 为运营方在还款过程中存在的违约风险,F 为保险公司对该风险的补偿。在运营方申请贷款的情况下,保险公司不参与,此时运营方的收益为 Ts_2-w,w 是在没有保险公司参与的情况下需要增加的贷款成本。银行的收益为 Ts_1-K。保险公司的收益为 0。

根据以上假设,可以得到贷款过程中的博弈树,如图 2 所示:

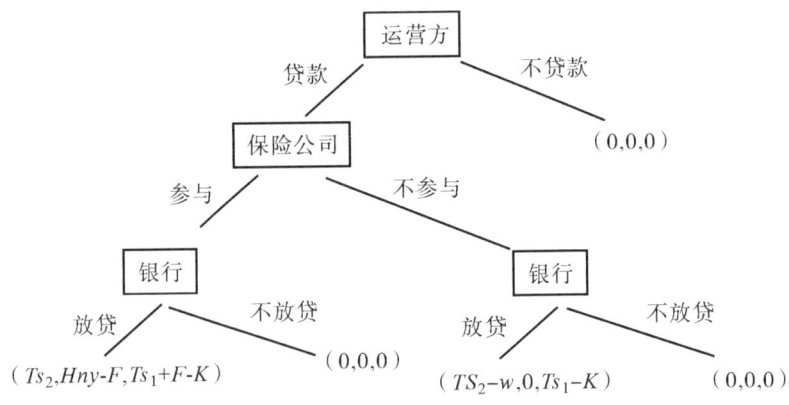

图 2　运营方在申请贷款过程中的博弈树

运营方申请贷款的期望收益为：

$$U_1 = P_1 P_3 T s_2 + (1-P_1) P_4 (T s_2 - w)$$

运营方不申请贷款的期望收益为 0，此时若 $U_1 > 0$，运营方采取申请贷款策略。计算可得：

$$w < \{1 + P_1 P_3 / [(1-P_1) P_4]\} T s_2$$

上式可以看出，不等式的成立和 w、P_1、P_3、T、s_2、P_4 具有密切关系。综合看，在保险公司参与的情况下，P_1 越大，$P_1 P_3 / [(1-P_1) P_4]$ 越大，不等式的右侧越大，不等式成立可能性越高，运营方申请贷款的可能性越高。保险公司的参与可以充分提高运营方贷款意愿。保险公司不参与，参与概率低，P_1 越小，不等式成立的可能性就越小。

若 s_2 较大，运营方能获得较大的收益率，不等式也容易成立，运营方申请贷款的可能性就高，需要运营方找准产品，拓展市场。如果 P_3 较大，P_4 较小，不等式也容易成立，即，银行乐意贷款，运营方也有较大的贷款意愿。

在 w 较小的情况下，不等式也容易成立，即在没有保险公司参与的情况下需要增加的贷款成本较低时，运营方申请贷款的可能性也会增高。然而在没有一定保障的情况下，银行贷款往往会提高贷款门槛，增大运营方的贷款成本，显然运营方的贷款收益和贷款成本难以匹配，造成运营方的经营负担加重，银行也面临更大的风险。因此期望保险公司的参与，降低运营方的融资成本，促进运营方的良好运营和发展，给三方带来多赢的局面。

银行放贷的期望收益为：

$$U_2 = P_1 P_2 (T s_1 + F - K) + P_2 (1-P_1)(T s_1 - K)$$

当 $U_2 > 0$ 时，银行会选择放贷，根据上式可求得：

$$K < P_1 F + T S_1$$

由此可见，影响银行放贷的因子是 K、F 和 S_1。显然，银行的损失 K 越小，银行放贷的可能性越高。保险公司给予的赔付越高，贷款利率越高，上面的不等式成立的可能性就越大，银行贷款的意愿就会增强。

保险公司的期望收益为：

$$U_3 = P_1 P_2 P_3 (Hny - F)$$

显然只有当 U_3 大于 0，即 $Hny - F > 0$，保险公司才会参与。H、n、y 越大，F 越小，该不等式成立的可能性越高。其中 n 是关键参数，当特色小镇运营方较少时，购买保险的运营方自然量少，保险公司参与的热情较低。

此时，政府的支持能促动保险公司参与，这是动态博弈过程，政府的选择决定了保险公司的选择。政府能促进更多的运营方形成，给予保险公司一定的风险补偿，降低保险公司的风险，特别是特色小镇运营方相对较少时，唤醒保险公司的参与热情，需要付出的成本假设为 b。当然，在特色小镇运营方不断形成并发展的过程中，政府可以获得社会福利 G，如，解决就业问题，提高人民生活水平，有利于地区繁荣和稳定等。政府的最终受益为 $G-b$，保险公司可以获得额外的风险补贴 v，则保险公司的收益为 $Hny-F+v$；政府选择不支持态度，两方都不受益。若政府选择支持，但保险公司不参与，政府的支持成本增高 r，此时政府的收益为 $G-b-r$，保险公司的收益为 0，如图 3 所示。

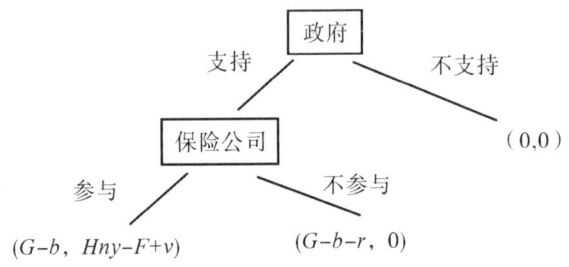

图 3　保险公司和政府在小镇运营方形成和发展中的博弈树

由于政府支持，$Hny - F + v > 0$ 可能性大大增加，这会刺激保险公司参与。另外一方面，政府的投入并不总取得好的社会收益，政府要引导保险公司、银行参与运营方发展，运营方要建立良好的信用体系，完善相应的配套制度，积极培育运营方的信用评级。政府将和各个机构联动，建立信息共享机制，提供透明可信平台。

三、政策及建议

(一)运营方的经营策略

一是运营方要努力规范自身的治理结构。运营方普遍存在经营不规范、制度不健全的情况,财务信息真实性比较低,会员管理比较松散,银行对于运营方的申贷非常谨慎,常常不予贷款,或者少贷款。因此,运营方的经营者,一定要努力规范治理结构,建立、健全各项制度,不断提高透明度,加强与银行的交流和联系,努力突出运营方的经营优势和特色,实事求是地反映运营方的经营情况。要坚持信誉优先的发展理念,树立守信重诺的良好形象。和银行建立长期的合作关系,争取长期的资金支持。

二是运营方要找准产业项目,进行技术创新。自然资源具有地域特性,不可复制,要在该自然资源条件产出不可复制的产品,有效提高经济效益和综合实力,提高运营方的收益能力 s_2,大大提高银行贷款的意愿。产业方面,可以特色小镇生产为主+特色旅游等模式进行布局。(1)特色小镇生产方面,要技术创新,增强产品竞争力。目前,大多数的运营方产品技术含量低,产品结构比较简单,长久看,若没有技术突破,缺乏技术上的核心竞争力,很快就会被其他竞争者打败。需要运营方机械化、规模化生产经营;注重塑造提升品牌。此时,努力争取国家在资金、技术等方面的支持。(2)推进全域旅游在我国新阶段旅游发展战略的再定位,是一场具有深远意义的变革。全域旅游是旅游产业的全景化、全覆盖,是资源优化、空间有序、产品丰富、产业发达的科学的系统旅游。

三是运营方要和保险公司有效合作。保险公司的参与,为银行贷款提供条件。短期看,运营方参加保险增加了经营成本,但长久看,这种行为降低了运营方经营风险,分担了运营方的长期经营压力。

四是运营方要扩大规模,吸引人才,拓展销售网络。随着运营方的初步建立及发展,运营需要尝试实行走出去策略。实行走出去策略可以利用当地廉价的劳动力和自然条件,扩大规模,或实行连锁方式,增加运营方数目,提高保险公司参与热情。在吸引人才、拓展销售网络方面,目前,运营方的管理人员普遍文化水平低,技术人员也非高端人才,运营方缺乏懂技术又懂现代企业管理、营销的等相关知识的人才。此外,运营方的销售网点比较零散,没有良好市场布局,势必影响特色小镇运营方的经营发展,自然降低了银行等金融机构的贷款意愿。

(二)对银行的建议

一是银行贷款前要加强与运营方的信息交流。贷款前,银行要深入了解运营方的经营情况、资信状况、还贷能力,熟悉运营方的优势和劣势,充分估计贷款风险,在风险可控的情况下,充分利用国家的政策,提供贷款支持运营方发展。贷款后,银行要时时关注运营方资金的使用情况,确保资金安全;建立运营方信用制度,加强与保险公司、政府之间的信息沟通交流。信用良好的运营方建立长期的合作关系,有利于银行对于运营方的了解,信息更加对等,降低贷款风险。

二是银行应解决运营方贷款抵押问题。运营方贷款难很大程度上是抵押、担保难,以自身的实力往往难以达到银行的抵押要求。对此,银行要创新抵押形式,扩大抵押范围,可以实行特色小镇产权质押、特色小镇经营权和收益权质押贷款,同时,借助政策支持,完善服务机制,充分利用保险公司、担保机构担保、运营方之间联合担保等方式,加强与政府、运营方、保险公司、担保机构联动。

(三)对政府的建议

一是政府要加快建立运营方信用体系,建立公开、公正、公平竞争的信用市场。政府要整合资源,搭建运营方信用平台,积极培育运营方信用评级市场,鼓励设立独立的外部评级机构,建立适合运营方特点的信用信息征集与信用等级评价体系以及失信惩戒机制,加强运营方的信息披露,规范市场信息传递机制,积极推动信用体系在银行信贷管理中的应用。通过对运营方科学、客观的信用等级评定,全面掌握运营方经营管理状况和发展前景,针对不同信用等级的运营方区别对待,择优给予信贷资金支持。规范的特色小镇专业运营方治理框架是获得较高信用等级的必要条件。那些管理规范、信用等级高的运营方更容易获得银行信贷支持,势必正向激励运营方规范发展、自我完善。

二是政府要充分发挥政策的引导作用。政府要鼓励运营方的建立。前面结果表明,当运营方数量较少时,购买保险的运营方自然少,保险公司愿意参与的热情较低。如果有大量运营方,保险公司将有更大的热情参与运营方的保险领域。此外,政府应该采用减税、贴息、补贴等方式引导运营方转变发展方式,提升产业层次,鼓励运营方自主创新,采用先进技术,提高产品质量和生产效率,为运营方的长期发展奠定良好基础。注重发挥特色小镇龙头企业引领作用,重点扶持龙头企业和能人大户参与组建的专业运营方,引导和帮助个体村民开展标准化生产,实现良性互动,合作共闯市场。地方政府可成立特色小镇专业运营方的领导小组,制定关于加强特色小镇专业运营方建设的意见及考核奖励办法,明确规定,规范化建设达标的专业运营方可成为专业合作示范社等。

三是政府要持续推进金融改革,不断增强金融业服务实体经济的能力。要通过机制、体制创新,构建与经济社会发展相匹配的多元化金融体系,不断提高和改进金融服务。积极引导金融部门参与运营方发展,特别是保险公司。保险公司的加入,有利于完善运营方担保体系,有效提高贷款的安全性,增加风险发生时银行追回损失的概率,增强银行贷款的意愿。制定有关运营方贷款的法律规定,明确银行在支持运营方发展方面的作用和功能;制定运营方守信还贷的奖励办法,提高运营方还贷的意愿;落实政府支持运营方贷款的财政资金渠道,保证财政资金支持;制定政府有关部门支持银行追索损失的制度,降低银行追索成本,提高银行追索收益。

(四)对保险公司的建议

一是保险公司要重视运营方的发展,要"远视"。发展特色小镇专业运营方,是坚持家庭承包经营、促进互助合作的重要形式。设立特色小镇专业运营方,有效解决特色小镇生产经营活动中政府"统"不了、部门"包"不了、农户

"办"不了或"办起来不合算"的难题,有效地解决千家万户的小生产与千变万化的大市场连接的交易费用大和风险成本高的问题。发展特色小镇专业运营方,有利于突破家庭小规模、分散经营格局,发挥规模经营的优势;有利于发展林产品加工流通业,带动特色小镇产业结构调整,加快现代特色小镇发展进程,增加林农收入,提高林农的消费水平,如购买汽车、人寿保险等,间接增加保险公司的收益。

二是保险内容应多样化、精细化、梯度化。运营方的发展水平、经营产品类型等具有个性化特征。针对运营方的多元化特征,保险公司可以制定多种保险套餐,以满足不同运营方的需求。保险内容上应更加精细化,将风险性降到最低,让特色小镇企业和保险公司获得双赢局面。同时,根据运营方的规模、经营状况,实施梯度化的保险方案,尽量回避系统性风险的产生,同时让运营方获得最优的保险方案,实现良性循环。

四、结论

运营方与金融机构之间的借贷问题,本质上是双方之间的博弈问题。在纯策略的博弈分析中,特色小镇运营方与银行的博弈不存在纳什均衡。将博弈模型扩展到完全信息下的混合策略动态博弈时,保险公司的参与可以充分提高运营方贷款意愿,政府的参与可以进一步提高保险公司的参与意愿,最终实现四方的共赢。运营方要努力规范自身的治理结构;要找准产业,技术创新,以"特色小镇生产+特色旅游"为主导的经营模式;要和保险公司有效合作;扩大规模、吸引人才且拓展销售网络。银行贷款前要加强与运营方的信息交流;解决运营方贷款抵押问题,可以实行特色小镇产权质押、特色小镇经营权和收益权质押贷款。政府要加快建立运营方信用体系,建立公开、公正、公平竞争的信用市场;要充分发挥政策的引导作用;强化政策扶持,加快基础设施建设;要持续推进金融改革,不断增强金融业服务实体经济的能力。保险公司要重视运营方的发展,要"远视";保险内容应多样化、精细化、梯度化。

特色小镇的生产、生态、生活融合之道

戎 霞[*]

摘 要： 融合是特色小镇的理想境界，要在批判当今"特色"之狭隘、厘清未来"特色"之命脉的基础上，分清特色小镇发展的主流和分流，成功打造产业小镇和旅游小镇两类品牌。其中，站在全球高度，兴建一批具有国家级竞争力的、能带动社会经济快速向前的高科技产业小镇是重点。探索产业小镇和旅游小镇的差异化路径，是实现生产、生态、生活现代化融合的难点。

关键词： 产业小镇；旅游小镇；差异化；现代化融合

建设特色小镇是国民经济转型的重要内容，不仅关乎区域形象的丰富与改善，更有助于经济政治文化现代化格局的形成。特色小镇的生产、生态、生活的融合是创新之路。

一、当今特色小镇的狭隘性格局及其原因

(一)特色小镇的狭隘性格局现状

目前国内特色小镇的构建态势非常积极，取得一些成果，如主打绿色生态、山野匠艺的青瓷小镇，主营体育休闲、山水娱乐的酷玩小镇，注重时尚教

---

[*] 戎霞，广西财经学院副教授，研究文化传播与文化产业。

育、产业融资的艺尚小镇。

但不可否认,问题也非常严重。主要表现在四个方面:(1)原住民缺位,假原住民违和,商业痕迹过重;(2)餐饮休闲业以烧烤大排档和家庭土特产形式为主,造成整个镇的手工作坊残酷竞争;(3)粗糙复制的纪念品与小贩服饰整体破坏小镇的气质;(4)管理水平不高,暴力导游和天价消费丑闻频出,回头客数量少,小镇形象日趋恶劣。

(二)当今特色小镇狭隘内涵的形成原因

究其原因,关键在于定位不明确、对"特色"的理解狭隘、产业视野较狭小;主要表现在以下三个方面:

1.刻意追求"原始古朴",盲目排斥高科技

虽然小镇的经济基础不如城市,但是并不妨碍小镇成为具有高科技水准的发达社区,"小"的只是城建规模,而不是经济文化教育各方面所谓的"古朴"。定格"原生态"、越老越值钱的策略并不适合所有小镇,也不普遍适用于小镇各个阶段。信息时代的小镇根本无法绕开外界的喧嚣和滋扰,位置偏远、交通不便的世外桃源可以有,但不应该成为特色小镇建设的主流方向。靠近市区、安全便利、井然有序、闲适惬意的精致高端型小镇更能给都市人轻松娱乐感。因此,小镇不应偏僻封闭神秘,应顺应时尚开放先进的潮流。

2.盲目设定品牌高度,缺少逐层式量化战略思维

"特色"是一个综合的指标,除了含有标新立异的意思,还包含情感满意度、消费忠实度。创建"特色"要有参照物和坐标系,从立足世界到全国,从面向全省到面向省内部分区域,不同的定位有不同的特色内涵。虽然理想目标都是提高知名度和美誉度,但谁也不能一口吃成胖子,欲速则不达的败笔比比皆是。特色小镇的前行之路不会一顺到底,要随着层次的提高进行战略性部署,必要的调整甚至转型是常态。因此,所谓"特色"具备动态感和时效性。如今的特色小镇开发大多关注固有的山水生态资源和饮食特产资源,对其他领域的关注甚少,随着时间的推移,这种靠山吃山靠水吃水的做法渐显出单一无趣,审美发生疲劳,环保要求日趋严格也加大了保护生态的难度,商业效益和环境和谐的矛盾非常尖锐,最终造成不可逆的生态残破和生产生活凋敝之境。因此,特色小镇的构建需要放眼未来,用逐层式战略思维来提纲挈领。

3.错误地把尖端产业与小镇特色分割开

这种错误分割主要表现在:第一,小镇本身不容产业,认为产业就是对小镇文化的侵蚀和消解,是小镇打造特色的最大敌人。第二,小镇有产业,却被放置在相对封闭的产业园里,园内外没有实质的沟通与互动,像两条平行线,毫无交集,各不相干。产业园往往披着神秘的面纱,以隐晦的身份被摆放在小镇的角落,空有生产生态生活三不误之假象,实则三者格格不入、危机四伏。第三,产业科技含量不高。由于前两点的错误,目前大部分小镇都没有尖端产业发展思路。虽然少数小镇有战略眼光,率先建造产业镇,但未将产业和高科技挂钩,往往位于旅游产业附属品加工的中低端产业领域,最多生产手工艺品。由于长期往传统古朴之路上努力,大部分小镇手工艺品藏巧显拙,刻意讲究土色土香而忽视工艺上的求新求进,"只要是人工的必然精贵,只要是机器的必然粗陋"的错误认知严重误导小镇产业的现代化发展。

二、特色小镇发展的主流和支流

特色小镇不应是城市之外零星半点的点缀,而要与城市共同撑起中国经济转型大局的半壁江山,首先,小镇的生产、生态与生活体系和城市的完全不同;其次,地域距离较远的小镇之间在自然、人文、科技等方面的综合差异非常鲜明;最后,地域距离相近的小镇拥有突出的区域集群能力。因此,从根本上讲,特色小镇的生产、生态、生活的融合之道是不可复制但可学习的创新之道。要分清特色小镇发展的主流与支流,明确每一个小镇的发展方向。小镇不是猎奇的场所,小镇应当是科技与文化融合,宜居宜业的生命之乡。

(一)产业小镇成为主流的原因

特色小镇的开发不能凭靠主观憧憬与想象,而要经过城镇化进程布局、竞争环境分析、品牌传播与管理、文化遗产保护、惠民效应等一系列环节的科学统筹,涉及多个学科与实践,需要多个部门的合作与协调。

特色小镇要立足长远,把握时代规律,争创百年小镇和千年小镇。因此,特色小镇发展应当有主流方向,首先要跳脱单纯发展旅游业的思维,在全球经济背景下来统筹考虑。科技与文化交融并进的时代,所有产品都不仅是消费品,而是带有情感的文化商品,成为改变生活方式和相处模式的互动载体,深刻影响人们物质生活与精神生活的方方面面。最重要的是,这种改变以娴熟的现代化产业模式运作为基础,差异化个性化的品牌背后是一套井然有序、效率极高、极具国家竞争力的工业化模式,而不是回归小手工作坊的单打独斗。经济时代推崇文化创意产业竞争力,文化是内核,创意是动力,产业是关键。

特色小镇发展注重文化和创意,忽略"产业"这一必由之路,总是绞尽脑汁在挖掘人无我有的古代遗产上下功夫,这是一种误导。小镇不仅仅是旅游目的地,也不仅仅是土特产的加工场和手工艺的批发场,应该与城市一样成为拥有现代感的基建配套、交通便利、生产生活常态化的家园。2017年2月8日,国家发改委联合国家开发银行发布《关于开发性金融支持特色小(城)镇建设促进脱贫攻坚的意见》,是这一思路最佳的政策解读。从改善小城镇功能,提高发展质量的基础设施建设到促进小城镇特色发展的工程建设,再到支持小城镇运营管理融资,涉及面非常广,其目的就是引导特色小镇朝现代化方向发展,最终做到惠民千万。

现代与传统并不排斥,传统的继承要与时代紧密相扣,比如微媒体兴盛,出现"抢红包"这一种新民俗,就结合传统与现代,特色小镇文化的传承也可以借鉴这样的思路,至少要有不怕现代冲击的心态,才能迎面应对。

放眼全球,发达国家的小镇产业化之路也提供了可借鉴之路。许多有国际竞争力的产业都聚集在小镇,如美国对冲基金中心——格林尼治小镇、英国教育与创新中心——剑桥镇、德国汽车制造业中心——英戈尔斯塔特小镇。事实证明,当小镇的生活设施、网络通信以及购物体系完善后,其吸纳高端产业人才的优势就会凸现出来,如空气良好、环境宜人、房价适中、交通顺畅,这也是城镇化发展到一定阶段的必然结果。

总之,特色产业小镇应当成为小镇发展的主流,旅游小镇已经很多,但再多建几百个也不如创建一批高端产业小镇更能影响中国的产业结构格局和国民经济发展水平。

(二)旅游小镇成为支流的原因

旅游小镇成为支流有两层含义:一是指较之旅游小镇,产业小镇更应成为当下我国特色小镇发展的重点;二是强调产业与旅游两者不可兼得。

首先,虽然旅游特色小镇是我国目前特色小镇的主要状态,有一定的现实需求和效益保证,不应当抹杀其成绩,但从全局出发,小镇开发不宜再以旅游小镇为目标,至少经济相对发达的东部地区完全可以走产业小镇之路。从国家竞争力的长远打算,产业小镇更有经济厚度和力度,更有保障。况且,即便是旅游小镇,也要最终上旅游产业之路。

其次,产业与旅游两者也不同,一个引进的是才,一个吸引的是财,前者以一定的常住人口为基础,后者鼓励流动人口的迁徙。同时经营好两者有难度,因此,最好只选择一个重点方向,突出特色。

三、特色小镇产业化的释放与规避

分清特色小镇的主流与支流方向,对于当前小镇产业化的大胆释放与合理规避具有重要的理论和现实意义,对小镇产业园面貌重构尤为重要。

(一)产业园的尴尬现状

小镇产业发展肯定会遇见矛盾,势必会与小镇一些特色因子发生冲突,比如环境污染可能导致难以构建宜居小镇品牌,产业发达可能导致本土住民的文化自信缺失,产业用地开发可能破坏物质文化遗产尤其是建筑类文化遗产。

为了规避这些产业风险,特色小镇大多采取圈地式的产业园形式,这种形式虽然将产业的弊端限制在独立的环境中,但也存在诸多不良影响。

1. 过于偏远封闭，缺乏人才吸引力

产业园一般建在小镇边缘，于本就人口稀少的小镇而言更显荒凉，员工住宿工作都在产业园，周围没有生活配套设施，人心不稳，安全感不够，产业园人员流动往往较大，生产的稳定性和长效性得不到根本保障。大中城市边缘的产业园产能效益就明显好于小镇产业园，因为大中城市发展迅速，城市各类资源配套齐全，其产业园与外界的互动没有空间上的屏蔽和时间上的浪费，人才吸引力较大，投资热情也较高。发达地区的小镇已经具有大中城市的经济水平，可以设立产业园，但不管小镇规模如何，一窝蜂上马产业园，有些产业园产能根本跟不上，没多久就荒废了，像孤岛或鬼城一样，于小镇形象百害而无一利。

2. 小镇科研条件不具备，产业园实际功能发挥有限

产业园是产业的聚集区或技术的产业化项目，它并不是纯粹的公司或工厂，更多情况下像合作性质的实验室，在产业链中处于孵化器的位置，研发功能大于生产功能，一般不涉及产品的传播和消费。这样的产业园大都享受政策优惠扶持，旨在产业创新和产品研发，是鼓励产业整体进步的战略布局，追求产学研价值。但是，产业园需要政策、经济、文化、人才等多方面的条件，如果该城镇高等教育发达，有一定的科研氛围、经济规模和市场需求，政府管理层次和水平都够格，可以大力发展。我国大部分小镇并不具备以上条件，盲目筑墙圈地建园只会造成公共资源的浪费，后续麻烦大大超过利益期待。

3. 产业园与文化园的冲突较大

产业园只适合走产业特色路线的小镇，旅游特色小镇不适合同时构建产业园。把产业园推搡到有旅游开发价值的村落附近，会向传统文化保护提出巨大挑战。有些地方为了规避这种矛盾，在衰败的村落上圈出所谓的文化园，人为隔离生产与生活，机械地伪装出原生态文化，洗劫小镇最后一丝情怀，造成产业与文化旅游的双重尴尬。

（二）主流与支流的定位有助于产业园的释放或规避

就产业特色小镇而言，封闭式产业园不是合适的产业模式，产业园应当被释放。产业不应该与小镇整体风土人情文化相背离,不应当是隔绝于小镇生态生活之外的生产方式,应像原来认真种田做饭、认真看戏过节、认真对待亲友邻里、认真盖房子那样认真从事现代产业,开放式的迎接小镇转变为产业小镇,这才是对小镇传统文化最好的传承。

就旅游特色小镇而言,产业园应当规避。旅游小镇的根本出路是尊重旅游产品自身的特点,有包装有策划地将旅游项目分类,按照商业运作模式兜售,最终走向现代化旅游产业道路,产业园并不适合旅游产业的统一规划和管理,相反容易成为旅游产业的掣肘。

产业小镇是生产对生态和生活的全方位融入,用现代化产业生产模式,以最自然的方式融入小镇的生态和生活;旅游小镇应该是生态对生产和生活的高级别改造,小镇本身的生态模式就是旅游商品。

只有分清二者,发挥小镇的长处,才是特色小镇生产、生态、生活最佳融合之道。

四、特色小镇的逐层构建

无论是产业小镇还是旅游小镇,涉及"特色"二字,就跟品牌传播管理有密不可分的关系。寻找品牌规律可以达到事半功倍的效果。

(一)产业小镇的"特色"路径

1.产业社区之路

构建产业小镇要建成宜居宜业的美好家园,营建产业园显然达不到这样的愿景,这时产业社区不失为新的出路。产业社区是介于产业园与产业城之间的产业模式,它有产业园的独立,却比产业园更有归属感,社区本来就是现代城市大力发展的基层机构,房舍、学校、医院等生活软件齐全高端,大大节省了城市就业者的生活成本,逐渐成为大中企业提供给员工的整套福利方案,也成为城市择业者重点考虑的条件之一。小镇兴建产业社区,对于就业而言就更具有安居乐业的吸引力了,能稳定小镇住民的人心,提高小镇整体生活水平。当然,社区软硬件配套必须齐全,仅拥有学校医院等硬件陈设,师资和医疗水平却非常低下,也不足以吸引人才,甚至会背负欺骗的不良口碑。

产业城才是产业小镇的终极目标,但是就目前而言,我国大部分小镇水准离产业城还有较大差距,因此,除了具有雄厚经济实力的东部发达小镇可以直接朝产业城方向迈进之外,大部分中西部落后地区的小镇在旅游竞争日益白热化同质化的时候选择产业路线发展,社区形式的产业模式不失为一种可进可退的中间选择,进则等经济产值逐步上升可发展为产业城,退则若万一遇到生产不济,要转型、合并甚至无奈退出时,产业社区的生活配套依然可以正常运作,发挥积极的社会功能。产业社区因产业而立,但不一定如产业园那样必然因产业而亡。产业社区好比人体器官,将最小的社会细胞单位——家庭以生产、生活、生态紧密融合的方式组织在一起进行运作,产业是这种良性运作之下的健康人体,万一产业像人体一样生病甚至死亡,并不表示其中的器官再也一无是处,完全可以移植到新的产业中继续体现应有的价值。

2. 城市功能衍生体之路

小镇一定要离城市很远——这是一个非常严重的定位错误。城市—小镇—村落,本身就应当是时间和空间上都联系密切的生态脉络。外来人口越来越多,绝大比例人口来自于本省县镇乡村,一到春节,城市人口突然稀释,人流与车流锐减,平时繁华喧嚣无比的都市瞬间变成静谧之城,这些都能说明城市与县镇乡村的人员流动在生产、生态、生活上具有不可阻挠性,城市和县镇乡村两类民众经过一两代人的互动,已经在"三生"领域变得你中有我,我中有你。在特色小镇构建之路上,这应当被视为一个重要信号。

产业小镇更适合靠近城市。因为城市本身就是现代化产业发展的龙头,各项资源充足优越,当产业庞大,城市本身需要不断外扩的时候,许多周边小镇就可以被吸纳进来,城市产业分工细作的各个环节完全可以分散给周边小镇,使每个小镇成为现代化产业链上独立负责的、紧紧相扣的一环。如此一来,既避免了因为资源相似导致的重复建设与恶性竞争,也因为城市与县镇的功能性互补而找到一条出路,使小镇成为城市产业功能的衍生体,类似加长的手脚,城市成为小镇产业职能的大脑和中枢神经,两者更加亲密融洽。

(二)旅游小镇的"特色"路径

1.特色小镇群落之路

小镇犹如繁星,固然耀眼,打造璀璨明星要有基础,不是每一个小镇都能成功。与其比肩孤星的亮度,不如另辟蹊径走星座之路,同样可在浩瀚夜空一争绚烂,特色小镇群落就是特色小镇格局中的星座。我国拥有独一无二的山水生态,形成区域性极强的自然地貌和风土人情,生产生活方式都不能一概而论,必须因地制宜。但必须适合大区域特色定位,涉及同一区域,小镇之间山水共依、资源共享、民俗共融的交织状态极其复杂,一味兴建个体小镇,很难有实质差异,不仅不能共赢,相反会引发争夺资源、互相排挤、彼此仇视的不堪局面,实在有违和谐社会宗旨,因此,相邻相近相似的各个小镇之间合成一体,形成统一的特色小镇群不失为新路。

特色小镇群落不是单纯的协调,是要在更高政治觉悟上的科学管理和经营。首先,要理性看待商业利益。小镇群落一旦形成就是一个利益整体,盈亏份额比例应当合理划分,权利与义务分配达不成一致,势必造成日后的分崩离析,这需要高于小镇级别之上的行政单位进行统筹和监督,以正规合同方式提供法律支撑。其次,管理上要智能化科技化。既然是统一体,就要实行群落内部各镇基建配套一致、物价一致、服务标准一致、政府部门态度一致等一系列现代化管理程序,不能前后矛盾左右不一。最后,特色小镇群落不是静态不变的,应允许发展到适当水平的村落加盟,但扩张要谨慎,总之要保证群落的品牌质量。

2.互联网智能化之路

旅游和产业可以并进,旅游产业本身就是产业的一种。这种理解将旅游产业的特殊性混同于产业的普遍性。旅游产业有自己的衰退规律,这一规律是基于旅游目的地特色产品重组和创新基础之上的,是从自然、生物、人类利用与影响三方面来分析旅游经济产品的开发体系,尤其在涉及文化遗产城市时,旅游文化资源的质量和旅游目的地的可达性构成旅游产业经济中"恶性循环"的关键点,旅游产业的开发与运作都要围绕这种"恶性循环"的可能性开展,这是其他产业所没有的规律。所以,想走旅游产业路线的小镇,其核心是旅游小镇而不是产业小镇。比如,旅游小镇要按照5A级景区的标准进行建设,产业小镇则按照3A级(或以下)景区标准进行建设就可以了,因为旅游小镇以服务游客为主,硬件要达到每年接待游客人次的标准,产业小镇则不必追求满足游客服务中心数量等硬性指标。因此,旅游小镇发展的重心在"旅游"而非"产业"。

旅游产业的壮大离不开新兴媒体。互联网+智能时代,旅游产业向高级智能化发展是必然的趋势,产业效能也将不限于粗放式的休闲娱乐度假场所,一些具有高端科技含量的新兴智能旅游项目备受青睐,如从传统的现场体验式旅游文化产业中跳脱出来的离场式旅游文化产业①,借助大数据和智能终端,打造出亦幻亦真的7D立体感,极限型、探险型旅游项目可借此扩大受众范围。

互联网金融投资也成为旅游产业的重要资金来源。《2017年一季度互联网投融资运行情况》报告显示,2017年一季度,我国互联网投融资总额72.5亿美元,其中投融资金额最高的三个领域为电子商务、音视频和出行旅游领域,投融资金额分别为22.5亿美元、15.8亿美元和9.9亿美元。② 可见,旅游产业成为互联网金融投资的香饽饽,拥有巨大潜力。

五、小结

长期以来,我们将特色小镇等同于旅游小镇,所有小镇都按照旅游小镇来打造。实际上,旅游小镇只是小镇的一种,无数散落祖国大地上的小镇并不具备旅游小镇的品牌打造能力,一味走旅游小镇之路并不可取。旅游特色之外

---

① 李涛.基于科技与文化融合的海洋文化产业研究[J].文化艺术研究,2014(4):8—13.
② 中国信通院网.2017年一季度互联网投融资运行情况[EB/OL].(2017-4-16)[2017-5-20].http://www.caict.ac.cn/kxyj/qwfb/qwsj/201704/P020170407295964763496.pdf.

的全新特色小镇之路——产业小镇可以作为国民经济新结构新组成进行探索、实践和推广。在特色之路上,单个小镇的明星作用和小镇群落的集体魅力都值得重视。如何使小镇成为真正的"三生"(生产、生态、生活)小镇,是当今城镇化进程中具有重大理论与实践意义的一项工程。

特色小镇建设中的文化传承

马培红[*]

摘　要： 特色小镇建设是新型城镇化的重要实践，是区域经济发展的重要力量，成为产、城、人、文诸方面协调发展的重要平台。文化是特色小镇的灵魂，文化传承是特色小镇发展的必然要求。在文化传承方面，特色小镇建设中存在资本、企业等大量外力介入，文化再造现象明显；注重主导文化开发，存在有意识的文化选择等问题。为此，要加强观念更新，借鉴台湾社区营造模式，实施"文化＋"战略，推动文化业态融合，形成文化特色。

关键词： 特色小镇；文化传承；文化再造；社区营造

对特色小镇而言，产业的发展情况决定其是否成为国家级、省级特色小镇。文化虽是"特色小镇的'内核'"[①]，但除了以历史文化为依托而建成的特色小镇，如青瓷小镇、昆曲小镇外，对其他类型特色小镇的文化建设关注程度还不够，尤其容易忽略新兴产业类小镇的文化传承问题。

---

[*] 马培红，厦门大学嘉庚学院教师，两岸语言应用与叙事文化研究中心成员，主要研究文化资源与文化产业。本文系2017年厦门市社会科学调研课题项目成果。

[①] 李强.特色小镇是浙江创新发展的战略选择[J].中国经贸导刊,2016(3):10－13.

一、文化传承之于特色小镇的重要意义

(一)文化传承概述

人类创造的一切都可称为文化,文化既包括外在的行为模式,也包括内在的价值观念。英国人类学家马林诺夫斯基认为,文化是对"那一群传统的器物、货品、技术、思想、习惯及价值而言的"①,这是一种大文化观。在文化发展中,文化的纵向传播构成文化传承,即"文化从一代人到另一代人的纵向传继,是文化在时间上世代传递的过程。一个民族社会群体的文化正是通过'传→承→积累创新→传'的过程,完成民族社会文化的生产和再生产"②。近年来,随着城镇化进程的加速,文化凝聚人心的力量变得愈加重要。《关于实施中华优秀传统文化传承发展工程的意见》等关于文化传承的文件相继颁布,从不同方面着力加强民众对文化的认识,推动文化的传承与创新(见表1)。

表1 国家关于文化传承的相关政策一览表

时 间	文件名称	内 容
2017.02.07	《关于实施中华优秀传统文化传承发展工程的意见》	构建中华优秀传统文化传承发展体系。坚持全党动手,全社会参与,把中华优秀传统文化传承发展的各项任务落实到农村、企业、社区、机关、学校等城乡基层。
2017.03.24	《中国传统工艺振兴计划的通知》	尊重优秀传统文化。尊重地域文化特点、尊重民族传统,保护文化多样性,维护和弘扬传统工艺所蕴含的文化精髓和价值。
2017.04.20	《文化部"十三五"时期文化产业发展规划》	加强文化传承与创新,建设有文化内涵的特色城镇。鼓励中小城市、小城镇和农村充分挖掘特色文化资源。

资料来源:笔者整理(2017年5月)。

---

① 马林诺夫斯基.文化论[M].费孝通,译.北京:中国民间文艺出版社,1987:2.
② 张继梅.文化自觉与文化传承[J].齐鲁学刊,2013(4):63-66.

(二)特色小镇建设概况

特色小镇,以特色为导向,资本、人才等各要素高度聚集,建设特色小镇是破解城乡二元结构的重要路径。近年来,城镇人口不断增加(图1),城镇化率不断提高(图2),乡土文化遭到大量破坏。为留住乡愁,政府开始关注城镇文化建设。2013年12月13日,中央城镇化工作会议指出,"城镇建设,要依托现有山水脉络等独特风光……记得住乡愁"。2014年3月,国务院出台《国家新型城镇化规划(2014—2020年)》,明确提出:"根据不同地区的自然历史文化禀赋……发展有历史记忆、文化脉络、地域风貌、民族特点的美丽城镇。"

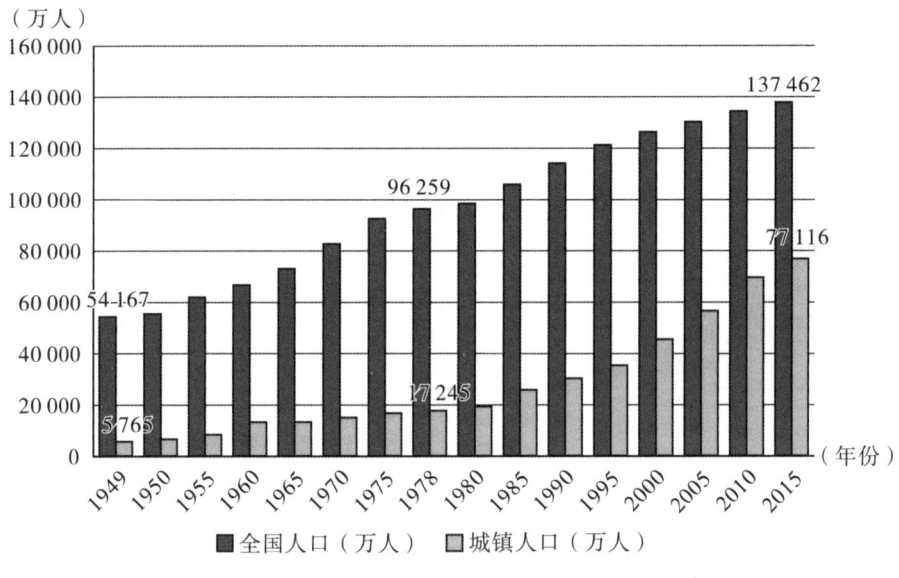

图1　1945—2015年中国城镇人口变化

为此,各地探索新的城镇化发展路径,逐渐聚焦特色小镇。2015年4月22日,浙江省在《关于加快特色小镇规划建设的指导意见》中提出要建设特色小镇,经过一年建设,浙江在政策引导、发展模式上逐渐形成经验,成为其他省市争相学习的榜样。2016年7月1日,住房和城乡建设部等部门在《关于开

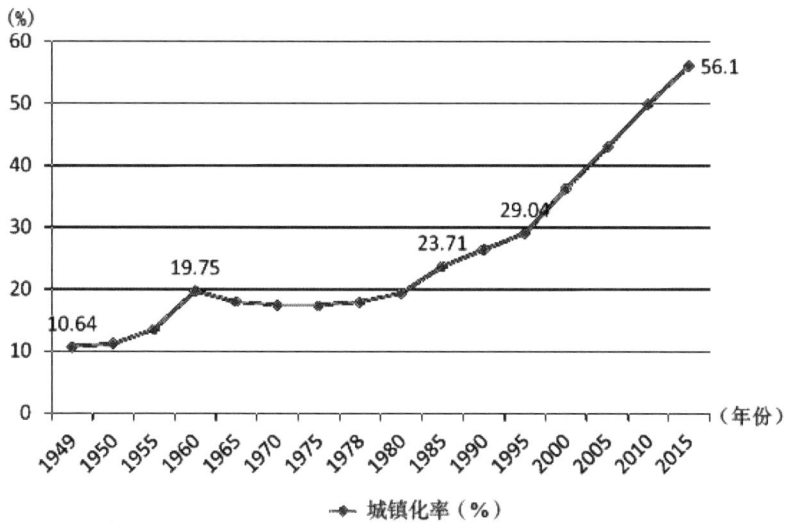

图 2　1949—2015 年中国城镇化率

展特色小镇培育工作的通知》中首次采用"特色小镇"的叫法,认为"特色小镇原则上为建制镇(县城关镇除外)",积极出台各项政策推动特色小镇的建设(表2)。自此,特色小镇正式由国家层面提出,目前,国家已经公布第一批127个特色小镇名单。

表 2　国家对特色小镇的政策支持一览表

时　间	文件名称	内　　容
2016.07.01	《关于开展特色小镇培育工作的通知》	特色小镇原则上为建制镇。到2020年,培育1 000个左右各具特色……教育科技、传统文化、美丽宜居等特色小镇。
2016.10.31	《关于加快美丽特色小(城)镇建设的指导意见》	打造一批新兴产业聚集、传统产业升级、体制机制灵活、人文气息浓厚、生态环境优美的美丽"特色小(城)镇"。
2016.12.12	《关于实施"千企千镇工程"推进美丽特色小(城)镇建设的通知》	加强政企银合作,拓宽城镇建设投融资渠道,加快城镇功能提升。通过搭建平台更多依靠市场力量引导企业等市场主体参与特色小(城)镇建设。

续表

时间	文件名称	内容
2017.01.24	《关于推进开发性金融支持小城镇建设的通知》	促进小城镇产业发展的配套设施建设;促进小城镇宜居环境塑造和传统文化传承的工程建设。
2017.04.11	《关于推进商业金融支持小城镇建设的通知》	支持改善小城镇功能、提升发展质量的基础设施建设;支持促进小城镇特色发展的工程建设。

资料来源:笔者整理(2017年5月)。

(三)文化传承的意义

特色小镇是新型城镇化的重要内容,"城镇化不是简单地让农民进城、上楼,参与城镇化更不是盖楼、炒地,而是要在发展中关注文化传承和可持续发展"①。关于文化和特色小镇,近年陆续出现一些政策(表3)。对于特色小镇来说,文化传承是特色小镇文脉的延续,具有重要的理论意义与现实意义。

表3 文化与特色小镇建设的相关政策一览表

时间	文件名称	相关内容
2016.07.01	《关于开展特色小镇培育工作的通知》	彰显特色的传统文化。形成独特的文化标识,与产业融合发展。优秀传统文化在经济发展和社会管理中得到充分弘扬。
2016.10.31	《国家发展改革委关于加快美丽特色小(城)镇建设的指导意见》	加强历史文化名城名镇名村、历史文化街区、民族风情小镇等的保护……建设有历史记忆、文化脉络、地域风貌、民族特点的美丽小(城)镇。
2017.02.23	《文化部"十三五"时期文化发展改革规划》	发挥文物资源在文化传承中的重要作用,丰富城乡文化内涵,彰显地域文化特色,发展有历史记忆、地域特色、民族特点的美丽城镇、美丽乡村。

资料来源:笔者整理(2017年5月)。

1.文化是特色小镇的灵魂,是特色小镇文脉的延续

文化是根,深植于本土文化空间,具有延续性,不容易发生变化,是特色小

---

① 赵珊.华侨城将建百座文化特色小镇[N].人民日报(海外版),2016-6-8.

镇的灵魂,是"特"的重要表达。文化传承是特色小镇文化可持续发展的重要方面,将特色小镇作为乡愁文化延续与传承的重要载体,才能真正在城镇化进程中留住乡愁。

没有文化的小镇是文化荒漠,难以形成有特色的发展格局,这是产业发展无法弥补的。"以文化强特色,以文化调结构,以文化惠民生,以文化稳增长"[①],是浙江特色小镇对文化的传承与创新,只有这样,才能实现小镇文化的可持续性。

2.文化是产业发展的内生动力

文化生产力是特殊的生产力,"寻找具有地方特色和经济发展潜力的产业并不难,关键难在其同时能够与地方的历史民俗、文化风貌实现有机融合发展"[②]。在特色小镇建设中,以中药、木雕、文房四宝等以文化资源为依托的产业,本身就是地域传统文化特色与区域社会经济发展相结合的生动实践,是文化向产业发展的重要路径。产业突出地方文化特色,将有效促进地方文化的传承与创新,促进以文化资源为主导发展起来的产业的转型升级,促进特色小镇形成独特的文化标识。

3.文化传承强化特色小镇的文化凝聚力

打造特色小镇的过程中,深度挖掘历史传统、民俗文化,将文化融入生活,是特色小镇关注"人"的重要体现。小镇居民身上自然带有的本地共同的文化特质,通过生产生活方式、民风民俗等在固有的文化空间表现,这是特色小镇独一无二的文化记忆,有助于促进镇民对地方文化的认同,增强文化凝聚力。

二、特色小镇中文化传承的表现

特色小镇建设中形成以互联网等高端产业,以装备制造等新兴产业和以茶叶、瓷器、木雕等为主的历史经典产业等三大类产业发展模式。从物质文

---

① 卢靖.传承文化发展力量 激发特色小镇创新之路[J].光明日报,2016-3-2.
② 承渊.文化才是特色小镇的灵魂[N].中国文化报,2016-8-5.

化、制度文化、精神文化三个方面体现特色小镇的文化传承努力。

(一)以物质文化为核心,促进文化产业化

物质文化是人类物质生产过程及其物质生产的实体性、器物性成果,它们凝聚人类认识、改造自然的精神因素,但主要显示物的实体性质,物质文化主要包括由劳动者、劳动资料、劳动对象构成的现实生产力、生产方式和满足人类最基本的衣、食、住、行的生存需要的消费资料。而"传承历史的特色小镇并不是被动发展或是纯粹的'博物馆',如茶叶、丝绸、黄酒等特色小镇,既挖掘千年历史文化积淀,延续历史文化根脉,传承工艺文化精髓,又引领该产业创新发展,为传统产业注入新活力"①。历史经典产业特色小镇多以当地最知名的物质文化为主要资源依托而建立起来的(表4),如宜兴市丁蜀镇依托紫砂,宣城市旌德县白地镇依托宣砚,此类以物质文化为主导发展起来的特色小镇实现文化的创新性转化,完成文化产业化。

表4 以物质文化为依托而建立的特色小镇举例

特色小镇名称	依托文化	依托文化的地位
龙泉市上垟镇	青瓷	人类非物质文化遗产名录
宣城旌德县白地镇	宣砚	中国宣砚之乡
越城黄酒小镇	黄酒	绍兴黄酒酿制技艺——国家级非物质文化遗产
苏州吴江区震泽镇	丝绸	中国蚕桑丝织技艺——人类非物质文化遗产
无锡市宜兴市丁蜀镇	紫砂	宜兴紫砂陶制作技艺——国家级非物质文化遗产

资料来源:笔者整理(2017年5月)。

(二)以制度文化为依托,促进文化品牌化

文化机制活而新,是特色小镇的一大特色。人类在社会实践中建立的各

---

① 常晓华,屈凌燕,王政.特色小镇是什么——浙江全面推进特色小镇创建综述(上)[EB-OL].(2016-2-28)[2017-5-20]. http://news.xinhuanet.com/local/2016-02/28/c_1118181253.html.

种规章制度、组织形式,人际交往的历史中形成的风俗礼仪,构成人类的制度文化。在制度文化影响下形成的民风民俗、行为礼仪等带有文化认同感,历史传承深远。现在,各地深入发掘历史文化资源,塑造地方文化品牌。宁波高桥镇的梁祝传说、江门市开平市赤坎镇的华侨文化等展示了地方特色文化(表5),特色小镇为以地方风俗展示为主的地域特色制度文化提供平台,将传统文化重新拉回大众视野,不但延续特色文化,形成特色文化品牌,更凝聚了人心,增强了地方文化认同感。

表5 以制度文化为依托而建立的特色小镇举例

特色小镇名称	依托文化	依托文化的地位
宁波高桥镇	梁祝传说	中国四大民间传说之一,国家级非物质文化遗产
黄山市黟县宏村镇	徽州文化	宏村——世界文化遗产
江门市开平市赤坎镇	华侨文化	开平碉楼与村落——华侨文化的世界遗产项目

资料来源:笔者整理(2017年5月)。

(三)以精神文化为凝聚力,形成文化认同

精神文化由人类社会实践和意识活动长期孕育而成的价值观念、思维方式、道德情操、审美趣味、宗教感情民族性格等因素构成,是深植于人们内心的最稳定的因素,是人们的情感归属。广西贺州市贺街镇依托"宗祠文脉"建设小镇,正是看到人们对家族观念的认同。闽南人讲"爱拼才会赢",信仰妈祖,信仰保生大帝,形成独特的信仰体系,这种信仰体系随着特色小镇的发展传播,影响接触者的精神信仰,进而促成外来人的文化认同(表6)。

表6 以精神文化为依托而建立的特色小镇举例

特色小镇名称	依托文化	依托文化的地位
南平市邵武市和平镇	太极文化	中国知名文化
贺州八步区贺街镇	宗祠文脉	广西特色文化名镇、全国历史文化名镇
南充市西充县多扶镇	福文化	福的吉祥寓意
福建湄洲岛	妈祖文化小镇	世界非物质文化遗产

资料来源:笔者整理(2017年5月)。

三、特色小镇中文化传承存在的问题

以人为核心应是特色小镇建设的重要原则。文化是特色小镇的内核,对文化和产业的关注应是特色小镇建设的一体两翼,文化与产业应当放在同等重要的位置。对特色小镇进行评价,多以产业为主,忽略文化传承的价值。

(一)外力介入多,加速文化再造

在特色小镇的建设过程中,为打造主导产业,需大量招商引资,吸引相关工作室、企业、投资者入驻,形成产业集聚。如长泰古琴特色小镇,致力于古琴文化的传播与发扬,但该地原来并不是古琴的"家",古琴虽是传统文化,但和这个地方没有关联,只是因为环境等方面的因素,于是在非古琴的地方再造古琴文化,成就古琴特色小镇。浙江横店镇、南充市西充县多扶镇的多福古镇等的情况类似。不可否认,在产业及特色方面,此类小镇都是响当当的品牌,但是在文化传承上,就值得深思了。这不是缓慢的文化变迁,而是明显的文化再造。不禁促人发问,原来的文化在哪里? 多年之后,我们又要去哪里追寻那些原本的乡土文化?

"在特色小镇这种社区共同体的重塑过程中,文化再造的核心是培育具有创新特质的价值观和生活态度"[①],与传统行政区域相比,来自四面八方的人才带来各自的文化,当这种多样性融合成新的观念并被培育,那原有的本土文化将更远。特色小镇应以人为核心,注重地方文化的存续,创业者文化的汇聚与融合对本土文化的影响可想而知。

---

① 周晓虹.产业转型与文化再造:特色小镇的创建路径[J].南京社会科学,2017(4):12—18.

表 7 文化再造的特色小镇举例

特色小镇名称	再造的文化
南充市西充县多扶镇	福文化
浙江横店镇	影视文化
福建长泰古琴小镇	古琴文化

资料来源:笔者整理(2017 年 5 月)。

(二)注重"主导文化",忽视乡土环境

特色小镇的建设是产业发展、环境改变、文化变迁的过程。历史经典产业是特色小镇建设的重要方向,多以某一文化为依托,形成以之为核心的产业链,这种主导产业的出现实际是规划特色小镇时有意识的文化选择。震泽丝绸小镇、龙泉青瓷小镇、开化根缘小镇,都是从当地的文化肌理中内生出来的,具有较高的名气,能够代表当地文化形象。随着国家对特色小镇的关注,丝绸、青瓷、根雕、木雕等频繁出现在聚光灯之下,占据大众视线,成为地方主导文化,以之形成的产业集聚,更推动此类主导文化的传承。小镇的其他乡土文化,由于没有特色和开发价值逐渐被忽视。

(三)重视新兴产业,忽略文化传承

特色小镇以产业兴镇,产业大于文化,商业气息浓厚。2016 年,住建部出台《关于特色小镇培育》指出,特色小镇的产业应"向做特、做精、做强发展",不少企业、投资、人才向特色小镇快速集聚。佛山市顺德区北滘镇(智造产业)、云栖小镇(云生态产业)、VR 小镇等以新兴产业为主导的特色小镇不断涌现(表 8),改变原有产业布局,深植于地方的特色文化逐步被忽视,这是以产业为主要评价依据的结果。2016 年 6 月,浙江省对第一批的 37 个特色小镇进行考核发现,"奉化滨海养生小镇 2015 年度完成固定资产投资为 0,特色产业

投资、税收收入等方面均为0,因而考核评分最低"①。南浔善琏湖笔小镇、苍南台商小镇、磐安江南药镇三个缺乏特色产业投资的小镇也被警告。这种以投资、税收为标准的考核方式促使部分小镇贪求产业的高端、资本的巨额,忽视当地特色文化的传承。

表8 特色小镇的主导产业举例

特色小镇名称	主导产业
佛山市顺德区北滘镇	智造产业
科左中旗舍伯吐镇	黄牛产业
浙江云栖小镇	云生态产业
成都市郫县德源镇	创业小镇

资料来源:笔者整理(2017年5月)。

四、建议

特色小镇建设应是在地方特色文化基础上适应当地发展而形成的带有保护性质的开发,无论是新兴产业类小镇,还是历史经典产业类小镇,文化都是特色小镇不可或缺的重要元素,应植入产业发展的全过程,让小镇更有历史感,传承文化则成为特色小镇发展的重要方面。

(一)观念变化,循序渐进

特色小镇的建设应尊重历史,尊重传统,不可无中生有。这就需要地方政府转变观念,"坚持一种循序渐进的方针,而不是一蹴而就的急功近利"②。充分认识到文化变迁、文化再造的负面影响,深入发掘本地的资源,着力推动能够代表本地特色的产业发展。特色小镇的建设应考虑产业发展和文化传承之

---

① 浙江公布省级特色小镇考核成绩,出台特色小镇考核标准[EB-OL].(2016-06-12)[2017-5-2].http://n.cztv.com/news/12092185.html.
② 苏彦.文化才是特色小镇精神原色[N].贵州民族报,2016-8-19.

间的关系,二者绝对不是对立的,这样百里不同俗才能够在特色小镇中得以显现。空港小镇、基金小镇、福建古琴小镇这样不能凸显在地文化特色,文化与产业完全分家的现象就会逐渐变少。

(二)借鉴台湾社区营造模式,打造乡土环境

台湾的城市化注重加强人与人、人与地的关系,所以着力于社区改造,"包含'人、文、地、产、景'五个面向,在营造过程中要兼顾居民需求的满足、历史文化的延续、地理特色的维护、在地产品的开发和社区景观的创造"①。社区营造中,社区居民参与社区建设,集聚本地人"放眼世界,扎根生活,联结社区,自觉承担起本地文化保护、传承、创新、建设和品牌营造的重要责任"②。通过激发镇民的主人翁意识,增强人们依靠地缘关系,民俗节庆仪式等形成的文化活动,营造本土文化氛围,增强文化认同感与文化凝聚力,有效防止文化再造,让人们记得住乡愁。

(三)合理运用"文化+",推动业态融合

文化是特色小镇的灵魂,没有文化的小镇就像无缘之木。2017年,《文化部"十三五"时期文化产业发展规划》提出,"以文化创意为引领,加强文化传承与创新,建设有文化内涵的特色城镇",文化与旅游、生态、休闲等产业的融合将成为特色小镇发展的重要方面,这样才能有效控制古琴小镇等诸如此类小镇的开发。当然,在发掘文化资源的时候要注重文化的整合提高,"推动有价值的传统民俗和文化习俗与节庆、演艺、赛事经济相结合"③,促进业态融合,"文化+"路径才能在特色小镇建设中充分发挥作用。

特色小镇是产、城、人、文为一体的小镇,文化应是特色小镇的内核,是"特"的重要表达。每个小镇都要形成文化特色,这样发展不失文化底蕴,不

---

① 曾旭正.台湾的社区营造[M].台北:远足文化出版社,2007:68—69.
② 蒋好书.特色小镇,根在文化[N].中国民族报,2017-2-10.
③ 苏锐."文化+"助力特色小镇建设[N].中国文化报,2017-1-12.

会形成文化再造。特色小镇建设要转变观念,产业发展固然重要,但要充分认识到文化才是小镇具有持久生命力的核心。身处乡土文化的居民所形成的人地依恋,促使小镇采用社区营造模式加强镇民之间的文化凝聚力。通过"文化+",充分发掘文化特色,充分考虑文化与旅游、休闲、养生的联系,推动文化业态融合,这样,特色小镇才能更好实现文化传承,才能实现人的城镇化。

以创意循环模型探究特色小镇发展
——以台湾南投县国姓乡咖啡特色小镇为例

俞龙通*

摘　要： 地方小镇的发展模式各种各样,规模也有大有小,本文关注南投县国姓乡以咖啡为主题的小镇营建,此种小镇发展模式采用产业经济导向,建构城市创意循环模型。研究发现,国姓乡咖啡特色小镇还处于产品导入期的初期阶段,但已取得不错的成效,其成功经验为：乡公所扮演主导角色,与各利害关系人建立良好关系,有整合地方资源,凝聚共识,透过开设课程和举办活动激发住民的创意能力,透过产地标签认证打造国姓乡咖啡创意产品,有效区隔与差异化国姓咖啡和其他咖啡,整合营销与市场。借由单一产业来型塑与打造特色小镇并非易事,特色小镇品牌的营建道路十分漫长,关键是城市创意循环的模型各个构面的强化与落实。

关键词： 城市创意模型；区域再生；地方营销；国姓咖啡

1999年9月21日,台湾发生规模7.1级的大地震,震中就位于南投县国姓乡九份二山。地震造成极大的伤亡与破坏,许多产业遭受摧残与毁损,百业待兴。当局与地方透过各种方式减轻地震的损伤,尽速恢复地方的秩序与活力。南投县国姓乡位于震中,是灾后重建的重点区域。百废待兴中,人们找到

---

* 俞龙通,台湾联合大学文化观光产业学系副教授,《亚洲国家报道》2009—2010"亚太杰出文化创意产业学者金爵奖"得主。

咖啡种植这一新产业,开启了国姓乡咖啡小镇的序曲。本文以创意循环模型探究南投县国姓乡透过咖啡产业的发展来营造特色小镇的具体做法、策略与模式。

一、文献探讨

(一)区域再生与地方营销理论

过去20多年,产业的转型、城镇与区域的发展成为主流,都市再生、区域发展、地方意象再造、特色小镇打造和地方与都市的营销成为学术研究与产业实务的焦点。从古根海姆博物馆带动毕尔巴鄂、格拉斯哥成为欧洲文化之都,雪菲尔的文化园区设立,伯明翰铁桥谷工业遗址园区的活化等案例透露许多国家与小区都透过举办节庆活动、露天音乐会、兴建文化园区,或透过文化创意产业市集或文化观光活动等来带动区域发展与打造特色小镇。

从各国和地区发展经验可以得知,区域发展策略有下列三种:

第一种为旗舰型策略,即把一个或多个管理好的事件搬上舞台,以吸引整个国际社群的注意力。旗舰型计划是一种大规模的计划和投资方案,投资的金额和所要动员的人力较为庞大,它像一块大磁铁吸引外界目光,刺激观光和消费,获得收入,传播区域形象,强化地方居民的身份认同。著名案例包括西班牙毕尔巴鄂市的古根海姆博物馆计划、每四年一次的奥运会比赛、欧洲文化市的选拔、2005日本爱知博览会、2010上海世界博览会及2014年的里约奥运。

第二种为专业化策略,常被认为是旗舰型计划的变体,该策略强调利用某一特定领域中的特色事件或吸引力,来包装该城市或区域,便于国际促销。这些某一特定领域的事件或吸引力可能是艺术活动、运动竞赛或商业活动,为该区域或城市找出独特且焦点集中、一眼就能清楚辨识的整体形象或品牌标签,这些区域或城市通常选择已有高度竞争力的领域作为特色或焦点。英国的格拉斯哥,将自己定位为文化城市;爱尔兰的爱丁堡以戏剧艺术节著称;德国柏林有柏林电影节,号称世界四大艺术电影展;意大利威尼斯有威尼斯影展;法国坎城有坎城影展;俄国莫斯科有莫斯科影展;韩国有电影振兴计划;新加坡有F1赛车,新西兰大力推动电影与文化观光等,都在独特的领域里留下举世闻名和无可取代的品牌识别。人们想起这些区域或城市,脑海中马上会出现独特整体印象或品牌形象。

第三种为发动机策略。这种策略着重从区域或城市内部强化文化动能,把焦点放在地方性文化能量的利用和释放上,经常的做法就是提供诱因,透过提高地方艺术团体的地位及设立公共舞台,促进艺术讯息的交流与艺术教育提高,强化当地居民在艺术和文化方面的能力及创作能力,激发文化艺术界本身的能量,或促使文化艺术界和企业社群互动。此一策略旨在催生多元且多面向的文化艺术场景,使得该地区能够吸引各界的人才、观光客及企业进驻。

发动机策略强调由内而外的发展,明显与旗舰型策略不同。旗舰型策略强调的是聚焦一个或少数几个独立、大型事件或事物,从中找出吸引外界目光和投资等有利于区域发展的利基。由于许多区域或城市并不拥有足以吸引人们目光焦点和能在国际区域内参与竞争的事物,因此许多旗舰型计划都是外移嫁接过来的,其文化内涵和生成常超越地方特有文化元素,地方元素只能融入其中,只算配角,无法形成焦点与特色。专业化策略则介于两者之间,主要的文化和艺术能量可以是源自当地的内生文化艺术元素,也可以是和外来的元素加以汇聚和转化而成的活动和文化艺术形式。

从影响范围看,旗舰型策略采取文化全球化策略,只要能够吸引国际目光和强化竞争力的文化元素,都可以使用。由于和其他文化的融合和汇流,获得多样性和丰富性,使得文化符号和意义造成的樊篱消失,加速文化流通,增强接受程度。奥运、影展和博览会的文化全球化的现象,清楚展示此种策略在区域和城市营销及增强竞争力方面的优势。发动机策略的基础则是全球在地化,在文化全球化的趋势和主宰下,保留和凸显地方的独特性和在地性,使之成为竞争差异化的利基。

(二)创意循环模型

创意循环是 Charles Landry 在《创意城市》一书中讨论"小镇创意提案"时

提出的概念,主要涵盖五个构面与阶段:第一个构面与阶段为协助人们催生构想与方案,第二个构面与阶段为实现构想,第三个构面与阶段为替构想与方案建立网络,增加流通与营销,第四个构面与阶段为建立落实机制,诸如廉价的出租空间、育成单位或是展示及亮相机会,第五个构面与阶段面向为城市推广成果,建立市场与客群,讨论这一切以激发新构想。创意循环包括产生与实现新构想、传播与营销新构想、创建这一切的平台,开创市场。从营销的角度而言,新构想的催生与实现就如同开发新产品,创建开发新产品的平台与所需的资源,营销与流通新产品及开创新产品的市场。

为适合本文的讨论,笔者在城市创意循环的模型中添加了台湾区域发展经验。笔者曾对新竹县北埔、峨眉、宝山(俗称的"大隘三乡")的创意循环进行为期三年的考察,撰写成专书《创意循环——区域文创观光亮点打造的黄金法则》,提出创意循环核心概念的五大构面,成为特色小镇打造的行动架构(图1)。

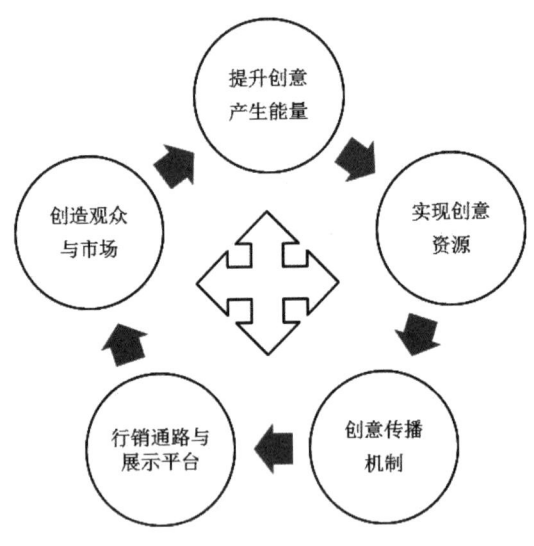

图1　特色小镇城市创意循环架构图

建置创意平台:分析特色小镇打造的组织,这个组织必须凝聚各方利害关系人的共识。打造良性伙伴关系,提出具体可行的策略。伙伴关系的建构与有形策略的提出是此一平台的核心价值。

增强创意能量:人才是产业的根本,创意是企业决胜的关键。创意并非天生具有,必须透过不断的学习。因此,成功打造特色小镇基于相关利害关系人的创意能量的多寡,不管策略是文化导向或是产业经济导向,都仰赖参与者的创意能量。

研发创意产品:特色小镇要有可供消费的产品,该产品必须有独特性和差异化,足以吸引消费者和游客前来,形成识别标记。因此,创意产品的开发成为小镇形成特色的关键。

创意营销与市场开拓:有了创意产品后,要有良好的营销管道,因此需要创意营销与市场开拓。现有产品或活动讯息传播的方式与管道如何,实体与虚拟通路使用情形如何,营销推广模式为何,这些都是需要考察的细节。

整合创意资源:品牌的打造或特色的营销皆需要资源,获得各界资源成为关键因素,资源如何有效整合,值得深入分析。

(三)南投县国姓乡简述

南投县国姓乡,种植面积较大且产量较高的主要有枇杷、香蕉和玫瑰。枇杷种植面积约 120 公顷,主要为"茂木"品种,产在中潭公路边各村,最盛时期,产量占全台 70%,目前亦居台湾第二位。枇杷含有丰富的维生素,属温性补品,有镇咳化痰的效用,以柑林村为原产区。每年 2—4 月为盛产期。南投县香蕉栽植面积约 370 公顷,年产量 8 140 吨,居台湾第三,以中寮最多,国姓、水里次之。品种以北蕉为主,由于日照充足,排水良好,特别香甜可口。国姓乡因气候适宜栽培玫瑰,加上花卉产销班专业生产高级切花品种繁殖与栽培,近年来已奠定基础,产品在市场上占有一席之地。

国姓乡草莓属草本植物,栽植系丰香品种,果实较春香大,早生、鲜红有光泽、糖度高、香气浓。草莓产期为每年 11 月至翌年 4 月。在福龟、长流、北港村大约栽种 10 公顷,销售方式以开放观光游客采摘及路旁自行销售为主。居国内产量第二位。

近年来兴起咖啡的种植,其知名度日渐高涨,已成为台湾咖啡的首选。国姓乡咖啡大部分为阿拉比卡品种。其栽种需肥沃土壤,充足湿气,适当日照,遮阴,国姓乡的天然环境非常适合。国姓乡所产阿拉比卡咖啡生豆有淡淡青草香,中浅烘焙后又有淡淡果香,深度烘焙后有焦糖甜香味。咖啡质量优异,有不苦、不酸、圆润、甘醇、口感佳等特质。

此外,国姓乡南港村的鹿茸产业和水里新兴村的鹿茸产业为岛内占极高比例的产业,两乡镇沿131县道产生产业群聚。本乡南港村是台湾水鹿的故乡。公水鹿在3~5岁之后才有鹿茸。农历过年前后,鹿茸开始生长,到清明节前后,营养最佳,进入采收时期。

在休闲产业方面,有福龟休闲农业区和糯米桥休闲农业区。国姓乡福龟村属于农业客家原乡,位于台14线中潭公路,交通便利,适合发展与游憩、参观有关的文化产业。当地农特产以草莓、枇杷最为著名,连绵不断的草莓园是特有的产业景观。福龟休闲农业区紧邻乌溪,可眺望九九峰,著名的"福农庄"位于此。休闲农业区内建造多处的环村自行车道,游客来到国姓乡不只是买农特产,游景点,也能骑乘自行车饱览休闲农业区细部的文化产业、休闲景点。

糯米桥为典型客家建筑与水利的工程。糯米石拱桥位于北港溪上,造型古朴,始建于1938年,经过大风大雨的考验仍屹立不倒,象征国姓乡客家精神的坚毅不移。2013年,被认定为"糯米桥休闲农业区"。糯米桥休闲农业区,因北港溪水贯穿全村,天然的地形、地貌造就自然天成的观光景点,境内有五棚坑溪、阿冷坑溪,拥有清澈无污染的水源,设有亲水设施及环村自行车道。

二、研究方法与设计

本文研究与设计采用以下方法。

(一)文献探讨

研究与分析南投县国姓乡文化与产业等相关的文献与政府计划,了解议题与焦点所在,从中找出文创观光产业的焦点。

(二)深度访谈

对南投县国姓乡文创观光产业的主要代表性人物进行实地拜访与深度访谈,透过深度的访谈与对话,了解地方意见领袖对于文创观光产业平台的看法与态度。此次深度访谈访问国姓乡公所农经课长郭先生(代号A)、百胜村咖啡庄园咖啡产销班经营者(代号B)、向阳咖啡咖啡产销班经营者(代号C)。代号A的访谈时间为2017年4月20日;代号B为2015年7月29日(上午9:30—10:30);代号C的访问时间为2015年7月29日(上午11:00—12:00)。采开放式半结构深度访谈法,访谈后将访问内容整理成文稿。本文中所引用的文字即以访谈稿所在的页数表示之。例如受访者A在2017年受访所引用的逐字稿在第5页,则呈现的方式为(A2017:5);受访者C在2015年受访所引用的逐字稿在第3页,则呈现的方式为(C2015:3),明确地呈现出其所在的页数,以符合学术研究重复检验的规范。

三、南投县国姓乡特色小镇发展策略与模式

(一)建置创意平台

目前国姓乡的咖啡推广组织以产销班为单位。产销班,顾名思义,就是有关咖啡的生产与销售的单位,也是推动的平台。

> 国姓咖啡目前有三个产销班,咖啡农民有80人以上,总面积在150公顷以上,以产量一公顷800公斤来计算的话,150公顷大概有一年12万千克,以目前国姓咖啡一磅新台币1 200元,产值就超过1亿新台币,如果跟外围相关产业结合则产值更多,因为咖啡跟休闲产业都可以结合,如果它的周边产值跟我们休闲业观光业结合的话,那它的效益更大。(2017A:1)

主要的咖啡生产由农民组成的产销班来负责,"我们自产自销!目前台湾的农产品都是这样的。因为咖啡没什么合作社,变成没对外的合作

社来收,变成要提高自己的生产和质量。"(2015 B:1)

咖啡豆产地认证工作由国姓公所全权把关,不假手其他单位或由农民自己张贴,有效地维持了认证机制公权力的公信力,使得国姓乡咖啡得到越来越多消费者的认同,这都仰赖咖啡业者与政府部门的协同合作所建立的伙伴式创意平台。这样的创意平台发挥功效实属不易,因为台湾乡公所的编制人力非常薄弱,公所没有多少人力,要贴那么多的标章贴纸,还要到产地场地去看。

> 我们下班的时候,农民有需要我们都会去帮他们看。我们有一个承办人员,一个临时人员,连我有主要的三个人,其他的农青科的人都会互相帮忙。张贴产地标签一定要公所的人来贴。其实产销班刚开始的时候,他们也会认为说怎么那么麻烦,他们贴一枚包装也要叫公所来贴,是不是发给他们产销班自主管理,我们说不行。因为如果产销班卖得好的话,有利润,若是贴的标章掺杂混豆,我们公所立场没办法跟消费者交代。(2017A:3)

> 可以简单归纳国姓乡公所在进行这个咖啡产地认证的时候,包括杯侧的费用、SGS检测的费用都是我们出,减少他们的阻力,如果一开始都要农民出,他们可能就不愿意了。而其中最大的关键就是创造诱因,让农民觉得有这个营销的效用,对他们是好的,他们就愿意配合了。甚至每年都会到11月份的台北市贸旅展和7月份的台中旅展进行营销活动,也都是乡公所我们农经课专人陪伴过去,大概是四天的时间,去年整个台北的旅展的咖啡营销是由国姓乡公所主办的。(2017A:3)

乡公所扮演积极引领的角色和所带来的效益深获咖啡业者的肯定,特别是在产地标章认证方面。若不进行产地标章认证,一旦咖啡量多的时候,人家就会怀疑是不是本地产的。就像×坑一样。不然自己有点像是强词夺理,×坑就像是一个品牌不是产地。

> 现在公所也相当注重,因为它是第一个全台推产地认证的咖啡。若是没有推动这个在地产地认证,人家会误以为说这咖啡是海外产的,很多

消费者会有这个疑虑。某个知名咖啡产地×坑就是有这个问题，所以我们为了防止产生这种疑虑，所以就由公家机关进行认证。(2015B：1)

除了地方政府与业者努力外，农政单位也扮演非常重要的角色，包括农委会的水保局和农粮署等。

(二)增强创意能量

人才是产业的根本，创意是企业决胜的关键。创意并非天生具有，必须透过不断学习。因此本研究记录与分析针对国姓咖啡业者的创意努力。

咖啡的栽种与烘焙制作技术等牵涉非常专业的知识，对许多农民而言皆是需要学习与精进的，因此创意能量的增加攸关整个国姓咖啡的竞争力和永续发展。这方面，除了公所提供许多培训课程外，许多农民也都积极参加各式各样的进修课程。

> 我们也透过不断的教育训练和营销活动帮农民促销这些咖啡，透过我们一连串的课程提升农民咖啡豆的质量。(2017A：2～3)

> 我们会办一些营销课程，提升我们农民的咖啡的质量(2016A：7)。所以我们就是不断透过课程加强大家的程度。我们现在每个月第三个星期的星期四都有一个咖啡达人秀，邀请台湾知名咖啡杯测师和烘焙室老师来帮我们上课，针对咖啡农的缺失，透过杯测的品尝，让他们了解自己的缺失、缺点，以及如何改进，逐渐提升他们的质量。如此，质量提高之后就可以要求比较高的价格，消费者才会接受。若质量没有达到水平，却要求很高的价格，消费者不怎么会接受。(2017A：10)

> 我们都会去上中兴大学开的农务课，多听一些知识。最主要的是自己要做功课。因为改良场没有辅导咖啡这个区块，是直到这几年才把咖啡列为辅导对象。那时候他们那边的专家都还要来请教这边咖啡农咖啡怎么种植，原本是他们没有这个部门。因为我先生本来就是务农的，所以有基本概念，加上他知道怎么用肥料。(2015C：4)

(三)研发创意产品

为了彰显国姓乡咖啡的独特性和品牌识别,获得差异化识别效果,强化地产地销台湾良品的品牌,进行产地标签认证。产品产地认证卷标的实施关系国姓咖啡特色小镇的前途。

> 国姓咖啡在2012年6月1号取得"经济部"商标局的咖啡产地认证,我们是第一个,目前也是台湾唯一取得产地商业标章的产区。要取得标章要有三道程序:第一道必须种植在国姓的行政区域内;再来就是它的杯测分数必须达到一定的程度;再来就是它必须通过SGS 310种无农药残留,无赭曲毒素等。农民经由公所通过这些程序后,由公所帮他们的咖啡贴上国姓产地认证标章。(2017A:1)

其中关键的就是第一道程序,如何进行产区的咖啡豆的把关,而不会有海外进口豆的混充,如何认定成为关键。

> 国姓乡公所每年九月会受理农民的申请,申请完后公所会派人去他们的产区看他们是否有种植,种植的株树、数量和申请的符不符合,探勘之后若符合,我们会告知何时送药检,要交豆子要送杯测。农民要告知公所采收时间,采收完以后就拿一个生豆给我们,我们就送杯测跟药检,检验报告没问题后,我们才会通过他们的申请案,他们就可以申请标章书。申请完以后,我们看他们实际的采收数量,确实有达到申请的数量,且确实是国姓的咖啡,我们才会帮他贴国姓标章认证。(2017A:1~2)

其整个认证过程与成效非常显著,也使得国姓咖啡小镇品牌日渐被认识。

> 新顾客对这个标章比较有信任感,因为这个产地认证经过公所把关,最近食安问题,消费者对这个是蛮重视的,公所就是站在中立者的角度,帮这些农民推展优良的农产品,又要帮消费者把关,让他们喝到质量良好,没有农药残留和赭曲毒素的咖啡,创造双赢的条件。(2017A:2)

国姓乡公所站在一个比较高的高度,从政策辅导角度为消费者把关,也帮咖啡农的咖啡增值,使其产品有一定的品牌认证,这从产地认证标签大幅增加可以佐证。

  第一年 2013 年我们开始做的时候,6 月取得标章。9 月开始做,第一年大概只有 6 000 枚左右,2014 年就成长到 18 000 多枚。2015 年就超过 4 万枚,我们咖啡农也了解这个政策,消费者也越来越知道这个讯息,有些消费者就是要认那个卷标,这个就是质量保证。经过我们公所把关,张贴标章数每年都在增加,2016 年超过 4.2 万枚,今年(2017 年)预估应该会达到 5 万枚。(2017A:3)

  因为大家都很认可这样认证的机制,申请认证的咖啡农家数也大幅增加。第一年申请的有 23 家,第二年就增长到 26 家,第三年就增长到 33 家申请认证的。(2017A:4)

  这样繁复的过程与用心,连咖啡农也觉得标准严格,却是必须要做的事。

  整个台湾咖啡只有国姓有产地认证标章,我们要通过这个标章并不容易。除了药检,还有它的风味,把所有质量提升到国际标准的 80 分,才能叫作精品。80 分以下,就是一般商业豆跟饮料豆,70 分以下就是饮料豆,喝完会心悸。我们国姓咖啡喝完不会心悸,都是黑咖啡,有益人体健康。(2015B:3)

  现在乡公所致力推广国姓咖啡,帮我们做产地标章,目前全台湾种植咖啡只有我们国姓有做产地标章,这等于说公共部门给消费者质量保证,而且这个产地标章一定要通过 SGS 的 310 项农药检测,还要有杯测师的杯测,每年都要复检,如果复检被查到农药残留就撤了这个标章,公所就不帮你贴了。(2015C:5)

除了乡公所进行产地标章认证的严格把关深获消费者的信任,成功地塑造国姓乡咖啡特色小镇的品牌外,更重要的是业者自己的努力,参加世界顶级咖啡豆评比,获得佳绩,强化了消费者的认同。本文访谈的两家咖啡业者皆获得过美国咖啡协会 CQI 评比的冠军(代号 C)与亚军(代号 B)。

我们这次咖啡豆有拿去海外比赛,拿去美国精品咖啡协会CQI比赛,我们现在是亚洲第一。我们是送生豆给他评鉴,这个成绩是我们三四年来亚洲成绩最高的一次。表示我们现在这边的种植质量跟后制处理已经到成熟度。(2015 C:6)

(四)创意营销与市场开拓

国姓咖啡知名度越来越高,市场也逐渐地拓展。

像我们这么多年经营下来,我发现台湾咖啡一直在进步。台湾喝咖啡的人口一直在增加,所以来我们这边喝咖啡的客人都要喝黑咖啡,而且素质都不一样,都是来自南部也有北部。(2015 C:6)

咖啡豆质量获得消费者的认可,咖啡产量大幅增长后,营销方面迫切需要软硬件的配合。相关部门使用多种营销手段,包括开设假日咖啡广场与市集,举办国姓咖啡文化节,参加岛内旅展活动及向政府申请咖啡展示与产销中心的硬件建设。

就硬件空间而言,台湾的县市在打造地方产业特色和特色小镇时往往会以一栋建筑物作为展示、展演和展售中心。云林县古坑乡农会盖有农产品展销中心。苗栗县的大湖以草莓闻名,也盖了一个草莓酒庄大楼,逢年过节游客采草莓,可以在里面消费,平时该大楼也收购草莓进行加工制作。国姓乡也设立咖啡广场与市集,成为游客聚集和营销国姓咖啡的集散地,以营造整个国姓乡的地方或是中心的品牌意象。这个集散中心是串连和整合国姓乡咖啡农产业群聚的轴心点。

我们每个礼拜天的早上十点到下午四点都有咖啡业者在我们的客家广场做一个精品咖啡市集,其实我们咖啡业者有些也有他们自己的庄园、他们的咖啡店,我们希望多元发展,因为我们国姓乡的幅员非常广阔,咖啡业者他们种的地方也都不一样,如果他们能力许可的话,可以打造自己的庄园,打造自己的品牌,整个乡都可以带动观光发展。(2017A:5)

国姓乡的农民大部分经济比较困难,要他们拿出一大笔钱建置咖啡庄园或咖啡店都是有难度的。该集市的设立让这些农民有销售平台,借由咖啡广场串连周边的老街,与业者形成连动。

　　这一计划尚需其他硬件的配合,目前最迫切需要的就是产业中心,乡民意代表会已同意花费6 000万新台币征收周边土地,主要大楼的建设经费仍需依靠政府补助,目前正在研提当局客家委员会的补助计划。

　　因为我们这边是一个客家重点发展乡村,我们是不是可以盖一个旅游信息中心或农特产的营销中心,有一个比较宽广的场地,营销我们当地的农特产,不只是咖啡,包括枇杷、草莓、鹿茸,都是我们国姓乡非常优质且产量非常丰富的产品。上级政府也同意补助我们做硬件设施,因为我们国姓腹地比较小,如果没有一个比较大目标、一个比较好停车地方,我们国姓老街若要复兴要发展,都需要腹地作为停车空间。(2017A:6)

软件方面,也有许多改进:

　　取得认证标章以后,农粮署跟县政府每一年都会给我们认证这一块推行的营销经费,我们会办一些营销课程,提升农民的咖啡质量,还有我们会到电台营销让消费者知道哪里有好的咖啡,让他们知道国姓咖啡是有产地认证。我们会参加旅展,每一年11月份的台北市贸旅展及7月份的台中旅展都会有营销活动,一年大概有四到五家的业者可以到那边营销咖啡。(2016A:7)

　　每一年的7月份我们也都会在我们的精品咖啡广场那边,就是乡公所斜对面,封街办理千人喝咖啡活动。(2017A:8)

除了公所的带领与推动外,业者扮演很重要的角色:

　　业者其实都有自己的品牌,他们会透过网络营销,还有各大展区的展览,他们都会去那边分名片,他们也有专属的粉丝页。因为农民也是一个生意人,也要推广他们的咖啡,当然他们的营销方式,年轻人可能就是透过网络营销,年纪较大的老农可能比较不会营销,就会透过朋友介绍,或

是都只交给比较会卖的人去卖。(2017A：11)

(五)整合创意资源

国姓咖啡的发展,各界资源整合扮演重要作用。申请地产基金,国姓乡的农民才得以从原本种植大量的槟榔树到改种咖啡。

其实像我们做了大概5年了嘛,我们在2012年的时候争取到地产基金。

2011年的时候争取到地产基金,这边种咖啡的人在十几年前就开始陆陆续续一直种,在1999年"9·21"地震发生后,就陆续一直种。我们这边槟榔很多,因为现在年轻人渐渐不吃槟榔了,槟榔价格也没有以前那么好,所以很多槟榔农就想要转型,转型当然就是要有取代的物种,咖啡其实在槟榔树下种是蛮适合的,因为咖啡需要半遮阴的生长条件,在槟榔树下它的叶子不是很密,又有点遮阴的效果,所以我们这边慢慢很多槟榔园就转型种咖啡。(2017A：10)

之后公所扮演主导角色,也提供相关资源,包括上述所提送杯测跟SGS[①]检测,都是乡公所送检,由公所向上级政府申请部分经费后编列预算。硬件建设方面更需整个当局的资源。

有跟上级政府申请经费,乡公所自己也编一些。在辅导阶段,公所、政府会帮他们出一些认证费用,他们本身也必须负担一半费用,建立使用者付费的概念,一开始是政府全额补助,后来慢慢减少补助。我们非常感谢上级长官对我们这一方面非常关注,从取得认证标章以后,农粮署跟县政府每一年都会给我们认证这一块营销经费。(2017A：7)

---

① SGS集团成立于1878年,初期主要提供农产品检验服务;迄今,在全球各国拥有数万名员工和数千个营运公司与实验室,涉及各类产业,主要核心业务包括检验、测试、验证、查证四类;由于SGS始终能够独立公正地为客户服务,已经成为商品检验业公认的质量保证和诚信标章。

（六）小 结

南投国姓乡咖啡产业的兴起从1999年地震后开始,前后不到二十年,地方政府和咖啡业者之间是良好伙伴关系,创立了创意平台,通过开设各种专业课程和举办达人秀来进行人才培训,有效增强咖啡业者的创意能力,也让咖啡产品屡获国际性竞赛评比大奖。公所和咖啡业者有效整合各界资源,进行产地标章认证,在短期内迅速打响知名度和品牌鉴别度,建设咖啡广场及举办咖啡文化节,使得市场越来越广阔,消费群也大幅增加,地方意象不断增强。

就产品生命周期而言,国姓咖啡正处于产品导入到成长的初期,尽管初期获致良好成效,但仍旧有些问题需要因应。经过深入访谈咖啡业者,简单归纳相关问题包括下面所说的三点：

其一,咖啡专业辅导人员缺乏:相对于茶叶和其他农特产品,政府机关较缺乏专业人士辅导咖啡种植区块,无论是用药或是实际经验都相对缺乏,农民只能靠交流自己摸索方式精进。

其二,附加价值的提升:虽然目前咖啡豆销售量非常顺畅,但也希望提高咖啡本身价值与附加价值的产生。台湾整体来说还是以茶叶推广为主,政府应多元发展,将咖啡推广至国际化,以质量为领导,做精品产品,例如包装方面还是需要更专业设计人才,将商品做创意发挥。

其三,业者普遍说故事和营销的能力较弱,政府应该要有更健全的推广活动与后续发光发热的亮点。(2016C:8)

四、结论与建议

南投县国姓乡引进咖啡产业,推动产业转型与升级,初步获致良好成效,国姓乡成为台湾咖啡产地的象征,品牌识别也迅速强化。从产业群聚到特色小镇仍有一段漫长之路。除了软件产业经营管理和营销需要不断精进与强化外,硬件的商圈和产销中心的筹建更是特色小镇成功打造的关键。本文运用城市创意循环模型的五个构面分析国姓乡咖啡特色小镇的型塑过程，认为，特色小镇若要成功，五个构面缺一不可，其中首要之务就是创意平台的建构，其次是创意资源的整合，接着增强创意能量，才有助于后续创意产品的开发、创意市场的开拓与创意营销的推广。值得期待的是，国姓乡公所扮演重要且关键的角色，有效整合当局与地方的资源，凝聚农民的共识，透过各种课程和活动来增强农民的创意能量，透过产地标签认证来打造咖啡创意产品，有效区隔国姓咖啡和其他咖啡，彰显差异化，透过各种方式进行整合营销与市场开拓。这些短期所累积的正面效益正在逐渐发酵中，对于国姓乡打造特色小镇奠下稳固基石。面对未来挑战与困难，若能依循创意循环的分析架构来思考可能的对策，则相关问题与挑战也将迎刃而解。

福建发展篇

福建特色小镇发展现状与路径

蔡清毅*

摘　要： 福建建设特色小镇的基础较好，但起步较晚，未来发展空间巨大。为创建特色小镇，福建紧跟形势，多元推进，多重政策倾斜。福建特色小镇中传统产业集镇相对明显，旅游文化特色小镇占主体。存在功能定位狭窄，主题特色挖掘，资源要素欠缺，政策纲举"目未张"等问题。未来要坚守"产城融合"和"文化立镇"的理念和模式，明确宏观定位，因地制宜，分层分类突进；加速集聚高端要素，打造产业生态圈；探求产业内生发展路径；重视品牌建设，以文化营造社区；机制创新，激活特色小镇建设的主体要素；以问题为导向，破解特色小镇的可能性制度障碍，创新制度供给。

关键词： 福建；特色小镇；现状；路径

特色小镇建设是加快新型城镇化建设的重要突破口，是近年来从中央到地方都在大力推进的重要任务，已成为当前各界关注的焦点。福建建设特色小镇的基础较好，但起步较晚，未来发展空间巨大，是福建推进新型城镇化的重要抓手。

---

* 蔡清毅，厦门理工学院副教授，研究方向为文化创意经济、品牌管理。

一、福建特色小镇发展现状与问题

(一)福建特色小镇创建概述

1.紧跟形势,多元推进特色小镇建设

随着海西经济区建设的深入发展,福建城镇化快速发展,城镇化率从13.7%提高到60.8%,年均提高1.35%。然而,在城镇化快速发展的同时,质量不高与风貌特色不鲜明的问题也日益突出。2016年6月,在国家特色小镇名单出台以前,福建省政府就出台《关于开展特色小镇规划建设的指导意见》,正式启动全省特色小镇的创建工作。特色小镇被认为是"推进供给侧结构性改革和新型城镇化的战略选择",被寄予厚望。按照计划,福建省每个特色小镇都有准确的产业定位和文化内涵,兼具旅游和社区功能,是综合性的发展空间平台。之后,福建省相继出台《福建省特色小镇创建规划编制指引》《福建省特色小镇创建指南》等文件。

同时入选国家级和省级特色小镇建设区的厦门市也出台相关规划,要在三五年内培育一批特色鲜明的小镇。入围全省首批特色小镇的集美汽车小镇,将按照要求,坚持"精而美"的原则,按照节约集约发展、"多规融合"的要求,在三平方千米左右的规划区域面积内,充分利用现有区块的环境优势和存量资源,合理规划生产、生活、生态等空间布局,至少按照3A级以上景区标准建设。

2.多重政策倾斜打造特色小镇

福建省发改委有关负责人表示,"建设特色小镇,是经济新常态下加快区域创新发展、激发创新创业活力的新平台。未来将推进供给侧结构性改革,推动高端要素集聚、产业转型升级和历史文化传承的新举措,更好地拉动有效投资,加快推进新型城镇化"。为此,福建省给予特色小镇多重"政策红利包"。

(1)强化要素保障。优先满足特色小镇用地需求,每个特色小镇各安排100亩用地指标,新增建设用地计划予以倾斜支持。在符合相关规划和不改变现有工业用地用途的前提下,对工矿厂房、仓储用房进行改建、扩建及利用地下空间，提高容积率的，可不再补缴土地价款差额。符合条件的建设项目优先列入省重点建设项目。

(2)加大资金支持力度。对特色小镇给予债券和贴息支持，小镇范围内符合条件的项目，优先申报国家专项建设基金和相关专项资金，优先享受省级产业转型升级等相关专项资金补助或扶持政策，优先支持向政策性银行争取长期低息的融资贷款，给予特色小镇规划设计补助，支持特色小镇生活污水处理设施和生活垃圾处理收运设施建设。2016—2018年，新发行企业债券用于特色小镇公用设施项目建设的，省市财政将按债券当年发行规模给予发债企业1%的贴息。对于完成总体规划的特色小镇，厦门市发改委还采取以奖代补的方式从预算内基金内给予50万元规划设计补助，一年内引进项目落地投资额符合条件的特色小镇可获得市财政300万元的奖补资金。此外，特色小镇内符合要求的众创空间也可享受相应资金补助。

(3)给予人才扶持。福建省还给予人才扶持，借鉴中关村国家自主创新示范区和福建自贸试验区的做法，对特色小镇范围内的高端人才实行税收优惠和个税优惠政策，加大对高层次人才运营项目的担保支持。

3."特色为本，产业为根"推进特色小镇建设

2016年9月，福建省公布首批入选创建名单的28个特色小镇。2016年10月，住建部公布全国127个国家级特色小镇名单，福建省永泰嵩口镇、厦门同安汀溪镇、泉州安溪湖头镇、南平邵武和平镇、龙岩上杭古田镇共5个小镇上榜。对于特色小镇创建，福建省要求坚持特色为本、产业为根、精致宜居、双创载体、项目带动和企业主体。

表1 福建省特色小镇产业定位

项　目	内　容
聚焦领域	信息技术、高端装备制造、新材料、生物与新医药、节能环保、海洋高新、旅游、互联网经济等新兴产业
兼顾领域	工艺美术（石雕木雕、陶瓷）、纺织鞋服、茶叶、食品等传统产业
主攻方向	具有当地特色和比较优势的细分产业
规划数量	每个细分产业原则上仅规划建设一个特色小镇

资料来源：笔者整理(2017年5月)。

按照创建规划,特色小镇将实行动态化管理,政府给创建所在地三年时间,要求其完成相应的统计指标,尤其是突出产业特色和竞争力,挖掘文化内涵,建设宜居环境,进行服务创业创新和产业转型升级,连续两年未完成指标的小镇将退出创建名单。

(二)福建特色小镇创建特征

1. 区域分布——传统产业集镇相对明显

福建省的特色小镇创建审批采用不平均分配名额制,凡符合特色小镇内涵和质量要求的,纳入创建名单。从首批小镇分布热力图看,区域相对均衡。现代新型产业相对集中于沿海福州到厦门沿线,其他主要依托传统产业和旅游文化产业,故集中在传统工艺文化特别发达的区域和小镇。

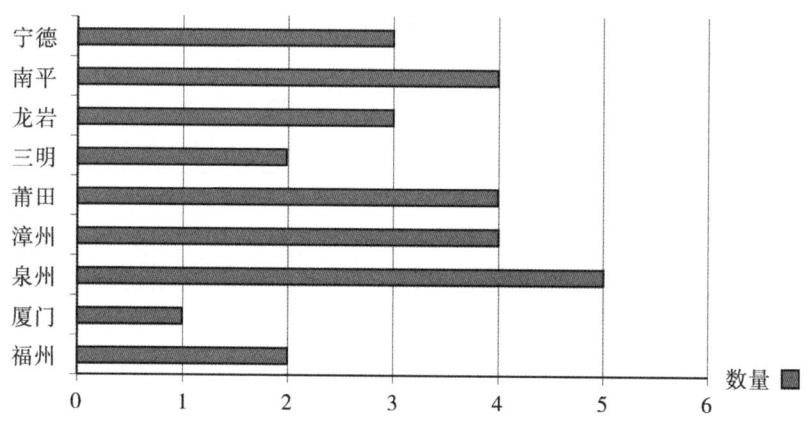

图 1　福建省省级特色小镇区域数量

资料来源:笔者制作(2017 年 5 月)。

2. 产业分布——旅游文化特色小镇占主体

产业是特色小镇的根本,只有产业定位鲜明且有高度独特性的特色小镇方可获得支持。福建省的特色小镇主要发展以信息技术、高端装备制造、新材料、生物与新医药、节能环保、海洋高新、旅游、互联网经济等科技密集型、人才密集型的新兴产业,同时根据自身特点兼顾工艺美术(石雕木雕、陶瓷)、纺织鞋服、茶叶、食品等传统产业,福建省提出"原则上每个细分产业仅规划一个特色小镇"的规定。对这 31 个小镇的特色进行简单的归类,从命名就可以看出特色小镇多以当地特色为主打。旨在通过这种方式,精耕当地的特色产业,做大做强。从入选的名单来看,基本坚持特色产业为根的原则,在总体中占到 61%,有绝对优势地位。

表 2　福建省特色小镇全名单

产业类别	个　数	具体名单
特色产业类	17	南靖山城兰谷小镇,长泰古琴小镇,永春达埔香都小镇,德化三班瓷都茶具小镇,安溪藤云小镇,明溪药谷小镇,永安石墨小镇,仙游仙作工艺小镇,城厢华林鞋艺小镇,秀屿上塘银饰小镇,光泽圣农小镇,政和石圳白茶小镇,建瓯徐墩根艺小镇,漳平永福花香小镇,连城培田草药小镇,屏南药膳小镇,蕉城三都澳大黄鱼小镇
旅游休闲类	8	永泰嵩口休闲旅游小镇、东山海洋运动小镇、诏安四都渔乡休闲小镇、晋江深沪体育小镇、湄洲妈祖文化小镇、武夷山五夫朱子文化休闲小镇、上杭古田红色小镇、霞浦三沙光影小镇
其他	3	长乐东湖 VR 小镇、厦门集美汽车小镇、泉州晋江人才梦想小镇

资料来源:笔者整理(2017 年 5 月)。

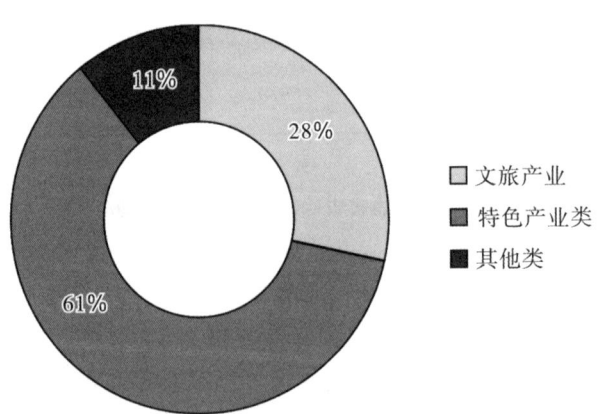

图 2　福建省特色小镇产业分布示意图

作为旅游大省的福建,旅游产业蓬勃发展。2015年,全省接待游客2.67亿人次;旅游总收入3 141亿元,入境游客591.45万人次,位居全国前五。[①] 2016上半年,福建省累计接待游客1.34亿人次,比增16.1%,高于全国平均增速6%;实现旅游总收入1 618.37亿元,比增20.4%,高于全国平均增速8%,旅游业已成为福建省最具影响力的战略性支柱产业。在这样的情况下,不少特色小镇也主打旅游资源,以旅游休闲为主。

3.规范要求

从法理基础看,福建省从总体要求、创建程序、政策举措、组织领导等方面提出建设建议。

(1)总体要求。特色小镇创建要坚持特色为本、产业为根、精致宜居、双创载体、项目带动和企业主体。特色小镇建设借鉴"浙江经验",特色小镇区别于建制镇和产业园区,是规划面积为三平方千米左右的特色产业聚集区,是具有明确产业定位、文化内涵兼具旅游和社区功能的发展空间平台。这固然跟福建的城市化和产业经济的状况有关,体现了个性化和量力而行的政策取向。

(2)创建程序。务实、分批推进特色小镇规划建设,各地自愿申报,对各地申报创建特色小镇不平均分配名额。对纳入创建名单的特色小镇实行年度考核,连续两年未完成年度目标考核任务的,实行退出机制,下一年度起不再享受特色小镇相关扶持政策。建设期满后经验收合格,报省政府审定命名为福建省特色小镇。

(3)政策举措。从要素保障、资金支持、人才扶持、改革创新等方面,明确支持特色小镇规划建设的具体政策措施。

(4)组织领导。明确建立协调机制,实行重点扶持,推进责任落实和加强动态监测,确保特色小镇规划建设工作取得实效。

4.鼓励创新

特色小镇本身也是因应时代和形势的创新之举,其自身定位是综合改革

---

① 福建省发展改革委员会.2015年服务业质量发展情况报告[J/OL].(2016-12-31)[2017-04-04].http://www.fjdpc.gov.cn/show.aspx? Id=107550.

试验区,推进政策突出"个性"。比较全国各地推进特色小镇建设的政策和措施,福建省政策导引、发展规划亮点不少:

(1)根据福建县域经济的现实,投资因地制宜。福建省对投资额和投资期限都有明确的要求(30亿元,3年),相比浙江省的50亿元规模要求来说,投资压力轻了许多。投资额要求中将商品住宅项目和商业综合体排除在外,从政策上堵住了靠发展房地产搞特色小镇的路子。

表3 福建省特色小镇投资要求

位序	内 容
1	新建类特色小镇原则上3年内完成30亿元(商品住宅项目和商业综合体除外)
2	改造提升类18亿元
3	23个省级扶贫县放宽至20亿元和10亿元,特色产业投资不低于70%
4	互联网经济、旅游、传统特色产业类可放宽至标准的80%

资料来源:笔者整理(2017年5月)。

(2)运营模式创新引领。强调"企业主体、政府引导、市场化运作",鼓励社会资本投资。政府负责"规划引导"和"服务","投资主体应该是企业"。福建省专门提出,"特色小镇投资建设主体可以是国有投资公司、民营企业或混合所有制企业",为民营资本进入该领域打开大门。

(3)营商环境打造注重系统创新。以"双创"为引领,突出"人才""创新"和"服务"的地位和作用。注重在投资便利化、商事仲裁、负面清单管理等方面进行改革创新,尤其提出"不新增人员编制""培育小镇自治",创建特色小镇需要的服务不仅由政府提供,企业、社会组织提供自我服务也是方向。

(三)福建省特色小镇建设存在的问题分析

1.充分理解特色小镇的内涵及发展机理

关于特色小镇,目前并没有统一的说法。住建部、发改委、财政部强调特色小镇原则上为建制镇(县城关镇除外),优先选择全国重点镇。各省和各方的理解不同,尤其是浙江,其所谓特色小镇有别于通常行政区划单元上的"小镇",既不是行政区划单元,也不是产业园区,而是以产业为核心,以项目为载体,融合生产、生活和生态,集聚当地产业、文化、旅游、社区等功能为一体的新型聚落。

无论是非镇非区,还是依托传统的建制镇,双方都认同特色小镇的灵魂在"特"上,都认可特色小镇应该是"产、城、人、文"四位一体有机融合的创新发展平台。

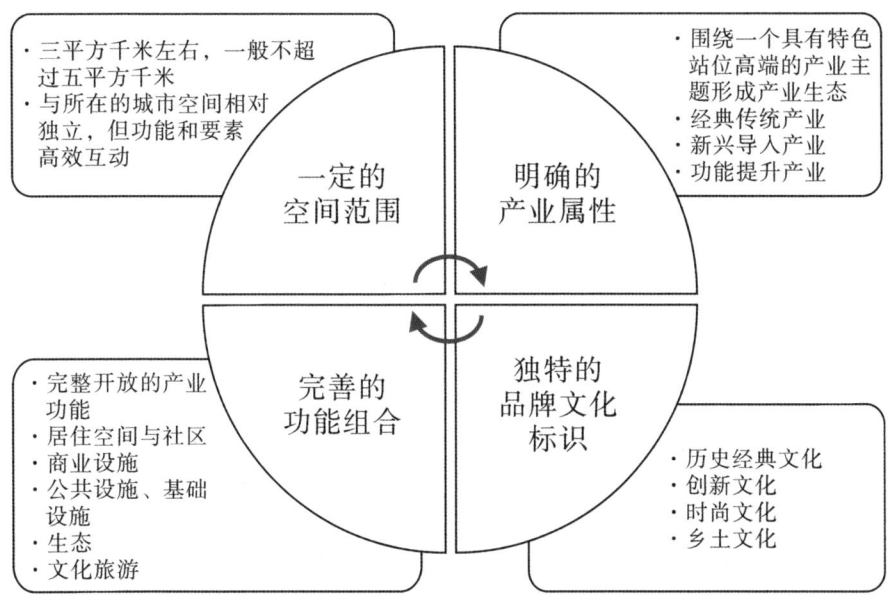

图 3　特色小镇是"产、城、人、文"融合的创新发展平台

图片来源:笔者绘制(2017 年 5 月)。

因此,特色小镇可以包括不同的模式,发展特色小镇应抓住核心内涵。"特色小镇"是以独特的产业及深厚的历史人文底蕴显示出强大的生命力及对整个区域经济的支撑意义。

具体规划建设中,特色小镇的发展必须秉持四大理念:

(1)产业定位摒弃"大而全",力求"特而强",避免同质竞争,错位发展,保证独特个性。

(2)功能体系摒弃"散而弱",力求"聚而合",重在功能融合,营造宜居宜业的特色小镇。

（3）城镇形态摒弃"大而广"，力求"精而美"，形成"一镇一风格"，多维展示地域文化特色。

（4）制度设计摒弃"老而僵"，力求"活而新"，将其定位为综合改革试验区，"特色小镇"可作为政策试点示范基地，把握政策先试先行机遇，体现制度供给的"个性化"。

追求产业和空间载体升级，是目前各地规划建设特色小镇的主要目的和政策取向，因此，认识特色小镇产生的社会机理，挖掘浙江省特色小镇兴起背后的原因，是推广特色小镇发展经验的关键。

浙江是特色小镇的策源地，特色小镇的兴起，既符合工业化后期城镇空间演化的普遍规律，又得益于我国城镇群与都市区规划建设的不断推进，带有深刻的浙江色彩。本质上，特色小镇是工业化后期城镇化空间发展的新模式。浙江省和国家部委文件都用空间平台或创新创业平台来界定特色小镇，不可否认，空间实体意义上的特色小镇是产业与城镇空间布局的一种类型。约翰·弗里德曼指出，工业化进入成熟阶段，城镇化空间演化进入集中的分散阶段。在后大都市时代，分裂与离心成为城市空间拓展的主要动力，城市从单中心变为多中心布局模式。国家发改委小城镇研究中心乔润令从五个方面总结浙江特色小镇兴起的原因：一是民营经济发达、市场经济发达、民间资本雄厚；二是小城镇高度发达，三分天下有其二；三是城乡差别较小，省直管县体制下，县镇自主权较大；四是山多水少土地少，自然空间狭小，不适宜发展大城市；五是工业化基本完成，产业转型升级、发展新经济是主角。[①]

不过，我们必须清醒地认识到，特色小镇兴起的众多原因中，基于民营经济、市场经济发展起来的块状经济和强县扩权、强镇扩权的行政管理体制，是浙江省区别于其他地区的关键因素。由于各地发展阶段、客观条件不同，浙江特色小镇模式和标准不一定适用，福建也不例外。

---

① 张莉.关于特色小（城）镇和小城镇发展的几点思考[J/OL].（2017-04-04）[2017-04-04].http://www.upnews.cn/archives/25489.

2. 福建省特色小镇创建问题分析

特色小镇是新鲜事物,虽有国外和浙江的实践经验,但各省市应该充分认识当地情况的特殊和差异,抓住特色小镇发展的基本规律,"歧异化"定位和"本地化"执行,才能从培育和实施两个层面取得成功。以此观之,福建特色小镇培育还处于初期阶段,存在一些问题。

(1)功能定位狭窄,主题特色挖掘浅层化。"特色小镇"的"特",主要指产业"特",即面向未来的新兴产业乃至其中的某一环节。产业是"特色小镇"发展的生命力,特色是产业发展的竞争力。

国家培育目标明确提到 5 类主题——旅游、商贸物流、教育、制造、科技;与此同时,可以顺势而为的还有"双创"——健康和农业。从小镇的命名可以看出,目前福建的特色小镇建设主要聚焦旅游和传统手工艺、农业技艺,而规划中的领域——高端制造业、信息产业相对少。这反映了福建县域镇域产业经济发展的现实,也反映出,在题材挖掘定位和细分市场方面,福建还缺乏"发现的眼光"和"文化创意的视野"。在福建优势产业、多元文化资源基础上,通过"文创+科技"相融合的方式,寻求差异化和特色化,进行题材聚焦和歧化塑造,是特色小镇发展的根本。

镇的类型有多种,可以重叠。比照全国特色小镇功能类型,现有福建特色小镇的功能定位中,旅游发展型和传统工艺发展型最多,占 60% 以上,工业(新型产业)发展型比例较低,民族集聚性、商贸流通型缺乏。总体而言,本批次特色小镇的类型分布不够均匀。

(2)资源要素欠缺。人才、资金、经验的缺乏是特色小镇建设的难题,制约特色小镇的发展。一是缺"人"。一方面科技型、创新型人才欠缺,小镇吸引人才的软硬件环境均存在不足。另一方面,受机构编制控制,镇级设立特色小镇建设管理机构难度较大。希望政府和高校能紧密对接,加大宣传力度,提高引进这一类人才就业的奖励政策。二是缺"钱"。一方面,受宏观和微观经济形势影响,特别是企业担保链影响,导致企业资金压力加大,投资积极性不高,项目招商比较难。另一方面,地方政府用于基础设施建设和扶持企业发展方面的投入较多,镇级财政"支出增幅高于收入增幅",压力较大。三是缺"经验"。

建设特色小镇目前缺乏可供借鉴的经验做法,体制机制的改革创新方面尤其需要政府和行业协会的指导。

(3)政策纲举"目未张"。特色小镇是一个复杂的系统,依托传统与文化,通过整合提升,与现代文明衔接,发挥更大效能并凸显自身特色,其发展应该是内生性的,其培育需要系统化视角和工具。福建省已经有总体性立体多元的框架体系,但细节规划上还处于"有了想法没办法"的尴尬境地,很多政策停留在提法上。特色小镇建设推进进程、有效投入力度,缺少政策设计和有针对性的个性化扶持政策。

如"小镇自治",这本身就是理论和实践的系统工程,能突破就意义重大,不是一言能尽的。

福建特色小镇建设的资金主要为财政出资奖励、补贴,其他财政金融手段很欠缺,在"资产荒"的大背景下吸引社会资本,盘活社会资源,需要创新措施。

特色小镇建设的组织领导仅依靠有关部门工作联动协调、新型城镇化工作(特色小镇)联席会议制度,人员配置责任没有详尽务实的措施。

特色小镇的督导考核虽有年度考核,动态评估等规定,但无详细考核措施,年限和组织办法也无规定。

二、福建特色小镇发展的创新路径

特色小镇是集产业链、投资链、创新链、人才链和服务链于一体的创业创新生态系统。推动特色小镇的发展,需要注意以下六点。

(一)坚守"产镇融合"和"文化立镇"的理念和模式

"特色小镇"以其产业及历史人文底蕴支撑整个区域经济的发展,特色小镇建设是系统工程,以创新、协调、绿色、开放、共享为理念,以舒适休憩与人居环境为建设基础,以特色新型产业培育为核心功能,以特色文化形成与"产、城、人、文"融合为发展载体,需要各地政府与企业共同努力。

产镇融合是发展理念,是目标标准,更是过程和结果。

同产城融合一样,特色小镇的产镇融合除了可以作为理念,还可以作为细节规划的标准。特色的标准在于鲜明,达到产业集聚的规模。成功的"特色小镇"在其相关领域中的地位应如同耶路撒冷在基督徒眼中的存在。特色小镇虽小,但要"五脏俱全",成为大城市之间的衔接点,形成鲜明的产业形态,在细分领域占据一席之地。

文化立镇是发展模式,是原则基础,更是规划起点和内在动力,涉及文化遗产、文化传承、价值理念等方面,对镇域文化进行再造,以文化营销理念驱动区域发展。对镇域内核心产业文化和传统文化的原真元素进行时尚化改造,在产业化运作中彰显文化的魅力。在充分尊重和保护项目选择地现有生态环境的基础上,深入挖掘资源特色和人文底蕴内涵,进行科学合理的开发,使文化生态、自然生态都得到和谐发展。

(二)明确宏观定位,因地制宜,分层分类突进

定位明确,以独特资源为导向,深度精耕,才有机会脱颖而出。采取分层分类的发展路径,不同类型地区应采取更有针对性的发展策略。

首先,不同类型不同地区采取不同的发展策略。李兵第等人的研究指出,可以按照"富足小城＋特色小镇＋美丽乡村"的原则确立小城镇的分层发展目标,所以应强化调查研究,编制好各地各区的产业和文化基础资源表,提出针对性的发展策略。对不同功能、内容类型的小镇进行分类指导。如风情小镇、高铁小镇、科创小镇、制造小镇、高新小镇、金融小镇等。

其次,明确产业定位,精准和创新产业特色。特色小镇以产业为依托,拥有完整或者部分产业链,与上下游的供需关系协作良好。特色不是外力赋予的,而是充分激发产业的活力,制定扶持及优惠政策,带动整个产业链的发展,形成良好的供需关系。

最后,根据主题定位多元化采用针对性的发展模式。内容可以多种多样,但必须符合产业发展,市场需要。可以有巧克力小镇、马铃薯小镇、民宿小镇;也可以有基金小镇、航空小镇、白酒小镇。关键是良性发展,符合产业化发展思路,使内容运营造福当地的居住者。

(三)加速集聚高端要素,打造产业生态圈,探求产业内生发展路径

特色小镇应以产业为核心,围绕当地特色产业、优势产业,向产业链上下端延伸发展,打造产业生态圈。

1.纵横双向链式发展,内生性业态培育

浙江的特色小镇建设以"一镇一产"为特点,这并不适合福建。福建的特色小镇建设应突出内生发展,强调自身核心要素(特色资源、独特优势),找出适合生长的产业。注重基础条件和核心要素,实现"强人的资源化""资源的产业化"和"产业的资本化"。现实中,"产业飞来"是偶然的,比如北京的宋庄,其经验很难复制。做强特色小镇产业必须围绕本地强人进行资源布局和夯实产业基础,有针对性地构建产业横向和纵向的发展方向,结合城市消费者分析,通过招商和育商探求产业的内生路径。

特色小镇建设要注重业态构建,民俗、餐饮、孵化器、旅游等业态的引入与发展是小镇发展和运营的关键。

特色小镇建设应该定位高端产业,集聚高端要素。作为国内特色小镇建设的先行者,云栖小镇坚持发展以云计算为代表的信息经济产业,着力打造云生态,大力发展智能硬件产业,有望成为中国的"硅谷"。目前小镇内已集聚了一大批云计算、大数据、APP开发、游戏和智能硬件领域的企业和团队。阿里巴巴、富士康、Intel、中航工业、洛可可等大企业竞相入驻。2016年10月16日,持续四日的2016杭州·云栖大会闭幕,来自全球58个国家和地区的4万名科技精英参会,超过700万人通过在线观看大会直播。这是大会的第七年,共举办102场峰会和分论坛,来自全球的近400家科技公司展出了前沿科技成果。

2.规划发展与小镇产业相关的服务行业,提升特色产业的内在功能

特色小镇的产业特色除了处理资源整合和定位聚焦之外,功能提升也是根本,通过生态修复、基础设施升级、产业做强做大和特色文化传播彰显特色,特色小镇必须发展相关的服务行业,产生行业集聚效应,为发展旅游业奠定基础。以法国格拉斯香水小镇为例,格拉斯在小镇各处都建有香水工厂,每年举行"茉莉花节"和国际玫瑰博览会,香水工厂和香水小店开放参观,其香水博物

馆展示4000年的香水历史。格拉斯香水学校为全世界培养顶级的调香师,通过人员培训占有香水界的至高地位。

3. 革新人口视角,以城市消费者的视角,完善社会配套服务

传统城市规划中,人口决定土地指标,人口主要参照常住人口和预期增长。特色小镇除了有本地人口,还有大量商旅人群,对其进行规划,必须革新人口视角。福建特色小镇的建设应以城市消费者的视角研究和规划特色小镇。

消费者"半径"决定城市的边界,决定城市的发展潜力,城市服务城市消费者的能力是城市的核心竞争力,特色小镇对配套设施的要求较高。一般来说,特色小镇的产业位于产业链的两端,那些具有较高附加值、高额利润的产业对社会的基础设施要求较高。特色小镇的产业对行业从业人员的要求较高,相对的,这些从业人员的生活要求也较高。小镇居民的素质较高,志同道合,追求高雅、有格调的生活,因此小镇要提供医疗、卫生、教育等公共服务资源,同时要有配套的休闲娱乐、商业设施。因此,以城市消费者视角进行特色小镇规划,必然对小镇的基础设施、公共服务设施及其他公共产品(服务)提出更高的要求,相应的培育投资需求也更具导向性和周期性。

(四)重视品牌建设,以文化营造社区

特色小镇建设要有长远规划意识,注意生态平衡,实行保护性开发,通过科学规划让人文与生态和平共处。

首先,创新品牌构建思维,以文化和科技的力量为小镇社区品牌建设提供两翼。不管是生态环境,还是文化环境,其最终都作用于吸引人,一方面是对本地居民的吸引,另一方面是对特定产业人才的吸引。融入文化、传承文化、发扬文化是小镇模式与传统工业园区的最大不同。比如以互联网创业为核心的梦想小镇,从规划之初起就有着"在出世与入世间自由徜徉"的梦想,致力于打造"都市里的乡村、城市边的花园"。虽说美国的硅谷算不上一个小镇,但它形成的文化积淀,成为计算机专业人才眼中的圣地,集聚着全世界大量专业顶尖人才,值得特色小镇借鉴。目前,乌镇将自身的传统文化底蕴与互联网思

维相连接,成为世界互联网大会的永久所在地,迈出"特色小镇"建设的第一步。下一阶段,乌镇能走得多远,还要看这两者的结合能有多深的沉淀。

其次,重视特色品牌识别建设,让大量有特色的传统村落、集镇成为最有力的品牌形象,防止"千城一面"。文化是特色小镇的"内核",特色小镇都要有文化标识,给人留下难忘的印象。要把文化基因植入产业发展全过程,培育创新文化、历史文化、农耕文化、山水文化,汇聚人文资源,形成"人无我有"的区域特色文化。历史经典产业都有上千年的文化积淀,主攻这些产业的文创小镇要重点挖掘历史文化,保护非物质文化遗产,延续历史文化根脉,传承工艺文化精髓,在此基础上再嵌入旅游功能。

最后,以互联网思维和整合营销传播理念及态势进行传播。营销手段要升级改造,通过深入的市场调查研究,整合城镇周边资源,通过融合叠加,形成综合品牌效应,进行整体品牌形象的营销。通过网站、微信、微博进行自我营销,与其他媒体、社团、景区相连通,凝聚力量,提高自身知名度。

(五)机制创新,激活特色小镇建设的主体要素

1.推进以扩权强镇为重点的小城镇体制改革

要使小城镇尤其特色小镇成为经济新常态背景下,促进产业转型升级和城乡统筹发展的重要主体和空间平台,必须积极推动促进小城镇发展的体制改革。福建省提出"不增编制""创新小镇自治",只有设想没有路径,应该尽早明确城乡发展一体化,深化改革创新投融资机制、公共服务、供给机制,通过改革赋予土地、财政、税收、融资等方面更大的自主权,激发活力。成立镇级投融资平台,使特色小镇成为连接周边农村的重要平台,带动周边农村的建设和发展。

浙江省充分赋予县、镇发展自主权,其经验值得学习。自1953年以来,浙江省一直实行"省管县"的财政体制,这与全国其他省、自治区、直辖市完全不同。浙江省政府持续对县域放权,推进县域改革,使县这一层级的行政权力与经济社会发展逐渐匹配,促进了商会、行业协会等社会组织的发育。浙江省也是最早推行强镇扩权的省份,2005年起开始对比较发达的中心镇进行放权,

至今全省扩权中心镇的数量已达 200 个。扩权强镇在促进区域经济发展,优化公共服务供给,提高镇政府治理效能方面发挥重要作用。

2.市场化导向运营模式的创新

特色小镇采用"政府引导、企业主体、市场化运作"的新模式,需要各地政府、开发企业、运营商、投资商、规划机构等多方共同协作,它们之间不同的耦合方式催生截然不同的运营模式,需要政府在体制、机制、政策、规划等方面进行创新和引领。

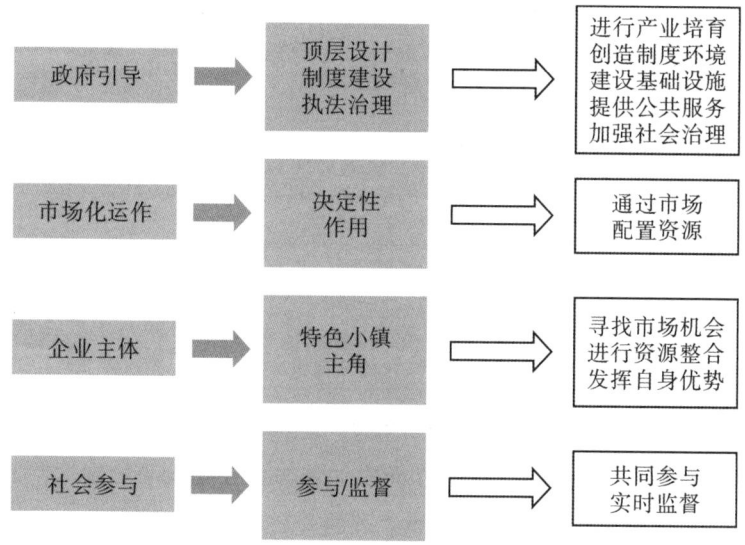

图 5　特色小镇运营模式

图片来源:笔者绘制(2017 年 5 月)。

政府面临挖掘本地特色产业,做好小镇产业规划,有效组织规划编制并落地等问题。

企业面临转型参与特色小镇建设,与政府建设共同合作体系,更好地解决"利益共享、风险共担、全程合作"等问题。

运营商面临明确运营思路和提炼实操打法的问题。

除此之外,投资商的投资机遇和收益回报,规划设计机构对特色小镇的产业规划和空间规划方面的影响等问题尚待厘清。

在当前的市场和宏观环境下,应避免一哄而上和千镇一面。脱离地方实际的"造镇"行为伴随"政府引导"为主的运营模式,要么通过税收、土地等各种利好政策支撑,要么强制要求相关企业入驻,届时得到的多是"鬼城""空城",其中企业打着"特色小镇"口号,利用政府的政策红利,有名无实。

表4 特色小镇成为传统企业转型升级的新"风口"

企　业	小镇类型	详　情
华侨城	文旅小镇	拟投资1 200亿元打造天回、安仁、黄龙溪三大旅游名镇
碧桂园	科技小镇	已在惠州建设三个科技小镇项目,第四个项目落地东莞
绿城集团	农业小镇	计划未来5~10年做5~10个小镇样板,布局一、二线城市或县城郊区
华夏幸福	会展小镇	拟在南京、重庆、嘉兴、保定造产业新城或特色小镇
深圳地铁	基金小镇	与前海金控联手,打造前海深港基金小镇
恒大地产	足球小镇	依托现有的恒大足球学校,通过旅游与足球的融合参展,建设恒大欧洲足球小镇
宏泰产业	航空小镇	打造一个集航空制造、维修保养、航空体验为一体,拓展适航中心、产业孵化等工作的通用航空一条龙运营服务品牌

资料来源:笔者整理(2017年5月)。

3.注重引入战略投资者,吸引多元主体参与小镇建设和发展

特色突出、潜力大的小镇越来越受战略投资者的青睐,吸引其对小镇进行统筹规划和建设,可以有效防止建设的碎片化。应吸引多元主体参与小镇建设,发挥其积极性。

(六)问题导向,破解特色小镇的可能性制度障碍,创新制度供给

从全流程的角度,特色小镇势必受到来自人口、规划、产业、土地、融资等方面的限制,这既是因为遭遇资源瓶颈,又受政策性系统性的制度因素影响,必须进行多方面创新。

1.规划

"规划,纸上画画,墙上挂挂",不是不重视规划,也不是规划质量有问题,

而是各类规划间缺乏有效衔接,落地性较差。特色小镇要突出"多规合一",从经济和社会发展规划、土地利用规划、城市总体规划、区域控制性详细规划、专项规划等进行有效衔接。

2.土地和居民参与问题

特色小镇建设,涉及两大体制机制问题:一是村镇土地确权和流转问题,一是镇民组织化参与问题。各地必须出台明确的土地政策规范,鼓励和协助投资商与镇民组织建立良性的利益协调关系。否则,这两个问题将成为小镇建设的难以移开的绊脚石。

3.资金

特色小镇培育不可能一蹴而就,周期长,占用资金规模较大。不能头痛医头脚痛医脚,不能仅考虑融资本身,而应科学谋划、系统解决,建立借、用、管、还一体化的资金使用机制。从滚动开发角度实现可持续投融资,用好、用活社会资金,一方面用好财政支持,另一方面更要创新融资方式,利用PPP、产业基金、保险机构专项方案、村镇银行等吸引闲散社会资本建设特色小镇。

4.人才

人才是小镇发展的关键因素,引进与培育人才更是系统性的经济问题,也是社会问题,这需要有决心和机制的保障。

福建省特色小镇的产业布局与发展

吴 珞*

摘　要： 中国园区经济的发展路径在特色小镇内获得延续和创新。在经济新常态的背景下，福建省提出要把特色小镇作为加快区域创新发展、激发产业创新活力的平台，用以推动高端要素集聚、产业转型升级和历史文化会聚。一批承载创新理念、创新产业、创新人才的"特色小镇"纷纷涌现，遍及福州、泉州、厦门、南平、龙岩等市。这些特色小镇突出产业特色和竞争力，挖掘文化内涵，建设宜居环境，服务创业创新和产业转型升级，为推动人才、技术、资本等高端要素向特色小镇集聚，打造创业创新样板积累了宝贵经验。这些特色小镇整合特色产业元素，构造产业雏形，体现集聚和叠加效应，为福建省特色小镇产业发展趋势做出预测。

关键词： 福建；特色小镇；产业定位；差异化

特色小镇是按创新、协调、共享和持续发展的理念，结合地域特色，找准产业定位，挖掘产业特色，体现人文和生态底蕴的重要功能平台。在追求个性化，打破"千城一面"状况的今天，探讨特色小镇在产业定位、产业选择、产业集聚、产业创新和产业升级等方面的经验和问题，预测发展趋势，有一定的现实意义。

---

* 吴珞，厦门大学嘉庚学院教师，英国伦敦大学硕士，主要研究文化产业管理。

一、福建省特色小镇的产业政策与产业发展现状

《福建省人民政府关于开展特色小镇规划建设的指导意见》提出:"特色小镇区别于建制镇和产业园区,是规划面积为3平方千米左右的特色产业聚焦区,是具有明确产业定位、文化内涵、兼具旅游和社区功能的发展空间平台。"①《福建省特色小镇申报材料说明》要求特色小镇在申报中明确产业定位,把特色产业确定为主导产业,围绕该产业谋划布局。此前,浙江省人民政府2015年两会的《政府工作报告》称,特色小镇是"按照企业主体、资源整合、项目组合、产业融合原则,聚焦七大产业,兼顾历史经典产业,具有独特文化内涵和旅游功能","以新理念、新机制、新载体推进产业集聚、产业创新和产业升级"②。两省提及的"特色小镇"都突出"产业"这一关键词,相比之下,福建明确指出特色小镇与一般产业园区有别,明确限定规划面积。浙江则强调"产业融合",兼顾七大产业与历史经典产业。两省都提到"旅游功能"和"文化内涵",为特色小镇在发展支柱产业的同时发展当地旅游文化产业提供了政策依据。福建省要求明确特色小镇投资主体、规模、建设周期,预测今后产出,明确2016—2018年特色小镇的产值、税收和旅游人数指标。把"旅游人数指标"作为申报内容。

福建省2016年公布了省级第一批特色小镇创建名单,共有28个特色小镇,泉州5个,漳州4个,莆田4个,南平4个,龙岩3个,宁德3个,福州2个,三明2个,厦门1个。福建省要求这些特色小镇推动人才、技术、资本等高端要素的集聚,发挥产业比较优势,传承发展传统特色产业,培育战略性新兴产业,推动产业转型升级,为全省推进供给侧结构性改革、实施创新驱动发展战略创造经验,提供示范。福建省的特色小镇命名具有浓厚的地方特色,一般体

---

① 福建省人民政府关于开展特色小镇规划建设的指导意见[EB/OL].(2016-07-18)[2017-04-04].http://www.fjfzb.gov.cn/cms/html/sfzb/2016-07-18/165869409.html.
② 施翼,陈晓文,钟晓.义乌瞄准制造高精尖[N].浙江日报,2015-04-16.

现地方优势产业。

表1　南平市特色小镇的地方优势产业

名　称	特色产业
光泽圣农小镇	生态食品产业
武夷山五夫朱子文化休闲小镇	与理学宗师朱熹有关的文化休闲产业
政和石镇白茶小镇	与茶文化有关的产业
建瓯徐墩根艺产业	与"根艺城"相关的旅游文化产业

资料来源：笔者整理（2017年5月）。

表2　泉州市特色小镇的地方优势产业

名　称	特色产业
永春达埔香都小镇	与香文化有关的旅游文化产业
德化三班瓷都茶具小镇	与瓷器、茶具有关的文化休闲产业
安溪藤云小镇	文化创意产业
晋江（金井）人才梦想小镇	与茶文化相关的文化休闲产业
深沪体育小镇	与体育相关的文化休闲产业

资料来源：笔者整理（2017年5月）。

2016年发布的《福建省人民政府关于开展特色小镇规划建设的指导意见》中，福建省政府提出一系列与特色小镇有关的产业政策，提出要建成一批产业特色鲜明、体制机制灵活、人文气息浓厚、创业创新活力迸发、生态环境优美、多种功能整合的特色小镇，还提出要坚持"特色为本、产业为根、精致宜居、双创载体、项目带动和企业主体"[①]。综合媒体的相关报道，上述六项原则的解读如表3所示。

---

① 福建省人民政府关于开展特色小镇规划建设的指导意见[EB/OL].(2016-07-18)[2017-04-04].http://www.fjfzb.gov.cn/cms/html/sfzb/2016-07-18/165869409.html.

表3 福建省政府对特色小镇的产业指导方针

类　别	解　读
特色为本	是集产业链、投资链、创新链、人才链、服务链于一体的创新创业生态系统,形成"产、城、人、文"四位一体有机结合。
产业为根	选择一个具有当地特色和比较优势的细分产业作为主攻方向,支撑特色小镇未来发展。每个细分产业原则上只建设一个特色小镇。
双创载体	集聚人才、技术、资本等高端要素,建设创新创业样板,助推产业转型升级。
项目带动	特色产业投资占比不低小镇总投资的70%。互联网经济、旅游和传统特色产业类可适当放宽至总投资的80%。
企业主体	坚持企业主体、社会投资主导、政府引导模式。

资料来源:笔者整理(2017年5月)。

省内特色小镇投资建设主体可以是国有投资公司、民营企业或混合所有制企业。地方政府负责规划引导、基础设施配套、资源要素保障、文化内涵挖掘传承、生态环境保护、投资环境改善。

福建省人民政府还从总体要求、创建程序、政策举措、组织领导方面确定了一些帮扶措施,促进特色小镇的发展。笔者根据媒体报道,上述产业扶持政策梳理如下:

表4 福建省政府对特色小镇的产业政策

类　别	产业政策内容
要素保障	优先满足特色小镇用地需求,对每个特色小镇各安排用地指标,新增建设用地予以倾斜扶持。
资金扶持	优先享受省级产业转型升级等相关专项资金补助或扶持政策,给予特色小镇规划设计补助。
人才扶持	对小镇范围内高端人才实行个税优惠、加大对高层次人才运营项目的担保支持。
改革创新	列入省级创建名单的小镇,优先上报国家相关改革试点。

资料来源:笔者整理(2017年5月)。

福建省特色小镇产业发展的内外部环境,可以运用SWOT分析的方式解读如下:

表5　福建省特色小镇产业发展环境的SWOT分析

优势(Strength)	劣势(Weakness)
S1 福建省有大量传统特色产业,包括传统手工艺(木雕、石雕、陶瓷等)、纺织、茶业、食品等。 S2 区域优势(东南沿海,海上丝绸之路的起点,在产业规划时可以从海洋文化特色上汲取营养) S3 人文优势(每个小镇都有当地特有的风土人情,旅游休闲业相对发达)	W1 福建高科技创新能力较弱,在互联网+、金融、信息产业等领域不具备明显优势,高科技人才自主创业动力不足。福建省经济总量偏小,资本、技术、人才等重要的创新要素外流问题短期内还难以避免,外地创新要素的引入落地也比较困难。 W2 城镇化的过程中,产业定位雷同、发展优势不明显。 W3 市场主导方面做得不够。特色小镇建设热潮中存在较多的政府行为,企业实际投入不足。
机会(Opportunity)	威胁(Threat)
O1 省内文化创意产业发展潜力巨大 O2 中央、省、市三级出台扶持政策,在要素保障、资金支持、人才引进、改革创新等方面大力扶持特色小镇的产业发展。	T1 浙江、广东等省经济发达,对福建形成强有力的产业竞争和人才竞争。 T2 周边省份特色小镇建设领先于福建。例如浙江在特色小镇建设方面已形成"浙江经验"。

资料来源:笔者整理(2017年5月)。

二、福建省特色小镇的两种产业发展思路对比分析

特色小镇是特殊的领域,对新型城镇化有特殊的意义,势必成为中国国民经济新的增长点,或激活传统产业,或发展新兴产业。

对比各省特色小镇命名方式,可以看到,其他省份大量出现"互联网创业小镇""云计算产业小镇""基金小镇"等现代概念,福建省的命名较少体现高科技特色(依托数字福建长乐产业园的"东湖VR小镇"),而多红木小镇、珠宝小镇、妈祖文化小镇等名称,这说明,福建省以传统特色产业为优势产业。

整合资料发现,福建省目前的特色小镇产业发展主要集中于两大领域:

表6 福建省特色小镇优先发展的两类产业

类　　别	特色产业
新兴高科技产业	新一代信息技术、高端装备制造、新材料、生物与新医药、节能环保、海洋高新、互联网经济等新兴产业
传统特色产业	工艺美术（例如：木雕、石雕、陶瓷等）、纺织鞋服、茶叶、食品等

资料来源：笔者整理（2017年5月）。

福建省位于东南沿海，是"海上丝绸之路"的起点。省内已有的特色小镇，一般都具有自然山水特色、古建筑特色、非物质文化特色、新旧产业特色。这为特色小镇的产业规划提供了便利，无论是以传统特色产业为技术产业，或以新兴高科技产业为支柱产业，都可以很好地带动旅游休闲文化产业。

本文以福建省的达埔香都小镇和东湖VR小镇为例，探讨两种不同的特色小镇产业发展模式。从产业现状、主要优势、存在问题以及今后发展思路等多个角度进行对比分析，探索福建省特色小镇的产业发展方向。

（一）以传统特色产业带动的泉州市达埔香都小镇

2016年，泉州市永春的达埔香都小镇被省政府列入福建第一批特色小镇建设名单。这一个案较好地代表泉州以传统特色产业打造特色小镇的发展思路。从小镇已有的资源着手，因地制宜进行产业规划，以务实的态度推进特色小镇的可持续发展，防止因为盲目发展金融、信息、互联网等产业而造成的产业定位雷同。这一产业发展思路在福建省内绝非个案。类似的例子还有福建建瓯的徐墩根艺小镇，依托的也是当地原有的资源——根艺展示与开发。

达埔制香工艺已有近400年的历史，全镇现有香料种植企业32家，农民专业合作社65家，香料基地2万亩，制香企业296家。

达埔镇提出创建"香都小镇"，立足于"中国香都文化"和"海上丝绸之路文化"，通过一系列项目，推进永春产业转型升级。按照"产业＋文化＋旅游"模式，以创建国家3A级旅游区为目标，持续完善香品产业园，将其打造成为香都小镇的核心区和展示窗口。

传统的"永春香"已逐渐从传统加工制造走向创新创意，从传统朝拜用品向养生文化用品转变。目前香品产业园共三期,一期规划用地265亩,已有4家重点制香企业入驻并投产;二期用地650亩,10家来自马来西亚、台湾地区及本地的企业入驻。

香产业带动当地的旅游文化产业,达埔镇落实的"绿禾谷——福建道畋智慧休闲农庄项目",成为福建省重点建设项目[①]。该农庄位于德化三班镇与龙门滩镇交界处,以"智慧农业、休闲田园"为主题,努力打造集智慧农业、有机农业、农业体验、农耕民俗、科普教育、健康养生等为一体的国家休闲农业示范点。目前生产板块种有西红柿、百香果、火龙果等50多个品种的水果,除了种植果蔬外,农庄还规划建设文创、民俗、旅游等项目。

通过以新理念、新机制、新载体推进的产业集聚、产业创新和产业升级,达埔镇努力挖掘产业特色,破解发展瓶颈,推动产业转型升级,获得重要的成绩。

根据媒体报道,本文整理达埔香都小镇的产业发展现状如表7所示。

表7 达埔香都小镇的产业发展思路

项目	内容
规划面积	3平方千米
总投资	32亿元
支柱产业	以香产业带动的旅游文化产业
预计效益	年产值80亿元,年旅游50万人次,年旅游收入2.4亿元以上
产业布局	"一心一轴一廊两区"、"香产业集聚区"(香都服务中心、香产业发展轴、香脉历史文化景观长廊、香品生产区和香文化旅游区)。附属功能(海上丝绸文化体验区、产城融合发展示范区)
发展目标	推动香产业上下游集聚、集约发展,构筑产业链齐全、产业关联度高、品牌效应显著、产业竞争力强的香产业集群

资料来源:笔者整理(2017年5月)。

(二)以高新技术产业带动的东湖VR小镇

东湖VR小镇位于海上丝绸之路的核心区、国家级新区、自由贸易区、生

---

① 达埔镇启动"香都小镇"建设[EB/OL].(2017-10-17)[2017-03-28].www.wangdoudou.net/.

态文明先行示范区、福厦泉国家自主创新示范区"五区叠加"和平潭综合实验区"一区毗邻"的政策高地。2013年,福建省政府正式确定数字福建(长乐)产业园落户长乐区。2016年,福建省人民政府正式明确依托数字福建(长乐)产业园建设中国福建VR产业基地。2016年9月1日,东湖VR小镇正式成为福建省首批首个特色小镇,这是以高新技术产业带动的特色小镇[1],代表了特色小镇的另一种产业发展模式。

东湖VR小镇特别强调努力实现"软资源价值的提升",高度关注非传统资源的开发,包括互联网、大数据,正是这些软资源,成为特色小镇发展的新优势、新领域、新动力。

表8 东湖VR小镇的产业发展思路

项 目	内 容
规划面积	3平方千米
总投资	约78亿元
支柱产业	新兴高科技产业(大数据应用、互联网＋、VR)
预计效益	年产值200亿元,年旅游20万人次
产业布局	位于福建新区核心区,由VR企业乐园、互联网双创基地、数字福建云计算中心、东湖湖畔休闲公园、东湖水世界等七大板块组成
发展目标	以新兴高科技产业为支柱,带动VR体验、水世界娱乐等旅游休闲产业

资料来源:笔者整理(2017年5月)。

(三)达埔香都小镇与东湖VR小镇的产业发展模式对比

达埔香都小镇和东湖VR小镇分别代表传统特色产业和新兴的高科技产业为支柱的特色小镇类型,二者在产业发展模式具有不同的特点。

---

[1] 东湖VR小镇开镇迎客 计划引入300余家高科技企业[EB/OL].(2016-06-20)[2017-03-28].http://news.fznews.com.cn/fuzhou/20160620/576736d3bc068.shtml．

表9 两种发展思路对比分析

项目	达埔香都小镇	东湖 VR 小镇
支柱产业	传统特色产业	新兴的高科技产业
产业发展模式	"以产立镇、以产带镇、以产兴镇",促进从小镇资源到小镇产业,最终实现产镇一体、协调发展,为特色小镇提供持续健康发展的动力和支撑。追求的不是面面俱到的全产业体系,而是聚焦传统优势产业,确保某一产业在小镇中的独特及主导地位,围绕其来打造完整的产业生态圈。	以新兴高科技产业为主导,以招商运营为核心,融合了投融资平台运营、资源平台运营、人才服务运营、互联网服务运营等多元化运营体系。集聚人才、技术、资本等高端要素,建设创新创业样板。
优点	依托传统特色产业。产业链齐全、产业关联度高、品牌效应显著、产业竞争力强。	符合未来发展趋势;市场规模大;易于形成规模化的经济结构。年产值高,创造利润的潜力巨大。
缺点	产业规模小,年产值不高,创造利润有限。	政府主导为主,在招商引资方面存在困难。特色小镇房地产化的现象比较突出。

资料来源:笔者整理(2017年5月)。

三、福建省特色小镇产业发展路径探究

(一)福建省特色小镇产业发展中存在的问题

福建省的特色小镇已经在一些领域采取了有前瞻性的行为。目前在建的特色小镇有28个分别是:长乐东湖VR小镇、永泰嵩口休闲旅游小镇、集美汽车小镇、南靖山城兰谷小镇、长泰古琴小镇、东山海洋运动小镇、诏安四都渔乡休闲小镇、永春达埔香都小镇、德化三班瓷都茶具小镇、安溪藤云小镇、晋江人才梦想小镇、晋江深沪体育小镇、明溪药谷小镇、永安石墨小镇、仙游仙作工艺小镇、城厢华林鞋艺小镇、秀屿上塘银饰小镇、湄洲妈祖文化小镇、光泽圣农小镇、武夷山五夫朱子文化休闲小镇、政和石圳白茶小镇、建瓯徐墩根艺小镇、上杭古田红色小镇、漳平永福花香小镇、连城培田草药小镇、屏南药膳小镇、霞浦

三沙光影小镇、蕉城三都澳大黄鱼小镇①。这 28 个特色小镇,产业规划时都提出以特色取胜,实行差异化发展。特色小镇的"特",主要集中在有特定产业、资源、产品、企业。实际操作中,省内的大多数特色小镇并不拥有唯一的、基本上不可复制、不可能模仿的独特的产业。

目前在产业发展存在的主要问题有:

其一,特色小镇之间的产业差异化不足,自身特色挖掘不够。"千镇一面"的形象改观不大。

特色小镇的特色产业发展,首先要选择好产业。特色产业是特色小镇发展的重要支撑,要在科学选择、合理规划、精心培育后,最终改善产业品牌。产业选择需要科学论证,重在尊重现实基础,尊重市场需求;产业培育重在龙头企业的招商和培育、产业链的打造;产业品牌要增强特色城镇之间的竞争力,重在产业文化和整体形象。

福建省大多数特色小镇的规划,粗看各不相同,细看却有很大的相似性和交叉性。晋江人才梦想小镇的产业定位是:立足对台区位优势、侨台人文资源、滨海自然风貌等综合优势,以"海峡第一村"围头村、中国传统村落塘东村为依托,以开展晋江与台湾的交流合作,集两岸合作办学、学术交流、人才教育培训、科研合作、两岸旅游为一体。打造"智慧渔村",通过体验式旅游开发、农产品电商、人才激活三大服务机制,对金井渔村闲散资源进行再分配利用,快速增加渔村的旅游及商业经济效益,促进渔村互联网新经济发展,通过共享经济机制,让村民直接受益。此外,推动中铁置业、天裕航空等重大项目签约入驻小镇,策划主题乐园、体验式旅游,加快集聚人气商气,为金井经济持续增长提供有效支撑点、增长点。同在晋江的深沪体育小镇则试图建成滨海休闲产业的示范区。建成之后将具备承接从民间体育到大型赛事等 32 类赛事活动的能力。小镇全方位构筑晋江与台湾交流服务平台,建设生态运动栖居社区,配套建设康养医疗、特色教育等公共配套设施,将打造滨海文化。

---

① 福建省公布第一批特色小镇创建名单[EB/OL].(2016-09-24)[2017-03-28].http://mt.sohu.com/20160924/n469093347.shtml.

这两个小镇的产业规划的初衷是好的，但两镇的功能区分并不明显，有许多交叉之处，追求产业发展"大而全"，既有传统特色产业，又有新兴高科技产业，并无真正的特色产业。

应使两个小镇的产业规划有所区别。人才梦想小镇可以把主要精力用于打造新型的众创空间，巨型的人才孵化器，创业青年的社区，信息经济的新马达，互联网创业的生态圈：囊括互联网创业、互联网＋、众创空间、融资融智等领域，再通过这些人才，致力于使传统产业改进、升级与创新。要为有梦想、有激情、有创意但无资本、无经验、无支撑的"三有三无"年轻创业者提供舞台。这样便能避免与同在一城的深沪体育小镇出现功能交叉，防止内部不良竞争。

其二，片面地以休闲旅游规划代替特色小镇的特色产业规划。

福建省大多数特色小镇在进行产业规划时，都把旅游休闲业作为重点产业，希望通过旅游业发展小镇经济，改造公共设施，通过旅游做形象工程。例如，许多特色小镇的规划提到"旅游、生态、休闲"定位，以此来引领带动全镇产业的整体发展，结合体育、健康、文化、旅游，培育以旅游、健康休闲为主导的产业化项目。

休闲旅游以休闲度假为形式，深度开发绿色生态休闲旅游，借游人的增多、旅游业的发展带动旅游服务业的蓬勃发展，使商铺、餐饮、土特产、纪念品、水上玩具、小吃等日益丰富，提高群众参与农家乐、生态农庄、农产品开发的积极性。以茶文化为主业的特色小镇，竞相推动生态产业发展，建设生态茶叶基地。

在不同产业选择的特色小镇，旅游是可以灵活匹配的。旅游主导型的特色小镇可以依托旅游发展出产业链条完备，旅游服务功能齐备，旅游要素齐全的产业，非旅游主导型的特色小镇处处搞旅游开发则未必能收到预期效果，反而会冲淡产业特色。过去一窝蜂搞旅游规划，现在则热心产业格局设计。达埔香都小镇提出的"一心一轴一廊两区"就是传统的"几轴几带几中心"的旅游规划思路的简单复制，产业创新和产业升级方面并没有太多新意。

其三，功能叠加成为机械的"功能相加"而非"功能融合"。"产业园＋风景区＋文化馆、博物馆"的大拼盘模式导致"特色产业"失去特色，产业功能、文化功能、旅游功能和社区功能未能有效融合。

特色小镇开发地产化,特色产业与商业地产的主次关系没处理好。有的特色小镇在进行产业规划时,为了促使传统房地产行业转型,利用特色小镇建设大包大揽,搭架子,拼盘子,上规模。有的地方一哄而上搞金融小镇、旅游小镇、文化小镇,大搞商业地产,行业配套、人才储备等方面出现短板,导致盲目造镇。

在上述问题中,产业人才储备的短板尤其值得重视。产业人才的集聚,对于特色小镇是无可替代的。产业人才由小镇外部迁徙进来,特色小镇必须满足这种人才供求关系。除了要打造满足产业人才精神追求的就业创业空间外,还要建立有归属感和吸引力的社区。产业、文化、功能服务等都可以通过政府的行政力量启动,社区的营造却难通过外力促成。产业人才集聚的难度,特色产业营造时并未充分考虑。

(二)福建省特色小镇产业发展的路径与前景探索

1. 从"大力培育"调整为"规范发展",慎重选择特色产业

从市场需求看,产业选择趋于增长率高、处于增长期、能带动更多就业与创新的那些。这也是特色小镇产业选择的一般规律。从福建省的情况看,高新技术产业方面,有信息、金融、环保、健康食品、绿色旅游、时尚、互联网等产业可供挑选,传统产业方面,有茶叶、木雕、石雕、园艺、文房、渔业等历史经典产业。特色小镇可以融合新旧产业元素,因地制宜,打造因"镇"而不同的主打产业。

产业选择决定小镇未来,必须紧扣产业升级趋势,锁定产业主攻方向,构筑产业创新高地。定位突出"独特",特色是小镇的核心元素,产业特色是重中之重。找准特色,凸显特色,放大特色,是小镇建设的关键。每个特色小镇都应主攻一项最有基础、最有优势的特色产业,不能"千镇一面"、同质竞争。即便不同小镇主攻同一产业,也要差异定位、细分领域、错位发展,不能丧失独特性。

特色产业选择应满足以下要求:一要符合未来发展的大趋势;二要以企业

为主导,贴近市场需求;三要讲究效益,追求发展的质量而不是数量,形成规模化的结构和增强创新能力。

福建省规定了一系列技术性指标和硬性要求,如小城镇规模不超过3平方千米,国家支持的也正是这样的"小镇"。

在特色小镇的产业发展中,福建省充分考虑小镇的承载能力,不过度发展商业地产、服务业集群,以避免使特色小镇"不特",产业发展变味。此外,还要防止企业主体作用削弱,地方政府包办过多,政府的产业规划与市场实际需求之间脱节。

特色小镇的产业布局涉及方方面面,完全交给市场是不现实的,但突出市场资源配置的优势和建设服务型政府,应成为特色小镇产业规划的前提条件。从福建省的情况来看,特色小镇的产业发展模式是"双特产业",即每个小镇突出一项主打产业,同时发展特色旅游。以产业为依托的"生产"或"服务"是特色产业的核心功能。为了实现特色产业的可持续发展,需要政府和企业扮演不同的角色:政府负责顶层设计、制度建设、基础设施,提供"平台"。企业负责投资、资源整合及市场化的经营管理,成为特色小镇建设的主角。

2.产业定位体现小镇生态资源优势

当前我国的大中城市里面,真正的绿色城市、休闲城市、生态城市寥寥无几,不能满足人们对于生态、自然、低碳的生活宜居环境的需求。依托传统特色产业的特色小镇,虽然在资本、收益方面存在弱势,但其生态、宜居、不拥堵的环境是最大的优势,具有市场价值,绿色、低碳、生态小城镇已经成为各类城镇当中稀缺的资源。

从实践看,小城镇难以完全实现就地城镇化,过度、盲目发展特色小镇不一定能解决就业、民生、传统产业升级等问题。小镇的产业规划,应避免过于追求"高大上"与"小而全"。重点发展小而特、小而优、小而精的产业,这应成为福建省特色小镇发展的精髓。

3.处理好产业继承与产业创新的关系

跨界融合、资源共享,这是产业创新非常重要的领域,包括第一、二、三产业的融合,也包括产业内部的直接融合发展,还包括传统产业与新兴产业、产业与城镇、自然生态之间的融合,融入互联网、大数据等现代技术,体现高度信息化、系列化、高端化。从规划编制上,要实现联动编制,产业、文化、旅游"三位一体",生产、生活、生态"三生融合",工业化、信息化、城镇化"三化驱动",项目、资金、人才"三方落实"①。

特色小镇以特色产业为基础,以创新的体制和融资方式为依托,以产业培育带动人口集聚和消费集聚。其产业格局设计不是政绩工程,而要兼顾政府、企业、群众三方利益,成为推进供给侧结构性改革,推动经济发展和产业转型升级的重要平台。未来,除因地制宜振兴传统特色产业,发展高新技术产业以外,还应适当淘汰落后产业。特色小镇不要华而不实的增长指标,要"转型"与"创新"的含金量,聚焦前沿技术、新兴业态、高端装备和先进制造,为新型城镇化建设提供示范和样板。

---

① 浙江省如何做好特色小镇规划建设[EB/OL].(2017-04-08)[2017-06-28].http://mt.sohu.com/20170408/n487248026.shtml.

地域文化视角下福建特色小镇建设路径

黄玉妹[*]

摘　要： 福建特色小镇拥有多重政策优势，如提高规划层次，以地域文化汇聚特色产业，以地域文化推进经济发展等。创建特色小镇不仅可以展示文化内涵，还能成为经济发展的新增长点。福建特色小镇建设须融入文化元素，推进产业创新发展。特色小镇要与地域文化协调发展，须传承与创新传统文化，保护地域个性文化，培育产业文化和完善公共文化服务体系。

关键词： 地域文化；福建；特色小镇；建设路径

因历史发展进程和地缘关系，福建的文化具有鲜明的地域特征，文化民俗活动深刻地烙上海洋文化的印记。其内里则保留中原文化特色，赓续着中原文化(尤其是儒家文化)的血缘基因。福建传统戏剧如南音、闽剧、高甲戏、布袋戏，节庆期间群众性的灯会、巡游等祭祀风俗，多规劝乡亲积德向善，尊祖孝亲，祈求风调雨顺、子嗣发达、国泰民安。福建传统民居木石廊柱上镌刻的楹联，昭示福建人慎终追远的道德理想和伦理情怀。关公、妈祖等神祇信仰比内陆拥有更广泛的群众基础和社会基础。在文化建设方面，福建应做好"山""水""侨"的文章，注重发挥区域优势，积极构建海峡西岸文化产业中心，创建

---

[*] 黄玉妹，博士，厦门理工学院副教授，主要从事会展经济与城镇建设研究。本文系福建省软科学项目"福建新型城镇化与传统村落文化良性互动机制与路径研究"(2017R0108)阶段性成果。

特色小镇,迅速提高文化软实力。

建设要"特""新""远",传统与现代共存,彰显地域文化特性,方能闯出"八闽"特色小镇之路。

一、福建特色小镇的政策优势

经济新常态下如何加快区域经济创新发展,推进供给侧结构性改革,激发创新创业活力?福建以特色小镇建设为契机,探求发展的新平台和突破口。福建的特色小镇建设讲究"特",强调区块,它不是行政区划的单元,而是产业发展载体,是以企业为主体、运作市场化、空间界限明确的创新创业空间。特色小镇吸引高端要素集聚,促进产业创新和产业升级,传承历史文化,"小空间大集聚、小平台大产业、小载体大创新",明确产业定位、文化内涵,兼具旅游和社区功能,形成新的经济增长点。

近年来,根据产业基础,福建的工艺美术(木雕、石雕、陶瓷等)、纺织鞋服、茶叶、食品等传统特色产业保持高速发展,高端装备制造、新材料、生物与新医药、节能环保、海洋高新、旅游、互联网经济等新兴产业表现突出。2016年9月,福建省选定的首批28个特色小镇是传统特色产业和新兴产业发展的佼佼者,这些小镇引领、带动一方经济发展,创建经济新平台。

福建特色小镇建设收获多重政策福利,重视产业链上下游要素的集聚,以更好的政策优势、更宽松的经济环境获取发展机遇。

1. 要素保障

相比建制镇和产业园区的"大而全",特色小镇讲究"小而美",规划面积为3平方千米左右。福建28个特色小镇均有100亩用地指标,新增建设用地计划予以倾斜支持。在符合相关规划和不改变现有工业用地用途的前提下,对工矿厂房、仓储用房进行改建、扩建及利用地下空间,提高容积率的,可不再补缴土地价款差额。符合条件的建设项目优先列入省重点建设项目。

2. 资金支持

福建对特色小镇给予债券和贴息支持,对小镇范围内符合条件的项目,优先申报国家专项建设基金和相关专项资金,优先享受福建省级产业转型升级等相关专项资金补助或扶持政策,优先支持向政策性银行争取长期低息的融资贷款,给予特色小镇规划设计补助,支持特色小镇生活污水处理设施和生活垃圾处理收运设施建设。

3.人才扶持

借鉴中关村国家自主创新示范区和福建自贸试验区做法,福建加大对高层次人才运营项目的担保支持,对特色小镇范围内的高端人才实行税收优惠和个税优惠政策。

4.改革创新

列入福建省级创建名单的特色小镇,优先上报国家相关改革试点;优先实施国家和福建省先行先试的相关改革试点政策;允许先行先试符合法律法规要求的改革。

当然,特色小镇享受的政策优势不是"终身制"。特色小镇要进行年度考核,连续两年不能完成年度目标考核任务的,下一年度起将不再享受特色小镇的扶持政策。建设期满后,完成规划建设目标且达到特色小镇标准要求的,必须验收合格,经福建省政府审定方能命名为福建省特色小镇。

二、福建特色小镇彰显地域文化的战略意义

地域文化指关联区域源远流长、特色独具、长期传承,至今仍发挥作用的文化传统,是与特定区域相关的生态、习惯、传统民俗和习俗等。地域是文化形成的地理背景,与环境融合,具有独特性。一方水土孕育一方文化,一方文化影响和造就一方经济。在中华大地上,不同经济、文化和社会发展水平的地域地理环境、资源条件、风情习惯、民俗传统、政治经济情况,孕育了各具特质的地域文化,诸如中原文化、齐鲁文化、湖湘文化、赣文化、闽文化……一个地方若有厚重的历史文化底蕴,将有深厚的发展潜力。

地域文化在长期形成过程中不断发展、变化,但在一定阶段相对稳定。在长期形成的历史遗存、生产生活方式、风情习惯、传统习俗和文化形态下、福建

的地域文化体现在方言文化、饮食文化、服饰文化、酒文化、茶文化、民间信仰、民间建筑等方面。

(一)提高特色小镇规划层次

嵩口镇是福州唯一的中国历史文化名镇,位于福州市永泰县的西南部,地处永泰、仙游、德化、尤溪、闽清五县的接合部。嵩口镇是闽商文化发源地之一、海上丝绸之路的重要渡口,也是虎尊拳的发源地。嵩口镇的商业历史可追溯到南宋形成集市之时,每逢初一、十五赶圩;元朝时嵩口置镇;明朝设巡检司;1914年,福建省第一个乡镇商会在嵩口镇成立。全镇160多座古民居拥有鲜明的特色,有精湛的木雕、石雕灰塑。闽台最大的农业神张圣君和南宋著名爱国主义词人张元幹均出生于嵩口镇。一生坚持抗金保国的张元幹,著有《芦川归来集》《芦川词》等,留下180余首爱国主义诗词,是宋词发展史上的里程碑式的人物。

地域文化为嵩口特色小镇建设提供文化积淀、精神动力和智力保障,提高特色小镇的规划层次。福建永泰嵩口镇传承地域文化,以历史文化遗存的优势为依托,规划了特色小镇的发展战略,推进"文化崛起、古镇复兴"。嵩口镇将传统文化根基植入现代载体,整合传统文化资源和农业生产优势,发展规划围绕"一城两镇一山两线"全域旅游空间格局要求,以"文化铸魂,产业支撑,政府引导,市场运作"思路,发展休闲旅游业,营造文创旅游小镇①。利用本土工匠和手工艺人改造街道上的景观项目,致力于古民居、古村落、古寨堡的保护与修复,以期获得"自然衣+历史魂+现代骨"的效果。

中国古文化有两大中心,一是山东泰安,一是福建武夷。武夷山五夫特色小镇是朱子理学的摇篮,从14岁起的近50年时间,朱熹定居于五夫镇,过着讲学、著述、授徒的生活。五夫镇是朱子理学萌芽、成熟与传播发展之地。五夫镇的建设把握"世界朱子文化传承地"的定位,营建"以朱子文化为核心,文

---

① 文创旅游小镇:福建嵩口——中国首批特色小镇[EB/OL].(2016-12-15)[2017-05-30].https://sanwen8.cn/p/61b7npQ.html.

化旅游、特色农业、生态休闲等一体化发展的文化旅游名镇"[①]。朱子文化是五夫特色小镇的"魂",朱子文化的传承发展将极大增强五夫镇的品牌知名度。五夫镇普查朱子文化遗存,修缮兴贤书院、朱子社仓、刘氏家祠、彭氏宗祠、文庙崇圣祠和明伦堂等文保单位。另外,屏山书院和紫阳楼将在原址上重新修复,配套建设山馆和理学讲堂,未来将是朱子学院的重要教学与实践基地。

(二)地域文化汇聚特色小镇的特色产业

地域文化是富有特色的地方性文化,反映了特定区域的人文历史,其表层是体现物质成果的物质文化,中层是展示人的生产生活方式的非物质文化,深层则表现人的意识形态。地域文化对一个区域的经济社会、环境资源、人文素养乃至人的习俗习惯和价值观的取向都影响重大。特色小镇的规划应充分发挥地域文化优势,开发与区域实际相契合的特色产业,紧紧围绕打造地方特色文化品牌,与自然、人文、社会环境相适应,把当地特有的文化内涵融于产品、营销、管理和服务中。以地域文化创建包装特色产业,以特色产业传承发扬地域文化。

长泰古琴小镇以传统村落和民俗文化为支线,突出古琴特色,依托龙人古琴文化村这一国家文化产业示范基地,推动古琴特色产业的形成与发展,打造古琴生产制作、古琴教育研究、艺术品开发、旅游养生、影视演艺等功能一体化的产业链。目前龙人古琴文化村举办过 6 届古琴文化节,举办了 100 多场古琴文化活动,组织古琴课程培训 2 000 多人次,年均制作销售古琴 1 500 多床,取得经济效益与社会效益的"双丰收"[②]。特色产业是古琴小镇持续发展的动力,古琴小镇有效整合文化资源,目前已完成投资逾 7 亿元,2017 年还将投入

---

① 武夷山市人民政府关于同意五夫朱子文化休闲小镇创建规划的批复[A/OL].(2017-05-15)[2017-05-30].http://www.wys.gov.cn/show.aspx?Id=391761&ctlgid=17873718.

② 漳州广播影视集团.小镇也有大梦想——漳州长泰古琴小镇规划建设[N/OL].(2017-03-27)[2017-05-30].http://www.zzgbdsb.com/plus/view.php?aid=1133.

5亿多元[①],用于重点工程项目建设。

地域文化资源是特色产业赖以建立和发展的基础,在特色产业汇聚过程中发挥基础性的核心作用。特色产业体现地域文化资源的经济价值和社会价值,是地域文化资源进入市场领域,进行有效整合、配置和创新,实现产业效益的有效载体。上塘银饰特色小镇以银饰文化为核心,融合妈祖文化以及相关传统民俗文化,以珠宝制造、工艺展示、文创体验、休闲购物、商贸物流为一体,打造银饰特色产业链,规划建成"中国最具实力的银饰展销基地、银饰双创基地、银饰电商基地、产城融合示范区",实现银饰特色产业转型升级。

福建还有许多特色小镇,德化三班瓷都茶具小镇依据瓷器文化,建成瓷器茶具生产销售产业链;政和石圳白茶小镇白茶文化历史悠久,围绕茶香清韵茶文化,投资30亿元打造环石圳湾茶文化旅游产业带;建瓯徐墩根艺小镇打造根雕特色产业;仙游仙作工艺小镇(榜头镇),是全国最大的红木生产加工集散地,素有"中国古典家具之都"和"世界中式古典家具之都"发源地的美誉,其以红木文化为核心,打造红木家具及古典工艺产业链。特色小镇集聚资金、技术和人才,推动地域文化资源往产业化、规模化、集约化发展,扩展特色产业的广度和深度,既获得经济效益、社会效益,也给人们带来精神文化的享受。

(三)地域文化推进特色小镇经济发展

地域文化是特定区域的特殊形态,若能充分发掘地域文化中的优秀因子,促使文化资源优势向产业优势转变,它将成为区域经济发展的重要动力源泉。特色小镇"小载体大产业",以地域文化为重要载体与媒介,把握好地域文化与经济社会发展的互动关系;吸引相关资源要素;实现产业集聚和创新升级,推进特色小镇的经济发展。

特色小镇建设也能加快高端要素集聚、产业转型升级和历史文化传承,有

---

① 漳州广播影视集团.小镇也有大梦想——漳州长泰古琴小镇规划建设[N/OL].(2017-03-27)[2017-05-30].http://www.zzgbdsb.com/plus/view.php?aid=1133.

力地拉动地方经济发展。上塘银饰因银饰文化闻名全国,致力于银饰特色产业发展,经济效益显著。据不完全统计,上塘银饰已有涵盖传统银饰品、时尚礼品、人造宝石、金镶玉、寿山石雕等五大系列三万多款产品。上塘镇每天"六吨白银进,六吨白银出",年产值70多亿元,产品远销日本、欧美、东南亚等20个国家和地区。光泽县是传统的农业生产基地,农业文化源远流长,圣农小镇力图创建"宜业宜居宜游生态食品特色小镇",集产业发展、专业物流、商住休闲配套于一体。圣农小镇项目计划总投资30亿元,总面积3.68平方千米。包括4个白羽肉鸡宰杀厂(建成)、10个食品加工厂(建成4个);建设中国生态食品专业物流园区等。圣农小镇建成后,可实现社会总产值120亿元,税收6亿元,旅游接待3万人次。[1] 集美汽车小镇以汽车产业为主导,突出汽车文化及旅游。根据规划,汽车小镇策划项目共计53个,总投资38亿元。[2]

福建省旅游发展集团是福建省最大的综合性旅游集团,其已与福州市政府达成合作意向,将在"十三五"期间投资200亿元,全面推进福州主要县市全域旅游开发和全省10个以上特色旅游小镇建设。[3] 在知识经济兴起的背景下,经济社会一体化的进程在加速,地域文化已然成为增强地域经济竞争能力的重要力量。在特色小镇创建及发展过程中,要充分开发、运用好传统的风情民俗、历史经典、文化遗产等地域文化资源,融入文化元素,培育特色小镇新的经济增长点。建设特色小镇,是推动大众创业万众创新和加快区域创新发展的有效途径,也是经济新常态下推进供给侧结构性改革和新型城镇化的战略选择。

---

[1] 光泽县高起点打造圣农小镇[N/OL].(2017-04-12)[2017-05-30].http://www.5starcn.com/zwgk/201704/6989.html.
[2] 邹倩玮.集美推动产业升级 打造汽车特色小镇[N].厦门日报,201704-21.
[3] 福建省推进全域旅游开放和特色小镇项目建设[N/OL].(2017-04-11)[2017-05-30].http://city.sina.com.cn/focus/t/2017-04-11/110758998.html.

三、福建特色小镇彰显地域文化的路径

创建特色小镇不仅可以展示深具文化内涵的地域特色,还能成为经济发展的新的增长点。特色小镇建设须融入文化元素,推进产业创新发展。彰显地域文化的特色小镇方能走得久远,独树一帜,不易被复制也难以被超越。

(一)特色小镇建设须传承与发展传统文化

传统文化具有传统和文化两种属性,由文明演化汇集而来,具有民族或国家物质与精神特征,是民族或国家历史上各种思想文化、观念形态、建筑艺术、产品及产品制造方式和表现方式的总体表征。[①] 文化还有思辨色彩,越是民族的,越是世界的。特色小镇建设应当传承和发展优秀的中华传统文化,发挥人民的智慧和创造能力。

1. 传统文化是特色小镇融合发展的魂

优秀传统文化,植根于民族基因,传统文化是特色小镇融合发展的魂,传承与发展传统文化的特色小镇才具有个性与活力。

2. 特色小镇建设与传统文化的传承与发展并不矛盾

传统文化是宝贵的元素,是特色小镇的生命和旗帜,它能防止"千镇一面"。特色小镇建设为传统文化的传承发展开辟了空间,特色小镇建设要弘扬传统文化的精髓,根据自然地理特征和历史文化禀赋,发挥创造力,倡导多样性,繁荣和发展当地文化。

3. 传承和发展传统文化是特色小镇的重要功能

传统文化既体现为哲学、风情民俗、生活习惯,也体现为建筑、产品及产品制造方式;传统文化是中华民族世世代代延续发展的结果,对民族或国家未来有重大影响。传统文化的现代转化是继承和发扬传统文化的有效途径,"努力

---

① 傅铭.传统文化在新型城镇化进程中的传承与发展,[N/OL].(2015-03-27)[2015-05-30].http://history.rmlt.com.cn/2015/0327/379136.shtml.

实现传统文化的创造性转化、创新性发展,使之与现实文化相融相通,共同服务以文化人的时代任务"①。特色小镇打破了块状经济和单一以产业结构为主的园区发展思路,构建集产业、文化、旅游、社区功能为一体的综合新型发展空间,建设现代人渴望的诗意栖居的、传统与现代糅合的人文生活。特色小镇可以在规划布局中注入传统思想文化艺术,强化传统文化的指导作用。

(二)特色小镇建设须保护地域文化个性

文化是群体(国家、民族、企业或家庭)意识辐射出来的一切活动,包含这个群体在一定时期内形成的思想、理念、行为、风俗、习惯。地域个性文化不但是人们长期创造性劳动的产物,也是人们创造性劳动的历史积淀,地域个性文化是历史经典产业的人文积淀,是特色小镇性格和精神的独特体现,也最形象生动、最直观地展示小镇特色的外在形式。特色小镇建设须保护地域个性文化,立足特色和优势,挖掘历史文化资源,使得文化传承创新,发展特色小镇居民的精神家园。

地域文化是特色小镇规划定位的根,依托地域文化资源发展特色小镇,可以建设精致优美的文化生态。诸如:武夷山五夫朱子文化休闲小镇在规划建设时围绕朱子文化,打造"百世宗师、千年古街、万亩荷塘"的朱子文化生态园,建设现代与传统结合的历史文化名镇。德化县三班镇素有"瓷乡"美誉,营建"瓷都茶具小镇",发挥、弘扬地域个性文化——瓷器文化,展现瓷器的由来、形制的演变、纹饰的演化、烧制等文化内涵,展示茶具的历史发展和文化品位等。长泰古琴小镇,最大的地域文化特色便是宣扬古琴文化。作为我国最古老弹拨乐器的古琴,融汇着人们的创造力与智慧,凝聚着中华民族对美好的赞颂与追求,其意义远超一般的传统乐器。

---

① 井琪,崔宪涛.传承和弘扬中华优秀传统文化——学习习近平总书记系列重要讲话体会之九十[EB/OL].(2015-07-22)[2017-06-02].http://theory.people.com.cn/n/2015/0722/c83859-27343299.html.

(三)特色小镇建设须培育产业文化

传统的经济发展思维离不开"文化搭台、企业唱戏"桥段,而今人们发现,文化已然不是游离于经济发展的外生物,而是成为了拉动经济、增强产业价值的内在驱动力,进入文化产业化、产业文化化状态。

发展特色产业的特色小镇必须培育产业文化,以文化来增值,通过文化创意和品牌管理促进产业转型升级,提高行业附加值。永春达埔香都小镇、政和石圳白茶小镇、漳平永福花香小镇、连城培田草药小镇等发挥农业资源优势,注意培育产业文化,不走传统的农业观光和农家乐之路,通过文化活动的策划设计和创意消费,融合农业资源优势与文化体验,从事高附加价值的现代农业。

"用药如用兵,任医如任将",中药文化是中华文明的重要组成部分,底蕴丰富,有数千年悠久历史。连城培田草药小镇深度融合生态农业、生物医药产业与旅游业,投资30亿元建设集中草药种植加工、科普体验、旅游休闲为一体的生态产业链,塑造"闽西药谷"的形象,弘扬中药文化,加速产业转型升级。福建漳平市永福镇素有"中国杜鹃花之乡"美称,是全国最大的杜鹃花生产基地、大陆最大的台湾高山茶生产加工基地,打造"精美高山花园、台缘休闲胜地"特色小镇。永福花卉产业从庭院经济发展到目前的规模经济,花卉种植面积3.5万亩、年产值达18亿元;仅杜鹃花单一品种年产值10亿元,占全国年总销量的80%以上。① 永福花香小镇以花卉、高山茶、反季节蔬菜三大特色农业产业为基础,全力开发文化体验经济,增加农业产业附加值。建瓯徐墩根艺小镇则发展根艺产业文化,发掘根艺的审美意义和收藏价值,产业获得大发展。

特色小镇培育产业文化,可以克服同质化恶性竞争、资源过度消耗等低端制造业发展的瓶颈,走以"特"求生存与发展之路。

---

① 漳平永福打造福建省第一批"花香小镇"[N/OL].(2017-02-06)[2017-06-02].http://fj.zhaoshang.net/2017-02-06/503857.html.

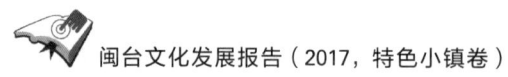

(四)特色小镇须完善公共文化服务体系

公共文化服务体系一是面向大众,二是讲究公益,面向大众提供公益性的文化服务。公共文化服务体系包含先进文化理论研究、文艺精品创作、文化知识传授、文化传播、文化娱乐、文化传承、农村文化等服务体系七个方面内容。先进文化理论研究服务体系在公共文化服务体系中具有引导性意义。公共文化的空间由公共文化基础设施的数量决定,公共文化基础设施的质量和服务水平决定地区公共文化服务的能力与层次。

特色小镇的特色文化活动的创设与开展,需要完善的文化服务体系支持。公共文化服务体系越全面,功能越齐全,特色小镇的文化活力越能体现,文化特色也越鲜明。特色小镇的规划将公共文化服务配套工程纳入其中,兴建社区文化中心、剧院、图书馆、纪念馆、文化馆、博物馆等一大批文化公共基础设施,部分已投入使用。

构建特色小镇的现代公共文化服务体系要重视三个方面工作。一是关注精神文明建设,弘扬社会主义核心价值观,把这一主线贯穿于文化工作的各个方面,融入人们的日常生活。二是加强对中华民族优秀传统文化的挖掘和发扬,努力实现中华传统美德的创造性转化、创新性发展。发掘弘扬优秀传统文化中跨越时空、超越国度、具有当代价值且富有永恒魅力的精神,充分发挥文化引领风尚、教育人民、服务社会、推动发展的作用。三是对地域个性文化的保护、传承与创新,充分发挥地域个性文化的特色价值,作为这方水土的"标签"。不同地域个性文化组成灿烂的中华文化,保护特色、发扬特色,特色小镇方能走上有特色的小镇建设之路。

四、小结

特色小镇有别于建制镇和产业园区,具有明确产业定位、文化内涵,兼具旅游和社区功能。福建省明确要求,通过三五年的努力,建成一批产业特色鲜明、体制机制灵活、人文气息浓厚、创业创新活力迸发、生态环境优美、多种功能融合的特色小镇。

特色小镇彰显地域个性文化,具有鲜明的地域特征,明显可分辨。小镇规划建设首先注意结合地域文化与自然景观,新修建的道路、建筑、景观雕塑和公园要与古民居、古村落等传承至今的文化景观和谐统一,不能淡化地域文化氛围;其次要紧密结合知识性与参与性。古村落是静态的陈列和展览,规划中可设立互动体验式的民俗活动,寓教于乐,展示地域个性文化,吸引游客沟通;最后,紧密结合有形的地域文化与无形的地域文化。实物存在的古民居、古村落、古物是比较具体的遗迹或遗物,传承的地域文化内核、风俗习惯、典章节庆等是相对抽象的东西。特色小镇规划建设中要通过有形的地域文化载体展示、弘扬无形的地域文化。可通过繁荣和发展地域文化研究,拓展地域文化研究的深度;通过传统媒体和新媒体大力宣传地域文化魅力,从而扩大地域文化的影响。

大城市因人口过于集中,出现"城市病",居住、交通、教育成本非常高。特色小镇可以吸纳周边农村人口,发挥小城镇的资源优势,特色小镇的经验可为未来的卫星城镇提供发展借鉴。

福建"侨"文化与特色小镇建设

林江珠[*]

摘　要： 福建华侨历史文化资源与"一带一路"沿线国家共同构成闽侨文化空间。传统闽侨捐资对福建侨乡生产习俗影响重大。近年来，福建海外交流发生新变化，福建特色小镇建设以侨乡为经济结点，保护传承福建华侨历史文化资源，制定和落实福建华侨权益保护法，在文化资源产业化框架下建构福建创业特色小镇建设理论体系。

关键词： 华侨文化；侨乡；文化空间；特色小镇

福建是中国最重要的华侨华人祖籍地，具有特殊的华侨历史文化资源，"侨"文化对福建特色城镇建设优势的形成具有重要的现实意义和深远的战略意义。福建特色小镇建设以侨乡为经济节点，保护传承福建华侨历史文化资源，制定和落实福建华侨权益保护法，在文化资源产业化的框架下建构福建创业特色小镇建设理论体系。

一、福建"侨"文化解读

福建是华侨大省，2015年福建省侨办统计显示，闽籍华侨华人数为1 580

---

[*] 林江珠，厦门理工学院副教授，研究闽侨民俗文化。本文为2015年福建省规划课题"东南亚闽侨民俗文化研究"（项目批号 FJ2015TWB023）、厦门市侨联2017年调研课题"福建侨文化与特色小镇建设发展研究"阶段性研究成果。

万人,分布在 188 个国家和地区,以留学、技术、经商、家庭团聚等移民方式为主。东南亚为闽籍华侨华人最集中的地区,他们成为中国与"一带一路"沿线国家交往的重要桥梁和纽带。自 20 世纪 90 年代起,福建华人人口分布范围扩大,移民人数增长迅速,新移民类型多样化。

首先,传统上福建华人集中分布在东南亚。20 世纪 50 年代,全球华侨华人已达 1 200 万人以上,福建籍华侨华人 365.85 万人,占总数的 30.5%。闽侨集中分布在东南亚的印尼、马来亚、泰国、缅甸、越南、菲律宾。

其次,改革开放后出现新移民类型。20 世纪 80 年代后,福建华侨华人以留学、经商、寻找亲属等方式,移民至"一带一路"沿线国家和地区。

最后,福建华侨出国目的地呈现多样化。长乐人主要往北美等发达国家谋生,福清人则选择赴南非、阿根廷、俄罗斯等国家经商,两个县市的经济实力都很强,2014 年全国百强县中,福清列第 45 位,长乐第 97 名。

福建华侨华人与祖(籍)地血脉相连,不同时期、不同区域的福建移民历史构成福建侨乡文化资源,福建华侨历史文化资源与"一带一路"沿线国家共同构成闽侨文化空间。挖掘福建华侨文化资源,有助于福建省的 21 世纪海上丝绸之路核心区建设及建构中国和东盟命运共同体。

(一)福建华侨与华侨文化

福建是中国最重要的华侨华人祖籍地,拥有特殊的历史和人文资源,海外侨民中有许多福建人。闽人自古"以海为田",尤其注重海外贸易。宋元时期,福建海商因"通番"而"住番",成为早期侨民。福建的华侨,按方言大致分为三类型:一是闽南地区(包括晋江、泉州、厦门、漳州等地),为福建侨文化主要区域;二是福州地区(闽侯、福清、长乐、闽清、连江、宁德等福州周边县市所辖乡镇),该地域范围较小但华侨数量相对集中,福清、长乐为全国华侨密度最大的地区;三是莆仙地区,该地域华侨人口有限,但自成体系。海外福建华人也按照母语习惯分为闽南、福州、莆仙三类群体,另外还有讲客家话的客家人群体,按照祖籍分为广东籍客家人和福建籍客家人。在东南亚语境里,"福建"一词有特殊的含义,对应的英文单词是"Hokkien",为闽南语对"福建"的方言发音；但"Hokkien"却不等同于以福建省为地理行政单位的"福建人"（Fujianese or Fukienese），其覆盖面要比福建省狭小得多。东南亚官方的人口统计、方言群分类和日常生活的语境里，"Hokkien"特指来自厦门、漳州、泉州的操闽南语的人群；而不包括来自福州、兴化（在东南亚又称莆阳、莆仙，即指现在莆田和福清地区）的闽北或闽东人。

福建人的跨国流动可追溯至汉代，福建华侨足迹与史料主要保留在"一带一路"沿线国家与福建侨乡中，表现为侨房、侨村、侨镇、侨墟、侨批、账册等闽侨历史文化物质遗产和习俗、族谱、番客、番话与番食等非物质文化资源。福建人将西方文化、阿拉伯文化、印度文化和本土文化内化，以亲缘、地缘、商号、邮政、传媒等为具体形式，福建侨文化具有多元化融合的鲜明特征。

福建人在海外谋生后回乡捐资家乡建设，尤其注重教育投入。根据福建省侨办统计，2016年福建省接受华侨捐资10.31亿元人民币。

教育事业侨捐3.62亿元，占35.1%；文体事业2.64亿元，占25.6%；社会事业、卫生事业、生产生活设施建设的侨捐分别为2.17亿元、0.79亿元、0.79亿元，投入救灾0.3亿元，占2.9%。截至2017年2月9日，福建海外侨胞、港澳同胞累计为福建省公益事业捐赠超过268.5亿元人民币。泉州南安市有海外华侨华人及港澳台同胞350多万人，连续23年获得华侨捐资超过亿元[1]。根据李明欢的研究，福建海外移民活跃于跨越政经、社会、文化的"跨国社会空间"，追求理想生活并实现个人价值，拥有独特的社会经济能量，这有助于华社及侨乡的发展。[2] 显然，以华侨为媒介的经济投入对福建的建设发挥重要作用。

---

[1] 中新社.海外侨胞、港澳同胞累计捐助福建公益已超268亿元[N/OL].(2017-02-10)[2017-06-02].https://www.chinaqw.com/gqqj/2017/02-10/125737.shtml.

[2] 李明欢.当代西方国际移民理论再探讨[M].广州：中山大学出版社,2012:26—30.

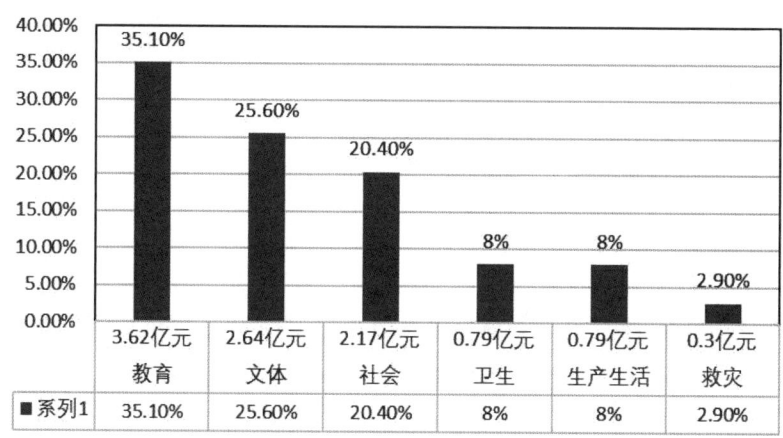

图1 2016年福建省华侨捐资投入的主要领域

(二)福建华侨文化与侨乡关系研究综述

《后汉书》里说,"旧交趾七郡贡献转运,皆从东冶泛海而至,风波阻险,沉溺相系"。随着全球化加速发展,福建移民接受侨居地文化浸透,保留血缘与乡缘认同,福建华侨参与侨乡建设,见证社会变迁。关于福建海外华侨华人与侨乡(镇)关系,石沧金在《跨国网络中的何氏九仙信仰与琼瑶教》分析了福建侨乡与东南亚的跨国民间信仰网络,揭示莆田的何氏九仙信仰和九鲤洞神庙在马来西亚、新加坡、印尼等国的传播和扩散过程。李明欢的《"侨乡社会资本"解读:以当代福建跨境移民潮为例》解剖福建侨乡的社会资本运作机制与功能;庄国土的《近20年福建长乐人移民美国的动机和条件——以长乐实地调查为主》阐明了福州移民传统和现代移民的动机;孟庆梓研究发现出国移民潮为侨乡带来大量侨汇资金,引发农村传统产业变动,推动着农民传统价值观向现代开放性观念转变。周燕玲著有《闽南乡土文化与南洋华侨社会》,对闽南侨乡与东南亚国家跨国互动的民间信仰文化进行了分析。

关于侨乡建设研究,张秀明的《改革开放以来侨乡的多元化发展与新功能——兼谈侨乡研究的一些问题》梳理"侨乡"的定义,认为"侨乡"是"侨"(包括海外、境外移民与归侨侨眷)元素比较浓厚,是"侨"的影响比较显著的地区。

王付兵的《华侨华人是否仍是福建侨乡现代化的优势:新侨乡长乐和老侨乡晋江的比较研究》,从侨汇、捐赠、投资三个方面对比长乐市和晋江市,认为华侨华人在当前以及未来一段时间仍然是侨乡经济社会发展的重要力量。综合学者们观点,侨乡应具备三个要素:第一,要具有相当数量的海外(境外)移民及其后裔;第二,海外(境外)移民及其后裔与该地区一直保持着较密切的联系;第三,"侨"的元素在当地有明显和引人注目的影响力。路阳《城镇化进程中侨乡文化保护与开发浅析》一文探讨在城镇化过程中保护和开发侨乡文化。以上研究未将侨乡、华侨文化视为特色小镇的建设空间与文化土壤。

(三)特色小镇理论与建设经验

城市化是人类选择文明进化的形式。在社会发展的不同阶段,因历史文化、经济、社会水平不同,形成各种类型的城市化模式。从全球发展经验看,无论以大城市为核心还是以中小城镇为核心进行发展,特色小城镇始终存在。美国1753年建成的水码头小镇,因华盛顿在此活动,成为历史文化小镇;阿蒙克市因IBM总部所在地、本顿维因沃尔玛总部所在地、瑞士的沃韦因雀巢总部所在地,而成为著名的企业总部小镇。我国的特色小镇大致分四类:一以高端产业或智慧等命名,如"云技术""PE"特色小镇;二按传统产业命名,如"温泉""禅休""养生""木雕"等旅游小镇;三以特色农产品命名,如"蜜柚""紫菜""黄瓜""倭瓜"等特色小镇;四以产业聚集命名,如"义乌小商品城""石狮服装城""南安水暖器材城"和"深沪体育小镇"。特色小镇实践不断创新,像美国硅谷和芝加哥,不仅有传统制造业,还有高端技术新产业;中国博鳌,因为亚洲论坛首届年会举办地,发展成以会议产业联动房地产、餐饮业、交通业、商贸业、休闲业的论坛小镇。根据江苏省城市现代化研究基地首席专家张鸿雁研究,全世界约有50万不同类型的小镇,有特色的小镇多在发达国家占60%左右,在中国不到20%。本质上,建设特色小镇是要创造可持续"文化动力因"。以特色小镇的方式参与全球分工是正在成为全球发展的新路径。

要之,特色小镇是区域性空间与要素集聚的发展模式。特色小镇的成长需要特定的空间和文化土壤,需要一整套城市化建设方案。

表1 特色小镇建设相关理论一览表

特色小镇建设理论	创立过程	理论描述特征
田园城市理论	1898年，华德爵士在《明日的田园城市》书中提出	由"委员会"托管 1. 小规模与小尺度的城镇。 2. 自给自足的城市功能和慢节奏生活。 3. 可持续的生态环境、田园式组团布局、便捷的交通网络、公平社会服务城乡一体化。
城市区域核心理论	1977年，美国社会学家万斯提出	生活与工作一体化生活圈 1. 远郊出现城市"核"。 2. 加强郊区核重现城市功能。 3. 良好空间内有多个分离"城市区域核"。 4. 区域核以就业为核心生活方式：创业、就业、生产、流通、分配、消费、娱乐一体化。
技术小区或技术中心	美国学者卡尔·艾博总结	联系松散而自立自足的郊区王国。伴随地域经济要素的市场化整合而形成城市间的互动对流，所产生新"增长点"和经济要素"节点"，进而转化为新的城市区位空间。

二、福建特色小镇建设实证研究与路径分析

从2016年10月至2017年3月，笔者赴厦门鼓浪屿，集美区大社，后溪镇城内社，翔安新店镇澳头村、霞梧村；福清市北郭村、东井村、屿礁村和长乐猴屿村、长安村进行实地调查，访谈对象主要为老归侨、侨眷、侨乡村管理者。在田野调查与个案分析的基础上，选取三个侨乡利用福建侨文化建设特色小镇的典型案例，依照《福建省特色小镇创建指南》要求结合小镇特质，以"找准产业定位，挖掘产业特色、人文底蕴和生态禀赋，融合产业、文化、旅游和社区功能，打造'产、城、人、文'四位一体有机结合的发展平台"等为效标进行研究分析。

（一）政府主导型特色小镇建设案例

1. 澳头侨情文化镇

厦门翔安新店澳头村是闽南著名侨乡。据史料记载，1821年澳头就有人

驾驶木帆船经厦门港到达马来西亚、新加坡谋生,我国第一艘直通新加坡的开埠商船就从澳头古渡始发。澳头村现保留有10多栋华侨离乡后建造的侨房,多有屋主人的后代居住,著名的有新加坡侨领蒋骥甫捐建的民觉小学校舍、蒋氏家庙、广应宫、"我素庐"洋楼等。20世纪30年代,澳头村有人口约2万人,截至2015年,统计居住人口约1 200人。海外乡亲约4万人,分布在世界14个国家和地区,在马来西亚和新加坡有8 000人左右。

(1)澳头村与马来西亚五条港村建"兄弟社区"。2014年,澳头与五条港村缔结为兄弟社区,筹建马来西亚雪兰莪州五条港与澳头村海产渔业协会,开设海鲜干货贸易市场,社区已成立华侨乡谊会,设立华侨失散亲人联络站,帮助侨胞及侨属寻找失散的亲人。澳头村原本是传统渔村,路边上堆满打鱼和养殖工具。马来西亚五条港村,是马来西亚的海岛,为马来西亚著名的虾米之乡,虾米产量居马来西亚全国之首,当地大部分村民以捕鱼为生,村民祖先来自翔安和同安,其中主要来自翔安澳头和同安刘五店,地理和人文环境与澳头村、刘五店十分相似。2015年,两村开始共建"兄弟社区"。

(2)海外宗亲共筑侨乡文化空间。澳头广应宫是新加坡广应宫的祖宫,2014年开始,新加坡广应宫信众回祖宫添缘,人数逐年增加。每年清明节,马来西亚与新加坡苏氏后裔都会回澳头村苏氏宗祠祭祖。澳头村有苏廷玉题字刻石头、百年古渡口、百年榕树,澳头还流传闽南语歌曲《渔歌调澳头情》:"百年古渡口,百年榕树遮风头。乡里前,乡里后;海水通溪流,闽南渔村叫澳头,澳头是阮兜。澳头很古老,从早设码头,大船小船停甲归海口。船载人,南洋四界行透透,船载货,生意一做到西欧。金门很近就在咱门口,听鸡啼看着火熏煮日昼。厦门很近咻免过港口,听琴声。看着番仔住洋楼。澳头很古老,风狮爷镇路口,大湖相招拜妈祖,双双对对好风俗,人情厚,查埔骨力查某势。两家祖厝连前后,厝连头尾亲像同吃一鼎灶。澳头很古老,名人很多出咱兜,蒋骥埔华侨捐资办学校。"

(3)苏氏宗亲"世界同安联谊会"建设富美家乡。侨胞异乡开疆辟土,播鸿业于他邦,人在羁旅,心在乡关。2015年,翔安区推行侨捐信息库建设,广泛发动海外华人"认捐、认建、认管",侨捐累计达1 225万元。

翔安侨乡政府实施区镇两级"以奖代补"的美丽乡村建设项目58个,投入2714万元改造自来水管网并通水;投入315万元修建路灯工程并亮灯;投入858万元完成全区33个村庄规划修编,侨乡农村公路建设基本完成。

2. 案例分析与存在问题

澳头村是传统侨乡,由政府启动的小城镇建设,确立"路路通""数字化"和"GDP增长"等指标,全部实现,其得力于村委与村民、海外与家乡的同心协力。首先,澳头村建设借力亲缘文化,组建澳头乡贤理事会,乡贤理事会监督侨乡社区所有公共项目,公开生活垃圾分类、废水沟渠掩盖、村民家禽圈养、房前屋后美化等的建设工程费用;其次,侨心工程募集资金用于铺设村内道路,修缮华侨古厝。马来西亚、新加坡侨商投资村电厂、乡企、侨企;村委与马来西亚五条港共建设国际海产开发与交易平台,扶持两地传统渔业向商贸服务业转型。

根据卡尔·艾博特色小镇建设理论,成为新城区,以产生新"增长点"或经济要素"节点"为准,澳头村的海洋商贸、渔业生产虽然转型成功并有所发展,但尚未培育成经济新增长点,乡企、侨企、电厂等产业分散,没有引领性行业。

(二)社区活化型(台湾经验)

1. 集美后溪闽台古镇

"闽台小镇"又称"闽台古镇",位于福建厦门集美区后溪镇城内社,其址明清时期隶属于泉州府同安县下(霞)店乡,为典型的闽南侨乡小镇。现有居民约1500人。自清中叶起,城内社因近海之便,住民往台湾及东南亚谋生。城内社保存100多幢较完整的闽南古厝,有9棵百年老榕树,古镇原在东、西、南、北四个方向建有城门,分别设置观音庙、王爷庙、玄天上帝庙和霞城城隍庙。"闽台古镇"内的霞城城隍庙为台北霞海城隍及其在台分灵的祖庙,每年农历十一月二十二日是霞城城隍爷的祈安日,台湾城隍庙组团来到后溪镇城内社霞城城隍祖庙进香。农历五月十三日是霞城城隍爷的诞辰,后溪城内社举办城隍绕境巡安活动,当日台北市霞海城隍庙同时举行庙会,因此,被厦门市确定为非物质文化遗产。2012年年初,由集美区政府牵头,由台商洪明章主要投资建造"闽台小镇",项目运作借鉴台湾社区营造的经验。目前已建成"海峡两岸""爱情文化""老电影""闽台官用品""闽台酒""闽台匾额"等特色博物馆;还建成具有台湾风味的摸乳巷、风狮爷、月老亭、台湾农特产一条街等文化旅游街区,采用社区营造的做法,结合闽南民间华侨民俗文化小镇,打造福建侨乡(对台)文化旅游景区。经过实地考察与居民访谈后发现,"闽台小镇"内博物馆陈设简陋,多以海报代替实物,周末假日庙前广场几乎没有游客,只见三两位村民。

2.案例分析与存在问题

集美区后溪镇城内社为传统侨乡,但居民与台湾、东南亚的亲属关系不密切,民间侨捐、契约文件、生活器具居民生活物件少,当地居民自发参与社区活动与建设人数极少。

集美区政府前期启动"闽台小镇"规划,采取引入台商资金、参照台湾社区营造做法的建设方式。着力在后溪镇城内社发展旅游文化项目,规划旨在挖掘城内社人文底蕴和生态禀赋,台商投资"闽台小镇"特色博物馆项目,场馆设施简陋,以海报代替实物展示,陈设内容空洞乏味,缺乏创新性。原为侨乡重要的历史文化资源的霞城城隍民间信仰,既可带动社区发展,也有助于对外交流,但与城隍信仰相关的节庆、服饰、饮食民俗未得到有效开发,文化旅游产业定位的先进性、唯一性和集约性均存在一定问题。因此,无法实现"产、城、人、文"四位一体。

(三)民间自觉型案例

1.福清长乐地区的新旧侨文化

福建民间有"日本怕福清,台湾怕平潭,英国怕连江,美国怕长乐,全世界都怕福建"的说法。20世纪90年代后福州地区的侨乡发展出不同于传统的侨乡文化。

长乐市,位于福建省东部沿海、闽江口南岸,拥有优良天然港口。自汉代,长乐人与海外就有交往历史,近现代长乐人口大规模移民海外的习惯基本形成。主要迁往东欧、南美、非洲,如匈牙利、阿根廷、南非等发展中国家。改革开放后,长乐人利用地理位置和海外人际网络便利条件,通过各种手段(包括非法移民)移民海外,有侨胞 4 100 多人,遍布美国、新加坡、加拿大、中国香港等 20 多个国家和地区。

福清市,地处台湾海峡两岸中部,全镇有 82 042 人,华侨有 33 276 名,分布在世界的 73 个国家和地区,以南非、阿根廷、莱索托、俄罗斯等国家相对集中。

按照村民出国的时间和动机,该地区侨乡可分为新、旧两种类型,旧侨乡,指村民多在 50 年代之前出国,主要移民美国、欧洲等发达国家或地区,以获得外国国籍并定居国外为目的,长乐地区的猴屿村、长安村就是典型代表。

新侨乡,指村民自 20 世纪 90 年代后移民海外或暂居于国外以赚钱为目的,福清地区东井村、屿礁村和北郭村均为新侨乡代表。

表 2　福州地区旧、新侨乡社会形态对照表

侨乡类型	迁移背景	迁移目的	适应情况	侨乡社会形态
旧侨乡如长乐	20 世纪50 年代之前	定居国外	早期利用优良天然港口的便利交通,长乐人首选美国等发达国家	侨乡土地资源紧张,人地矛盾尖锐,以"跳船"①的福州籍海员为主,重视第二代教育
新侨乡如福清	20 世纪90 年代	以赚钱为目标,暂居于国外	根据地理位置和海外人际网络的有利条件,通过各种手段(包括非法移民)移民发展中国家	以非法渠道移民国外获得高收入,到更容易谋生的地方,不重视子女教育

2.案例分析与存在问题

福建省侨乡社会内部分新、旧侨乡两种社会形态。福建人传统移民目的国是东南亚国家,但福清、长乐两地移民以赚钱为目的暂居美国、加拿大等发达国家。到 20 世纪 90 年代,福清、长乐成为福建新、旧侨文化典型。

随着闽侨跨国实践经验积累,对侨乡产生文化反哺作用,福州地区侨乡内部如长乐猴屿村的村民重视子女教育,吃透美国政府的移民政策,第二代华侨

---

① "跳船"指船舶到达美国后登岸然后非法滞留。

在美国或加拿大取得硕士或博士学位人数众多。福清民间普遍不重视子女教育,认为小孩读不读书没有关系,将来跟父母出国赚钱。年轻村民初中毕业后一般都跟随父母出国打工,当地人拥有本科及以上学历者极少。

新、旧侨乡华侨文化差异直接影响新生代的发展。旧侨乡人们主要赴发达国家求学获得居留权,新侨乡人们关注家庭生意主要赴发展中国家经商。

福州地区侨乡社会变迁,村民国际化实践处于粗放式的发展阶段,侨乡民间社会缺乏公共信息和商业服务知识支撑,村民依然以家庭为单位从事跨国留学、商贸活动,并未探索出商业系统或运行模式,在全球化视野下,实施落实新侨乡的侨务政策,建构侨乡社会治理的制度体系迫在眉睫。

三、福建"侨"文化与特色小镇建设对策

特色小镇建设要全面系统推进,珍惜华侨文化资源,遵循闽侨文化形成发展规律。闽侨无论居住何地,其语言、文化、教育、风俗习惯、乡土观念、价值取向等都有鲜明的地缘文化特征,闽侨以地缘为纽带构建的价值体系成为福建海洋文化的精神承载。

在厦门鼓浪屿,最好的别墅或洋楼都是闽南华侨富商建造的私宅。黄家花园为南安籍印尼华侨黄奕住私宅,由三幢融合欧陆和南洋风格的别墅组成,占地甚广,别墅房间内每块挂镜都刻有剃刀、须刷和掏耳三件理发工具,以此提醒家族新生代不忘祖辈创业本事。海天堂构是晋江籍菲律宾华侨黄秀烺私人别墅,容谷别墅为晋江籍菲律宾富商李清泉家宅,亦足山庄是同安籍越南富侨许汉房屋。据《近代华侨投资国内企业资料选辑(福建卷)》统计,1871—1949年的79年间,华侨在福建共投资房地产业0.63亿元,其中90%集中在厦门。1959年,厦门市房地产管理局进行普查,厦门私房共有1万座,其中5 000多座产权归华侨所有。集美学村和厦门大学100座公共校舍由集美大社籍新加坡华侨陈嘉庚建造,华侨文化决定厦门城市建筑最初风格。20世纪初,闽南侨乡归侨与侨眷生活主要靠侨汇维持,漳州龙海市角美镇流传村的"天一信局"是侨批和民间金融邮政的典型。

综上所述,福建特色小镇建设核心是营建区域社会的个性化发展空间,以追求全体社会成员福祉为目的,实现社会均衡发展的城乡机制。福建特色小镇建设要在顶层设计与行动逻辑下功夫。

(一)创新定位,共建福建华侨文化认同下商贸网络

明确以福建侨文化发展创新定位,将福建侨乡特别是港口作为新兴地域经济结构结点,从福建侨乡布局演变路径拓展"一带一路"文化空间,连接福建侨乡与海丝新干线国家,厘清闽侨文化遗产资源文脉,共建福建华侨文化认同下的商贸网络。

侨乡分布的地区从闽南向东部沿海大部分地区延伸,再深入内陆,侨乡数量从少到多。福建省内有20个(市、区)重点侨乡,10个一般侨乡,这些侨乡大都分布于沿海地区,少数分布于内陆地区。唐代至南宋,泉州港逐渐鼎盛,泉州商人到东南亚各国港口从事商业和手工业活动,陆续有人在当地定居。菲律宾发现唐朝南安籍郑氏的墓碑。赵汝适《诸番志》曾记载泉州港至占城(今越南南部)、真腊(今柬埔寨境内)、阇婆(今爪哇中部)等地航行时间及通商贸易货品。明成化十年(1474年),市舶司从泉州迁至福州,因福州港连接闽江,闽江水域广阔,便于从内陆运送大量木材,成为内陆对外贸易经济节点。漳州月港(今漳州海澄镇)虽航运条件不佳,但走私贸易盛行[①]。明末清初,厦门港由于闽南商人的影响和优越地理条件成为福建第一大港,厦门人到菲律宾、印度尼西亚等地区从事经商贸易,定居当地,繁衍生息,成为华侨。1840年鸦片战争后,荷兰、葡萄牙殖民者占领东南亚大部分地区,为了开发当地资源,从福建沿海招募大批农民、工匠、渔民充当"契约华工",永定、德化等地居民出国潮逐渐高涨。1926—1930年,漳州南靖县出现移民高潮,主要由于军阀压迫,造成数千人无家可归,大量人口逃往海外。民国元年(1912年)以后到抗日战争爆发前,诏安兵灾匪患不断,治安混乱,经济凋敝,群众只得谋求出

---

① 徐晓望.妈祖的子民——闽台海洋文化研究[M]上海:学林出版社,1999:167—216.

洋另找生计,形成出国的高潮。

(二)以华侨文化精神为核心,建设创业特色小镇的实践体系

制定和落实福建华侨权益保护法,保护福建华侨文化资源,确定侨乡"创业创新生活综合体"的发展定位。以福建华侨冒险与包容文化精神为核心,打造侨乡充分就业为目的的新生活方式,建构创业特色小镇的实践体系。

唐末五代初,王潮、王审知兄弟及其后裔王延杉据闽期间发展生产兴办海舶事业,元明时期,福建沿海的大部分县市成为东南亚华侨的故乡。明永乐至宣德年间,郑和及船队七次出使西洋,其间数次从福州闽江口五虎门、长乐太平港始发,每次从福建沿海挑选水手、工匠、占卜师等随航人员①。《明史》载:"吕宋居南海中,去漳州甚近,闽人以其地近且饶富,商贩至者数万人,往往久居不返,至长子孙。"福建华侨文化的冒险与包容并存有明显的海洋性特征。

(三)打造华侨文化产业链,建构社会精准治理的新秩序空间

福建华侨祖籍地由沿海向内陆扩展,20世纪初,闽北内陆地区移民增加,福建福州闽清六都湖峰(今坂东镇湖头村)人黄乃裳在马来西亚的诗巫砂拉越地区垦殖,回福州地区招募劳动力,人员涉及闽侯、福清、长乐、连江、永泰、古田、罗源、闽清、屏南、平潭等地。1931年之前,福建华侨持续增长。东南亚种植业、采矿业是西方殖民经济产物,从产业化发展经验看,福建华人华侨早在20世纪初期已经参与国际资源开发与利用,多以人力资本作为投入,这些闽侨大量外出,使福建省内涌现数量众多的侨乡,侨乡作为福建华侨历史文化空间,可建构现代产业、传统产业与生活社区相融合的社会精准治理新秩序空间,成为福建特色小镇建设的行政基础,突出宜居宜游宜业宜商的现代社区生活重要内容。

---

① 杨力,叶小敦.东南亚的福建人[M]福州:福建人民出版社,1993:11—47.

(四)重视社区新侨务工作,建立福建侨乡内在经济文化基因

20世纪80年代以来,福建内陆地区出现新侨乡。由于政策宽松,福建再次兴起出国热潮,在全球化大背景下,发达国家对劳动力的需求促进了人口的迁移。新移民大多为了家庭团聚、探亲、留学、旅游,非法偷渡成为国际社会诟病的移民现象。福建明溪县沙溪村、建阳市苦竹坪村牵涉其中。尽管如此,闽南地区依然是福建主要的新移民迁出地,三明、南平、龙岩、宁德并非典型侨乡,但近年来新移民数量增长迅速,现占福建总出国人数的8%。[①]

所以,应正视福建侨乡社会发展因素新变化,从全球化视野辅助与引导民间商贸活动,提供服务,利用福建侨乡内在经济文化基因。

[①] 施雪琴.改革开放以来福清侨乡的新移民——兼谈非法移民问题[J].华侨华人历史研究,2000(4):26—31.

台湾经验篇

台湾特色小镇的地方意识

李康化*

摘　要： 　台湾特色小镇有三个显著特点：深厚的历史积淀——都有上百年的产业基础；扎根的地方意识——小镇结合在地的文化脉络，发展属于自己的特质；自觉的创新精神——小镇顺应时代的变化与世代的追求，在产业、功能、形态和机制方面大胆探索。近三十年的特色小镇建设，台湾有四大鲜活经验：产业定位力求"特而强"，强调地域活化，追求错位发展；功能体系力求"聚而合"，融合营造宜居宜业的文化场景；城镇形态力求"精而美"，多维展示地域文化特色；制度设计力求"活而新"，体现机制供给个性化。

关键词： 　台湾；特色小镇；地方意识

人文主义地理学中，"地方"不只是由砖石组成的有形空间，而且是"具有既定价值的安全中心"，其范围远远超出城镇、社区、家庭和住所，凡是满足生理需要或精神需要、让人感受到价值存在之处，都可以视为"地方"。地方可以真实的形式存在，如家乡、祖国、地球，甚至另一个人也可称为地方——对外出玩耍的婴儿来说，母亲就是可以回归的地方；也可以虚拟的

---

* 李康化，上海交通大学文化产业管理系副主任、硕士生导师；国家文化产业创新与发展研究基地文化市场研究中心主任，《中国文化产业评论》杂志副主编；台北教育大学文化创意产业经营学系访问学者。研究文化产业、文化消费、文化市场。

形式存在,如音乐、绘画、影视、文学、舞蹈,这些虚拟之处也为情感提供止息之地。

相较于"空间"(space),"地方"(place)不只是对于空间的描述,更是社会建构的过程。地方不仅是空间的情感沉淀,更是人类存在的方式,也就是说,地方是内在的,是日常生活的实践;妥善应用地方可以在全球化过程及运动中确保其自明性。空间被赋予文化意义的过程就是空间变为地方的过程,这也是"人化"的过程。人归属于某一地方,形成归属感——地方感。地方与空间并没有严格的界限,特定空间中有时也存在地方,如"冰川中的营地是家外之家";地方中有时也存在空间,如家中的阁楼、地下室,对孩子来讲,就是自由的空间。

地方是地方性的空间容器,地方是地方性内容的外显形式。① 以整体宏观的角度分析地方性的构成,可知地方性的生产主要由地方结构、地方体系和表征系统等构成,其中"地方结构"是构成地方性的各个作用部门(或因素)的分类结构及其关系;"地方体系"是地方性生产及消费的运作系统;"表征系统"是地方符号作用系统。② 依照此三者概念可进一步以"人、文、地、产、景"等五个项目对地方性做深入剖析。

特色小镇并不是行政意义上的城镇,而是空间上相对独立的地方,既可以是大都市周边的小城镇(如莺歌),也可以是偏乡的大村庄(如土沟),甚至可以是城市内部相对独立的区块或街区(如大稻埕),但无论是何种形态,特色小镇都会呈现出特有的地方性,如尼泊尔的蓝毗尼,是佛教始祖释迦牟尼的出生地,以"人文地产景"分析:人——由于是佛教圣地,当地居民都信奉佛教,因此,其服装、仪表、言谈举止等,都会带上因信奉佛教而外显的文化样貌,如穿着布衣、双手合掌、行为端庄;文——佛教文化有关的语言、价值、

---

① 地方性可从"空间"角度进行分析。日本的中山道妻笼宿是日本最先保护街道的地方,具有浓郁的江户时代情趣与气氛。游客到妻笼宿进行文化观光,即是进入其"空间",妻笼宿的"空间"中承载各种地方性的象征物,即江户时期的各种古迹、车站、历史建筑、街道家具,整体街道空间由妻笼宿当地的语汇、符号等地方符码共同集合而成。

② 廖世璋.地方文化产业研究[M].高雄:巨流图书公司,2016:92.

规范、记号等;地——佛陀出生地,佛教发源地,具有不可替代的神圣性;产——佛教经书、相关文物、纪念品、花朵、供品;景——佛陀出生寺庙建筑、摩耶夫人庙、巨木林、水池、阿育王柱、庭园等具有佛教圣地表征的地方意象。

地方发展到一定程度时,大多会陷入困境。从引发地方衰退的外部力量看,技术的变革、全球竞争会导致地方经济失去平衡。技术进步不可避免地会对一些产业造成影响,经济学家约瑟夫·熊彼特称其为"创造性破坏"。汽车的发明使马和马车消失了,但也使得高速公路、加油站、石油产业飞速增长。石油的加工生产又引起合成产品如化纤和尼龙的出现,棉花需求和羊毛需求大规模萎缩。随着科学技术的发展,地方都逐渐感受到电脑和通信技术变革的影响。

为增强业者经营能力,创造在地就业机会,活络地方文化经济,台湾于1989年推出OTOP(One Town One Product,"一乡镇,一特色")计划,通过辅导地方特色产业,拓展特色产品市场规模,活络地方产业与经济发展。2008年5月,核定执行"地方特色产业深耕加值四年(2009—2013年)计划",以发掘具有文化性、地方性和经济性的地方特色产业,逐步推动实现"一乡镇,一特色"的政策愿景。近三十年来,在台湾,无论官方单位或民间团体,在发展地方方面皆投入相当多的资源与心力,在特色小镇的建设上取得四大鲜活经验:产业定位力求"特而强",强调地域活化,追求错位发展;功能体系力求"聚而合",融合营造宜居宜业的文化场景;城镇形态力求"精而美",多维展示地域文化特色;制度设计力求"活而新",体现机制供给个性化。

一、产业特色:莺歌陶瓷的地域活化

特色小镇的"特色"体现在产业上。特色小镇的产业要么具创新性,要么具在地性,创新则与众不同,在地则别具一格。因此,特色小镇的产业选择均立足当地资源禀赋、区位环境以及产业发展历史等基础条件,趋向新兴产业开拓、传统产业升级、经典产业回归三个方向。中国大陆风起云涌的新兴经济,如私募基金、互联网金融、大数据和云计算等,台湾并无成功作为,所以台湾没有如杭州云栖小镇那样以云计算为核心的特色小镇。但传统产业升级和经典产业回归方向上,台湾不乏成功典型,如宜兰的白米社区。白米社区曾因木屐产业萧条与空气污染,一度衰落,1993年开始"从地方历史去找寻在地特色",振兴一度衰落的传统木屐产业,发挥创意及想象力,开发出各种木屐工艺品,使木屐产业拥有新的生命力。与此同时,白米社区以木屐产业为基础,发展集木屐手工制作展示、木屐展览、木屐穿着体验于一体的观光旅游产业,在台湾打响了名号。从满布粉尘的边缘村落变成观光胜地,白米社区成为经典产业回归的鲜活案例。

特色小镇的产业核心在于"地方性",发展"地方文化产业"。文化产业之前加上"地方"这一修饰,意在强调文化的"独特性"和"在地性",它根源于地域,并非所有的地方皆产制此种产品。台湾社区营造机制所推动的方向,即以"文化产业化与产业文化化"为诉求的"文化产业",如高雄美浓的伞、南投埔里的酒。所谓"地域活化",指尚未开发的区域或者曾经繁荣但已走向衰败的地方,通过实施完整的发展策略,促进当地的经济及文化的开发或复苏。地域活化的效益,包含实质地方经济等有形效益,也包含地方居民认同等无形效益。

台湾陶瓷产业的发展从清代即开始,由南到北多处可见陶瓷产业开发的痕迹,其中"陶瓷之都"莺歌最有代表。莺歌虽然不是台湾陶瓷最早的生产地区,却是汇集众人力量,引领台湾陶瓷产业走向巅峰的重镇。莺歌陶瓷产业的兴盛,在于早期其境内蕴藏丰富的黏土及煤矿。随着技术不断改进,资金大量投入,加上建筑业蓬勃发展导致工业与建筑业用陶瓷需求量激增,莺歌镇民大多转而从事陶瓷行业。

1995年开始,由于全球竞争增强,建筑市场由盛转衰,加上产业结构改变、居民环保意识提高等,莺歌陶瓷传统产业大幅衰退,陶瓷生产大量外移。莺歌在政府推动下开始转型升级,发展出以日用瓷及艺术瓷为主的地方文化产业,带动地方的发展。

一是成立陶瓷地方组织。为了拓展岛内一般消费市场,集合地方力量,莺歌的陶瓷业者创办一年一度的陶瓷商展,称为"莺歌陶瓷嘉年华"。1988年举办的嘉年华会让陶瓷同业者意识到,需要团结起来共同宣导促销。经过筹划,1995年成立莺歌陶瓷艺术发展协会;1996年莺歌陶瓷艺术发展协会获得政府部门的辅导,由中卫发展中心负责执行,将老街规划为商店街,美化商品陈设。莺歌其他地方组织团体规模完整者亦多,1998年成立"台北县莺歌镇陶瓷文化观光发展协会",其成员包括全镇各行业人员,目的亦为推动莺歌陶瓷业的发展。地方的产业发展组织成立,可以借由社群的力量凝聚地方民众对产业的认同感,用组织的力量让传统产业和地方文化相结合,发展具地方特色的观光产业,突破传统陶瓷产业的瓶颈。

二是转型从事文化创意产业。1995年开始,政府努力促成莺歌传统陶瓷产业与文化产业结合,发展文化创意产业,提倡发展艺术陶瓷,与生活文化结合。文建会提出"产业文化化、文化产业化",期望莺歌陶瓷由传统产业转型为艺术文化创意产业,成为"国际陶瓷文化城"。2003年的"陶瓷产业发展"旗舰计划中,将陶瓷产业区分为艺术装饰、日用、建筑、卫生及工业用陶等五大类,传统陶瓷产业结合创意发展出特色文化创意产业。莺歌陶瓷业者积极转型,与艺术家、设计师合作生产具有文化特色与创意巧思的产品,参与"莺歌烧"品牌建置计划,建立品牌形象,共同推广莺歌陶瓷产业。

三是改造陶瓷老街商圈。1804年,福建泉州磁灶人吴鞍渡台,于莺歌大湖兔子坑(今桃园龟山内)进行陶瓷制造。后因漳泉械斗,吴鞍将窑场迁移至尖山,当地所产黑土适合制陶,随后发展成陶瓷窑场的密集区域,尖山埔街因而成为今天的陶瓷老街。1996年,有关部门将老街规划成全长250米的商店街,老街设计工程涉及上百家的店家以及当地所有的居民,活动开展之间要不断地进行沟通与协调,期望打造出富有地方特色的陶瓷产业街区。例如在景观方面,商家招牌统一以"陶瓶"的形式呈现,突出陶瓷之都的特色,促使陶瓷零售店转型为兼具艺术文化气息及购物消费的空间。2000年4月,莺歌陶瓷老街(尖山埔路)行人徒步区启用,2006年完成莺歌陶瓷老街(尖山埔路)的整体行人徒步区启用,连起陶瓷后街、育英街等步道,形成完整的观光区域。

四是设立陶瓷博物馆。莺歌陶瓷博物馆是地方文化馆,文化设施多位于县市机关所在地,此次则在很基层的地方设立文化展示或艺文表演场所。陶博馆开馆之后,莺歌逐渐成为陶瓷专业艺廊的集中地区,吸引外地陶瓷家进驻,鼓励在地工作者展示自己的作品,不但扩大在地陶瓷市场,吸引更多业者的聚集,也带来观光人流。莺歌陶瓷博物馆于2000年开幕,当年12月的人数为历年单月人数之最,达113 689人;2001年的总人口数,也为历年总人口之最,达502 829人。

受文化观光风气的带动,莺歌地区除了有政府运营的专业陶瓷博物馆外,陶瓷业者们还积极改造老旧厂房或更新商业街区店面,通过具有文化艺术气息的空间展售陶瓷产品,开设手作课程或提供导览解说服务,让游客体验莺歌的陶瓷文化风采,莺歌从烟囱林立的工业小镇转变成富饶人文艺术的文化重镇。

莺歌陶瓷的转型成功,主要仰赖深厚的文化特质、多元的文化活动导入以及当地居民的大力支持,这些由在地居民内生激发的潜能,是"地方性"文化发展的极致表征,也是文化产业发展最重要的动能。

二、功能特色:大稻埕的文化场景

特色小镇的"特色"体现在功能上,特色小镇不能以旅游为核心功能,但旅游有"搬运"功能,可以激发小镇内在系统与外部系统的交换融合。有特色产业,有旅游,有居住人口,有外来游客,就必然要有满足这些人口生活与居住的社区功能,否则特色小镇就只是"产业园"。区隔特色小镇与产业园的是在地文化,文化是特色小镇的内核,型塑小镇独有的意象标识。

凯文·林奇的"城市意象"及"良好都市形态理论",诺伯舒兹的"场所精神",都重在论述场所透过空间结构与内在传达之意义,建构出让使用者具有心灵认同感与地方安全感的意象。人建造场所,本质是满足方向感和认同感,场所精神是利用建筑本身的特质使人产生亲近互动的关系,使人在日常生活中有归属感,进而辨别环境产生认同感。大稻埕历史街区呈现强烈的环境区隔,具有历史召唤场景的街区"自明性"。①

大稻埕最早为台湾平埔人—凯达格兰人"圭武卒社"所在地,这里早时是荒地,人口稀少,汉人在这里耕种水稻,以食物向少数民族交换鹿皮,设有公共晒谷场,农闲时交易农产品,因而得名。1851年,同安人林蓝田来此经商,连续建盖三间商铺,利用河运,进行小规模贸易。1853年,福建泉州同安人因在艋舺地区发生械斗而败北逃至大稻埕,落脚定居,开始有市街风貌,即迪化街中街。1859年,中街居民集众人之力,在下方(迪化街南边)兴建霞海城隍庙,成为当地的信仰中心。商店沿街开设,南街逐渐成形,开始向北街发展,迪化街北中南街逐渐成为人口密度十分大的市街。1905年,日本政府订定台北市区改正计划,大稻埕开始街区建设,改建花园为永乐市场。1910年,大稻埕的主要街道中南街道取直打通,移建妈祖宫(现今慈圣宫),拓宽马路,拆退旧有窄路两旁民宅,引进欧洲巴洛克式建筑风格。因拥有便利的河运港口而逐渐繁荣起来,茶叶、中药、南北货、布业曾是大稻埕的四大产业。国民党退居台湾后,大稻埕的茶叶出口逐渐衰退没落,布业则由于生产外迁到大陆而停滞不前,南北货也因为百货业和超级市场的兴起而衰落。只有中药业,由于专业特殊,至今仍有上百家中药行,仍然是台湾最大的批发中心。

---

① 20世纪60年代,凯文·林奇在《城市意象》中提出一种城市理论,将环境意象分为自明性(identity)、结构(structure)和意义(meaning)三种成分,"自明性"和"结构"由形态而产生,"意义"则由社会、历史、个人以及其他各种成分产生。林奇提出,"自明性狭隘的意思就是一般人所说的'地方感'(a sense of place)。自明性乃是人们能够辨认或者召唤一个地点与其他地点不同程度——该形式有其活泼,或独特,或至少特殊的个性"。在此基础上,诺伯舒兹从人类的精神层面出发探讨人类建造场所的原始本质,进而确认场所精神(即场所自明性所蕴含的意义),人之生存需要方向感和认同感(中文的"自明性"及"认同感"两词,在英文分别是 identify 及 identification,简单地说,identify 是无题可被辨识的外在特质,identification 则是人类因这种特质而产生的知觉,前者强调"物",后者强调"人对物的感受")。场所的结构、特性及意义满足了人类的这两项需求。场所的结构是由空间(space)和特性(character)所组成,当人定居下来,一方面置身于"空间"中,也暴露于环境的"特性"中。换言之,人必须要有辨别方向的能力,必须晓得身置何处,同时存在环境中认同自己,必须晓得和某个场所是怎样的关系。

随着台北都市发展的东移,大稻埕于2000年被确定为"历史风貌特定专用区"。大稻埕历史街区是全台北乃至全台湾历史建筑分布密度极高之区域,保有大范围、无间断的传统街道空间。大稻埕历史街区不同于其他文化遗产保存,它不是颓废老死的文化遗迹,目前仍有商家居住,百年传统产业持续在地运转经营,如核心区迪化街。因为邻近大稻埕港口,各地来往的货物在此起卸,迪化街从"中街"发展成热闹的市街。而今,货物、人潮还不断聚集,吸引诸多商家前来开店经营,成为台湾具有标志性的批发中心。

新芝加哥学派领军人物特里·克拉克提出"场景理论"认为,特定区域文化与价值观蕴藏在小区、建筑、人口、风俗和群体性活动中,外化为生活娱乐设施的功能、种类、布局(场景)。场景就是由各种消费实践形成的具有符号意义的社会空间,大稻埕正是这样的社会空间。

从大稻埕的发展史可知,茶产业、纺织布业、中药南北货皆可视为工艺产业。茶产业需要精致烘焙,当地百年茶行至今仍维持传统老艺师的精炼烘焙技术。纺织布业过去因为有客制订制旗袍西装而保有裁版、缝制等职人匠师,也是手工艺的一种。中药南北货商家,除了要会挑选原料食材,还要会炖煮研发各种药材食品,也累积了炉火纯青的技术经验,不断传承。大稻埕也是日据时期台湾人的本土社区,当时台湾的社会精英都集中于大稻埕,许多商业艺文空间,如波丽露,山水亭,文人雅士出没,谈论时事及文化艺术,台湾民众党、台湾文化协会、台湾民报等社团兴起于兹,成为台湾新文化运动发源地。成立于2008年的"世代文化创业有限公司"进驻大稻埕,向大稻埕当地私人屋主承租,招募优质的文化艺术创作伙伴、志同道合的文化创意人,经过空间设计,呈现文化魅力,以微型企业群聚的方式永续经营,在传统街区植入文化消费场景,形成一系列有计划有规模的文创聚落形态(表1)。

表1 世代群经营文化街屋定位(2010—2014年)

项 目	内 容
机构背景	私人企业——世代文化创业有限公司,是共同创业的组织,推动企业型社会的社会型企业,以创业投资、合作经营为模式,获利除提高伙伴待遇及扩大雇用、增加就业机会外,皆用于持续扩大文化街屋投资。世代文化与所有合作创业伙伴经营文化街屋,简称世代群
空间取得	向私人屋主承租街屋
空间定位	每栋街屋主要空间:零售商家店铺 次要空间:文化餐饮及艺术展演 边陲空间:工作室、办公室、育成学堂
经营性质	营利及非营利皆有
经营团队	微型创业公司、行号、艺文团队
经营内容	展售商品及服务、设计研发、展览、表演、创业育成
街屋数量	五栋街屋
街屋团队	三十二个团队
联结社群	小艺埕:布艺、书店、出版业、咖啡工艺界、北艺大学 民艺埕:设计师、工艺职人匠师、美术界、茶酒业、"中研院"学术界 众艺埕:不同工艺产业的职人创业群 　　　　脚踏车业、少数民族设计、文化餐饮 　　　　服装设计制作、皮革工艺设计制作 　　　　相机工艺、镭射雕刻技术、绘本、布艺设计 联艺埕:烘焙面包、水果农产、餐饮、设计工艺、书店、旅宿业 学艺埕:工艺、美术、教育、服饰布艺、餐饮、网络资讯业

资料来源:笔者整理(2017年5月)。

场景理论强调生活文化设施并不孤立存在,必须依托在地社区,与文化活动相配合,通过多样化人群的互动,最大限度地实现价值。大稻埕有很多宗教活动和艺文活动,如霞海城隍庙的祭典。霞海城隍庙早期是大稻埕地区居民与聚落的信仰中心,1879年,霞海城隍庙首次举行盛大祭典仪式,此后每年阴历五月十三为庆祝城隍爷诞辰所举行之"城隍祭典"盛大而隆重,恭迎城隍出巡绕境平安为祭典中最重要的环节,参与者除了祭典委员会各要员、庙祝、管理员、道士们,各轩社、各地寺庙公坛之神尊、龙阵、狮阵、宋江阵、八家将、民间俗艺也派员共襄盛举。祭典期间前往祭祀的信徒大为增加,在庙埕举办各式各样的庆典活动吸引人潮聚集、小型摊贩叫卖,构成神圣与世俗共荣的空间。为了唤醒人们对大稻埕的认识与关怀,1997年6月起,霞海城隍庙每月免费举办两次"大稻埕逍遥游"。作为地方象征性的地景,霞海城隍庙的角色逐渐转变,衍生出新的功能——不单是居民的信仰中心,还是外来游客的观光据点。

地方透过消费而持续创造与重塑,可视为透过货物中的个人历史与资讯而拥有意义的空间。① 大稻埕历经朝代的更迭、行业的兴衰,除了商品因应时代的创新与改良,除了销售对象的转变,这个以进出口贸易大港、各地货物集散地为意象的消费空间,转变成具有历史、情感、信任与怀旧记忆的文化场景。

三、形态特色:大溪的生态博物馆

特色小镇的"特色"体现在形态上。特色小镇的个性化形态可以是外在视觉形象的殊异,但更应该是内在文化肌理的区隔。前者的经典是台湾云林虎尾的顶溪小区(图1)。2013年,小区居民与虎尾科技大学师生携手创作绘制出以猫咪为主题的彩绘壁画,共计八幅,吸引了大量游客观赏,人气始终不坠。

图1 云林县虎尾镇顶溪社区外墙彩绘

---

① Mike Crang.文化地理学[M].王志弘,余佳玲,方淑慧,译,台北:巨流图书公司,2008:185.

不分平假日,作品最集中的猫屋公园周边都可发现游人。猫村绘画不断改版,从刚开始仅有彩绘,到陆续出现立体雕塑,如今更增设猫咪小学;小区内的路标、告示牌等也都转换为猫咪版,营造出浓厚的猫咪村气息;后者则如台湾众多的生态博物馆。

关于生态与城市的联结,并非就必须讨论硬邦邦的节能效率的绿能技术议题,也并非就要如纽约中央公园般在城中再造一片森林,营建非绿(自然)即灰(都市建筑)的黑白分明世界。这里的"生态"指的是公共建设,是城市景观,是城市生活风格的催化剂,是与都市生活交织而成的绿织线。生态博物馆是台湾不少特色小镇的形态选择[1],位于宜兰县头城镇的兰阳博物馆是台湾最早导入生态博物馆理念的地方博物馆,该馆于2010年10月16日正式开馆,因拥有与地景相互融合之建筑外观,使用颇具特色之情景式展示手法,成为宜兰地区相当知名的旅游景点。该馆宣告自身使命为:"宜兰是一座博物馆,兰博是认识这座博物馆的窗口。"位于新北市瑞芳区的黄金博物馆是另一座以生态博物馆自诩的县市层级博物馆,但馆区并未将高度相关的矿业聚落纳入,与周边聚落居民互动程度有限,与兰阳博物馆一样,与成为真正的生态博物馆仍有距离。

以历史街区及木匠工艺闻名,且为台湾著名旅游景点的桃园大溪,原是台湾木器产业重镇,随着社会变迁,木艺师们面临断层凋零、后继无人的困境,大溪现在的生活样貌与木器产业乖离,木器产业的衰退加速。[2] 与衣食住行等所有面向息息相关的木生活不复存在,老街商家纷纷将骑楼出租用于贩售小吃、艺品、伴手礼。

大溪木器是结合"木作""雕刻""墨绘""彩绘""安骠片"及"髹漆"等诸多技术、文化的民间工艺,复合历史、文化、艺术、科学等文化资产价值,它不只生产有形的器物,还传承无形的技艺文化,百年以来已经和大溪居民的生活、习俗、

---

[1] 生态博物馆最早于1971年由法国人弗朗索瓦·于贝尔和乔治·亨利·里维埃提出,其"生态"的含义既包括自然生态,也包括人文生态。

[2] 大溪木器行集中的和平路老街,1999年12月尚有木器行39家,2016年7月仅存28家(其中旧木器行仍在做的19家,新搬进来的木器行9家)。

信仰等环环紧扣,成为居民生活的一部分,是大溪的无形文化资产。为推动历史保存和文化观光,桃园县政府文化局自2012年起,结合地方文化馆计划,筹备建设有正式组织编制、独立预算及馆舍空间之大溪木艺生态博物馆。2015年3月28日,该博物馆正式开馆营运。大溪木艺生态博物馆的基本用途是保存文化资产与结合在地社群,以木艺为核心,串连各式有形与无形的文化资产,结合民间丰沛生命力,发扬木艺产业文化,传递大溪的地方故事,由居民共同塑造、合力参与。

2012—2013年,以在地资源之整合串连为主,除积极取得在地居民及木艺店家之认同与支持外,也导入当地至善高级中学之教育资源。其中,2013年,延续2012年12月5—21日举办"匠心的心愿"木艺特展之工作成果,持续推动资源整合及策略执行辅导平台,着手遴选老街区之木艺店家设立街角博物馆;结合大溪小学及至善高级中学执行乡土教学课程与木艺体验夏令营,推动生活木器设计甄选,另选定大溪老街区规模最大、目前仅存立面之建成商行进行环境清理。2013年11月30日至12月6日举办"游木玩艺趣大溪"活动,内容包括从建成商行历史看大溪、日式宿舍模型展示、木艺匠师的传承与转型、木艺轻便车展示、木艺DIY体验等。建成商行于2014年7月12日开始,每月第二个星期六下午2时至6时,举办大溪"三手微市集",除邀请文创品牌共襄盛举,也尝试结合地木艺文化与文创设计。

大溪木艺生态博物馆的陈设主题为大溪木艺产业和大溪人民生活。博物馆活化大溪小学日式宿舍(一号馆)及警察宿舍群(四连栋、艺师馆、六连栋等)、武德殿、大溪公会馆及蒋公行馆等历史空间作为公有馆,展示大溪木艺的发展历史、大溪日据时期的警察历史以及大溪人早期的生活样貌等。自2014年开始馆舍修缮工程,2015年开放一号馆及武德殿,之后采分年分阶段方式开放,2016年开放木艺常设展馆及艺师特展馆,2017年开放历史名人李腾芳古宅。此外,遴选热爱大溪文化、愿意一同诉说大溪故事的私有空间作为"街角馆",串连成为保存文化资产、居民生活记忆的博物馆网络,各馆舍分工与整合,有机联结有形、无形文化资产,不仅关怀建筑、宗教、艺文、产业,也聚焦聚落景观与自然地景,共同推动民众积极参与生态博物馆的建设,增强民众的归属感。

大溪木艺生态博物馆是县级博物馆,但并不只关注木艺产业,而是将大溪不同时期留下来的历史文化资源整体囊括进来。无论是在地木艺产业、百年警政历史,无论是遍布大溪的街屋、古厝、武德殿及寺庙等古迹,或是普济堂关公绕境的民俗文化,都是大溪的宝贵财富。对于生活在今天的大溪人和外地游客而言,这些有形、无形文化资产共同构成大溪独特的生活形态与在地文化。换言之,大溪木艺生态博物馆建设并非以有形性之设施作为主轴,而以社区居民之共识凝聚及在地木艺产业之整合串连为优先,同步辅以博物馆实体空间之规划、设计与施作,更加符合生态博物馆之核心理念。

四、机制特色:小镇文创的共创平台

地方文化产业的发展模式因空间而差异,比如同为生态博物馆建设,在居民参与面向上,新北的猴硐煤矿博物园区由政府部门主导,桃园的大溪木艺生态博物馆着重公私协力,台南后壁区的土沟农村美术馆则更多由社区自发筹设。特别是土沟农村美术馆,在台湾的社区营造或博物馆发展史上,即便不是空前绝后,也是独一无二。土沟农村美术馆由成立于2002年4月17日的土沟农村文化营造协会筹设,初期以居民自力营造社区环境为主要内容,并无特别。2012年12月16日开馆的土沟农村美术馆,其独特之处在于结合诸多艺术家(主要是嘉义的石雕艺术家侯加福)、学术团体(主要是台南艺术大学建筑艺术系曾旭正团队)、民间单位共同参与艺术空间营造及艺术作品创作,部分参与者甚至落地生根。该馆在社区营造的扎实度、跨域合作的细致度、空间设计的美感度等方面都可圈可点,特别是土沟农村文化营造协会与台南艺术大学之长期合作,吸引部分成员成为社区居民,持续关心及协力相关工作推展,已然成为台湾社区营造及生态博物馆推动之经典案例。南投竹山镇通过小镇文创公司的企业化运作实现地方再生,提供了特色小镇建设的另类机制。

竹山,古称林圮埔,自明郑时期开发迄今三百余年,是南投最早的聚落。日据时期大正行政改制,林圮埔改名为竹山郡。由于此地有丰富的竹林以及日本人的消费形态影响,日本政府引进企业会社开发竹产业,自此竹子成为经济命脉。80年代中期之后,由于生产条件、生产结构与人民生活形态的转变,加上国际市场不稳定,土地与工资上涨,使得劳力密集的竹材加工业转移至有廉价劳力优势的大陆及东南亚国家。目前仅存的竹子相关产业,多受政策辅导,转型为高附加价值的竹工艺生产,如与工研院合作,生产竹炭相关产品,受2002年地方文化馆政策的推动,鼓励传统竹艺结合创意与观光,转化为文化创意产业。

受产业外移与都市化影响,竹山镇人口自1996年起一直呈现负成长,人口外移现象严重,1999年"9·21"地震过后,人口仅剩下61 811人。

竹山镇外围拥有相当丰沛的观光资源,有号称全台三大土地公庙的紫南宫,传统的知名游憩区溪头、杉林溪,近年来兴起的热门景点天梯、妖怪村,每年吸引数十万游客,但仍然阻止不了人口数持续减少,关键在于在地经济衰败。竹山虽然拥有丰沛的观光资源,市街上却没有任何吸引游客驻足的理由,消费人口只有地方老弱妇孺。地方商家利润低、工时长,热门的景点又多由公共部门、大型企业所把持,在地居民难以从中获取收益。一旦没有在地经济,消费者不得其门而入、消费无法回馈在地,就没有年轻人口移入,恶性循环下,老镇愈来愈老。

乡村的困境政府心知肚明,然而碍于政策的片面思维与预算的后继无力,同情往往无疾而终。小镇文创公司的创始人何培钧从2005年修复百年古厝打造民宿"天空的院子"开始,透过地方社区的合作加上借用商业模式,"以低成本共同转换高价值",于2010年在竹山市区设立小镇文创公司,采取切实的小镇更新策略。

一是打工换宿,带动乡村有机循环。首先,成立"竹巢讲堂",让外地人不只来当观光客,而是带着与小镇互相学习的态度来探索竹山的文化。其次,用"打工换宿"的方式解决年轻人口外移的问题。何培钧租下竹山的闲置透天厝成立"前山绽文创工作坊",在网络"Share Bank共创平台"上接受青年朋友带着自己的专长来打工换宿,包括营销企划、美编设计、文字编辑、编剧导演、平面摄影、翻译,甚至医疗服务。传统老店如棉被行、米麸店、打铁铺,经由设计包装与创意营销,找回传统的价值;竹山的文化与生活记忆,在新的媒体与视觉传达、文字影像记录下,仿佛有了新的生命。

二是对接网络,复兴台湾乡村文艺。在地的传统老店不是没有价值,而是在新的时代中找不到合适的定位。使用科技与创新商业模式,成为当务之急。在网络环境下,透过打工换宿进行价值转换,包装设计加值的乡村老店产品可以快速到达城市消费者手中。以打工换宿为媒介,竹山提供免费与友善的住宿环境,换工者依据地方需求提供专业服务,贡献自己的所长,让乡村得以借用城市的跨领域技能。这是一种社群支持的乡村自我成长方式,让乡村了解自己的缺陷,用自身拥有的资源跟外部交换所需的能力,衰退的现状有了改变的可能,永续发展有了回归的方向。这也使得旅游的意义和价值发生转变,外地人到竹山不再是只到溪头、妖怪村、指南宫等观光景点,而可以进入竹山镇了解民情风俗、故事与生活,认识乡村存在的问题,感受乡村超脱商业的气息,甚至参与衰败乡村的改造。

三是结合教育,弥合教育学用落差。小镇文创公司和周边高中、大专院校合作,由老师带领学生到竹山服务学习,让不同科系、专长的学生参与竹山场域改造,利用拍摄微电影,制作地图,撰写小镇故事,设计营销企划案等方式来宣传竹山。当学生离开学校教室,在社会中进行观察、学习与实作,借由做中学的方式解决乡村实际面临的问题,发挥所长进行改变,进而激发回乡就业、创业、成立工作室的热情,也为台湾改变日益严重的学用落差问题略尽努力。2013年小镇文创的热门产品"竹编二维码(QR Code)"就是由南台科技大学学生研发的;接着,南台科技大学提出应用于老店招牌与故事行销的点子;最后,由成功大学完成造型设计与生产。二维码的背后,不仅有青年学子与老店的故事,更让古早的竹编技艺有所创新,高龄的竹山人利用竹艺谋得第二职涯。

此外,小镇文创公司与台湾劳动主管部门培力就业计划合作,设立竹生活文化协会,利用既有的工艺师傅、设计老师等,鼓动地方小区的妈妈重拾竹编技巧,设立开放式的竹编手工公共生产线,让竹山成为竹编的生产基地。与"芋丫番薯计程车队"合作,提出合伙共乘的提案,利用小镇文创公司作为服务的结点,投入竹山及外围地区的交通服务,包括老人就医、打工换宿、民宿游客的旅运等,透过合伙共乘分摊车资的方式,提供乡镇交通运输服务。与周边观光景点合作,实现互利共赢。竹山周围的妖怪村、天梯等景点,除了作为吸引打工换宿青年的地方特色资源外,经由打工换宿青年的设计、生产,成为具有在地文化的精神商品,也满足了这些景点贩卖地方文化产品的需求。

小镇文创公司推动竹山发展,不仅激发邻近研发机构、大学、技术人士等进行知识创新,促使重视集体的共享资源、人才流动与培育。在地方创新的环境制度下,地方店家、学研机构、政府等组织形成互相连接和激发创新的体系。在开放创新系统的模式中,小镇文创公司也通过打工换宿、地方论坛等,与所有权益关系人建立密切的动态互动关系,广泛了解全体员工、游客、学生、上下游厂商、知识工作者、地方组织、居民等,将传统企业的研发工作外包给其他个人,内部与外部组织协同创新,实现创新要素的共享与整合,成为获取知识的多元价值网络体系。

竹山小镇文创以公司的组织形态,取代传统政府由上而下的政策辅导,由非营利组织进行由下而上的社区营造,透过商业从市场端取得资源,在推动地方营造上取得空间,免去了传统申请补助在行政上的限制,成为台湾乡地方永续发展的典范。

地方文化产业的发展需要秉持"四生"理念:以地方文化产品的"生产",结合当地区民的"生活",打通人与人之间、人与自然环境之间的"生态",深化地方文化价值,让地方文化特质能在地扎根及永续经营的"生命"。① 台湾的特色小镇营造之所以大获成功,正是遵循"四生"理念,呈现三个特点:一是有深厚的历史积淀,每个小镇都有上百年的产业基础,尽管荣景不复存在,但扎实的基础可资开创出美好的未来;二是有扎根的地方意识,每个小镇都结合在地的文化脉络,区隔出属于自己的特质,展现出独有的内涵与样貌;三是有自觉

---

① 廖世璋.文化创意产业[M].高雄:巨流图书公司,2011:369.

的创新精神,每个小镇都顺应时代的变化与世代的追求,在产业、功能、形态和机制方面大胆探索,选择契合各自肌理的地方再生途径。2016年,大陆提出特色小镇建设,各地争相效仿,一时蔚为风气。但特色小镇如若不结合在地文化,不践行"四生"理念,促进地方经济发展将成为空言,毕竟,在文化创意产业发展过程中,文化是"原料",创意是"策略",产业是"经济"。

一乡一品到特色乡镇发展

张淑华*

摘　要：　随着经济的自由化、全球化,台湾的产业发展,从以农业、制造业为主转变为以服务业为重。因产业结构的变迁,都市朝向高密度发展,造成乡镇人口外移、地方产业空洞化,就业机会流失,乡村人口高龄化,难以形成乡镇小区运作动能。为促进地方产业发展,保存当地文化特色,中小企业处为协助产业发展,推广一乡一品。为协助县市政府发展地方特色产业,2008年成立"地方产业发展基金",促进地区的经济繁荣,增加就业机会与社会安定,以提高整体民众所得。

关键词：　地方特色产业；特色乡镇；文化创意产业；一乡一品

一、前言

随着经济的自由化、全球化,台湾的产业从以农业、制造业为主转变为以服务业为重,因产业结构改变,服务业多集中于都市,以台北市、新北市为主；制造业集中于桃园市、新北市；农业集中于中南部及东部。产业结构的变化,一方面促动都市地区快速发展并接轨国际化水平,也因都市高密度发展,公共设施成本增加、都市土地空间资源有限,房价日渐升高,民众居住空间渐往市

---

* 张淑华,女,东华大学艺术创意产业学系助理教授；主要研究文化创意产业管理营销、创意生活产业研究、体验服务设计、地方文化产业。

郊移动。另一方面,造成乡镇人口外移,地方产业空洞化,就业机会流失,乡村人口高龄化,非都会地区就业机会欠缺、生活服务设施投资相对不足,不易吸引人才回乡发展,难以形成乡镇小区运作动能。

由于城乡不均衡,乡镇地区的活化,地区生活环境与产业发展条件的改善,透过知识、人才、资金等面向建构产业技术累积知识经济动能,创造在地人才就业机会,促进公共建设与产业投资资金的投入,发挥乡镇地区产业、文化、旅游等方面的优势,成为特色乡镇发展的重要课题。

为了均衡城乡发展,2014年相关部门提出"均衡城乡发展推动方案",提倡城乡均衡发展,结合产业辅导与发展、基础建设、人才引进、资金融通及生活机能等面向进行整体规划,促使小镇及农村找到地方特色与定位,以增强特色乡镇魅力与竞争力。该方案整合相关权责机关共同推动,产业辅导由中小企业处负责推行,制定执行"地方产业发展基金补助计划",所得偏低、人口外移的乡镇,由地方提出计划,透过地方产业发展基金审核通过后给予经费支持,协助地方乡镇发展特色产业,促进经济繁荣,增加就业机会。

为了促进地方产业发展,保存当地文化特色,从1989年起,中小企业处以协助产业发展为主轴,推动"地方特色暨小区小企业辅导计划",辅导对象以地方特色的小区或组织的厂商为主。2008年,主管部门核准设立"地方产业发展基金",协助各县市发展地方特色产业,以"一乡镇、一特色"(One Town One Product,OTOP)精神,协助地方发展特色产业,促进地区的经济繁荣,增加就业机会与社会安定,以提高整体民众所得。

二、发展环境分析:一乡一品到地方产业基金

受全球化趋势的刺激,促成地方以在地特色与文化创意作为产业发展新契机,寻求全球竞争下的在地差异化优势。全球化潮流下,发展地方特色产业成为解决城乡不均衡发展的政策选择,日本有OVOP、泰国有OTOP,以地方产业动能活化,带动产业、就业情况的改善,也带动生活环境的改善。

为了活化地方,发展具历史性、独特性、文化性的地方特色产业,1989年起,中小企业处开始推动"地方特色暨小区小企业辅导计划",选择具有历史性、独特性且对地方发展有贡献的消费型产业,加以辅导。根据辅导作业要点,"地方特色产业"的"地方",以乡、镇、市为主;"特色"则指具有历史性、文化性、独特性或唯一性等特质。计划推动初期,着力辅导富于历史文化、有地方经济影响力、从业人数员多的行业,如苗栗县艺术陶瓷加工业、南投县竹器加工业,以当地工艺、农产制造加工为主。

地方特色产业具有历史文化意涵、独特性及当地性,涵盖加工食品、文化工艺、创意生活、在地美食、休憩服务及节庆民俗六大类。

为推行"一乡一品"的理念,智慧财产局提出"著名地方特色产业产地认定原则",遴选汇整著名地方特色产业产地清单。区分地方特色产业与其他地域产业或产品,保留其地名由该地方产业专用,以维系地方特色产业或传统技艺发展,进而增强地方竞争优势,避免在海外被误用注册为商标。"著名地方特色产业产地"指因特殊自然或人文环境,发展出具当地代表性群聚型产业且著名的产地,其涵盖要素的判断原则如下:

(1)具有全台性声誉,广为消费者所熟知的特产,在消费者心目中与其产地名称联结,认为该特产是该地区代表性产业,如提到"豆干"便会想到"大溪"。

(2)具有特殊自然环境,因而发展出特色产业,如"阿里山茶"。

(3)具历史文化传承价值,属稀少且具文化保存意义之产业,在该地域已有相当发展规模,如"后里萨克斯风"。

(4)具有传统特色的产业,所产特定产品以传统或独特技术制成,具地方独特性,足以与其他地域相同产业或产品有所区隔,如新埔柿饼、美浓纸伞。

(5)具群聚型经济发展的产业,该地商家群聚型发展,发挥产业群聚经济效益,如莺歌陶瓷。

上述原则有助于对乡镇地区发展地方特色产业元素进行甄别,许多非都会区乡镇多从事农业,其产品特性中的独特性、在地性、历史性等便可根据上述原则进行认定。

中小企业处于1989年提出"地方特色暨小区小企业辅导计划",辅导持续至2000年。从开始至2000年属于初期,工作重心为导入地方特色产业概念,整合地方小企业,对象为有地方特色的当地小区或厂商,辅导对象由乡镇地方政府推荐,通过参与辅导计划评选后确认。2000年后,随着知识经济及全球关注文化创意产业的发展,辅导重心也有所调整。

2002年,台湾制定"挑战2008发展重点计划",提出"新故乡小区营造计划",以活化地方商业、创意型地方特色产业及乡村型产业为重点,发展地方具历史性或独特性的文化工艺产业,重点发展创意型地方特色产业及部落的地方特色产业,以"一乡一品"为目标,丰富地方特色产业的文化内涵,带动小区共识与产业转型发展,创造就业机会。

(一)深耕强化地方特色产业形象

特色深化阶段(2001—2008年),以三年为期,分三阶段推动,由乡镇地方政府推荐,辅导团队提案评选,着重特色产品开发,强化地方特色产品市场竞争力。地方特色产业辅导重在增强产品开发能力,如屏东三地门乡少数民族工艺产业、南投县中寮乡纯植物染布产业。为鼓励地方特色产业产品创新,2007年,中小企业处举办台湾OTOP设计大赏,每年拟定不同主题,如幽默生活、自然乐活、台湾新印象、庶民时尚、平价奢华,结合设计产业以及地方特色产业,从设计思维呈现台湾地方特色,促成地方特色产业产品创新。OTOP涵盖类别包括加工食品、文化工艺、创意生活、在地美食、休憩服务及节庆民俗六大类,优胜者可获得创新奖励,厂商及设计者借此设计竞赛开发出优质产品,带来业绩的提高、通路的拓展及品牌知名度的提升。

2008年,中小企业处提出"地方特色产业深耕加值四年计划",推广台湾OTOP共同标示,展现地方特色且优质形象的产品,透过发掘具国际市场潜力的地方特色产业,突出地方特色,改善整体形象。该项政策,从市场扩展角度着力,与地方产业发展基金共同作用,强化县市政府由下而上发展地方特色产业的能力,发挥互为加乘的效果。

地方特色产业推行多年以来,有效刺激了地方经济及小区的发展,也遇见不少问题,如由上而下的辅导工作难以在当地生根、地方民间组织参与有待加强、地方特色产业的传承不易、地方特色产业的特色目标易因复制渐趋同质、各级部门在辅导政策的沟通协调方面不畅通[①]等。

(二)设立地方产业发展基金,提高地方政府参与度

地方特色产业政策计划的推行,采用"由上而下"的方式,并未有效促动地方县市政府的配合及政策资源投入。2008年,该计划主管部门核准设立"地方产业发展基金",2009年,通过"地方产业发展基金补助要点",强调发展"一乡一品"的地方经济,加大地方政府角色的权重,要求地方政府主动参与规划。以往由主管部门选定地区个案产业进行辅导,地方参与积极性不高,不易反映地方产业发展的实际需求,地方产业发展基金机制的建立促使地方政府认识推动地方产业发展的重要性,有效增强了其积极性。

2008年,地方特色产业发展加速,除了由各级政府"由下而上"提出要求,还透过"提案—补助"机制,经由财政补助的方式将该项工作纳入地方施政治理。也建立"由上而下"的地方特色产业政策引导机制,促使各级政府合作,协助地方产业发展,以增加地方就业机会,吸引人才回流,开拓地方产业新契机,成为地方特色乡镇的经济动能。

1.设立目标

设立地方产业发展基金,期待透过公共部门资金挹注地方产业,增大辅导能量,达成促进地方经济发展及创造就业机会的目的。基金设立目标包括:(1)设立作为各部门执行地方产业计划的协调平台;(2)运用专业团队能力,协助地方政府规划其地方产业发展,以解决地方政府人力不足之问题;(3)发展具国际化潜力之地方特色产业;(4)针对人口外移及所得偏低地区,提供适当

---

① 2005 中小企业白皮书[M/OL].(2017-05-20)[2017-06-20]. http://book.moe-asmea.gov.tw/book/doc_detail.jsp? pub_SerialNo=2008A00539&click=2008A00539.

协助,增加就业机会及提高所得收入;(5)配合地方产业发展设置微型园区,协助传统产业及中小企业解决用地问题;(6)活化政府资源,帮助青年创业;(7)协助具潜力客家及少数民族特色产业发展等项。该基金作业由财团法人中卫发展中心负责项目办公室服务窗口,协助计划申请单位进行计划内容相关的协调、沟通、管考及各项相关行政作业。

2.执行重点

基金补助的特色产业的范围,依规定如下:

(1)协助地方政府规划地方特色产业发展。

(2)推动地方特色产业发展之企业经营管理辅导及人才培育。

(3)创新地方特色产业之组织架构机制、生产能力、技术研发、产品设计、营销服务、科技应用及相关事项。

(4)辅导具国际化潜力之地方特色产业。

(5)整合推动地方特色产业相关人文发展、特色游程及景点观光。

(6)配合地方特色产业发展需要而设置之微型产业发展或观光园区。

(7)配合地方特色产业发展需要活化地方闲置资产或建设周边景观。

(8)其他与地方特色产业发展相关之事项。

为促进各级政府协力推动地方产业发展,地方产业发展基金作业机制以竞争提案为操作方式,地方政府依发展需求提案,经审核评比通过后予以补助经费,俾由地方政府纳入年度施政计划。提案未能获得通过,未获得补助的,可以接受辅导,提出辅导申请的乡镇市区可就"实质辅导"或"发展蓝图规划辅导计划"择一进行。为促使地方政府重视地方产业发展基金的运作,未获补助提案计划的地方政府,若选择实质辅导方案,亦需进行竞争作业,经评比通过的实质辅导计划,由地方产业发展基金下设的专业辅导团队服务团进行专业辅导。若地方政府选择"发展蓝图规划辅导计划",由服务团提供地方产业总体规划书撰写辅导,以协助地方政府规划地方特色产业发展。

地方产业发展基金的补助计划可分为下列三种:

(1)单一型补助计划:由省辖市或县(市)政府对辖内单一行政区、乡、镇(市)具独特性、文化性、历史性等特色的地方特色产业发展所提的计划案。

（2）整合型补助计划：由省辖市或县（市）政府整合三个以上之行政区、乡、镇（市）之地方特色产业，所提的地方特色产业整体发展、蓝图规划及营销通路建置计划。

（3）区域型补助计划：由当局各机关就跨县市或跨乡镇大规模的地方特色产业发展所提的计划案。

地方产业发展基金的作业机制，考虑补助鼓励与辅导需求和地方政府推动地方特色产业的能力差异，实行两阶段衔接作业。"由下而上"进行，指省辖市或县（市）政府申请单一型补助计划或经由当局各机关申请区域型补助计划；"由上而下"进行，指申请单一型补助计划未能通过甄选作业，补助计划审查通过的地方行政区、乡、镇（市）可进一步申请辅导计划。

三、推动成果

地方产业源于地方生活、文化积累，成为地方经济的支柱。地域是产业的发源地，乡镇空间是产业发挥的舞台，居民是产业运作的导演，以吸引观众客群的消费参与。地方特色产业的推动，为能突显地方特性，必然与地方的文化资本产生密切关联，成为延伸当地生产、充裕地方财富、促进当地就业及社会安定的力量。

中小企业处推动地方特色产业政策多年，分析其推动历程与思维，从展示地方示范案例，主办推动亮点辅导、挹注整合营销的产品市场效益，到推动地方政府强化地方特色产业参与角色，反映出政府将地方特色产业纳入乡镇发展经济动能的重要性。地方特色产业推动的成果，可从两方面探讨，一是当局主办推动整体 OTOP 政策推广及亮点辅导的情形；二是经由地方产业发展基金补助，扩散地方政府发展地方特色产业的概况。

（一）OTOP 政策营销推广

为了鼓励地方特色产品创新，刺激业者积极投入产品创新研发、包装设计改良、技术与服务升级，举办"台湾 OTOP 产品设计奖"及"台湾 OTOP 优质企业奖"评选活动。台湾OTOP产品设计奖,包括产品设计与包装设计,鼓励设计服务与具有量产能力的地方特色产业合作,以增强地方特色产品的设计创新力。2016年的主题是"绿漾乐活",有10件作品获奖,以兼顾环境保护及资源永续利用,促使生态、环境与产业共生共存且长久发展为设计方向。2007—2016年,累计有98件作品获奖[①]。OTOP设计奖以具有量产的产业为目标,获奖的作品,如池上生活米礼盒,由台东县池上乡农会提案,与凡止文创有限公司共同合作。

2014年起,为扩大地方特色产业辅导推动的影响力,进一步采取人进物出的市场推广策略。物出策略,以区域展售通路设置及通路授权方式,协助地方特色产品商机的开拓,如日月潭、高铁站。对于具国际市场发展潜力的地方特色产品,以台湾OTOP共同标示形象,以媒合国际通路合作等方式,促进台湾地方特色产业走向国际化;2016年,于加拿大、美国、新加坡、马来西亚等市场营销推广,具台湾工艺特质的陶瓷、玻璃、竹等相关生活用品亦列入国际化的甄选对象。关于人进策略,则整合地方特色产业景点及店家,推出具市场性的旅游行程;整合中小企业处辖管的地方特色产业,扩大地方特色产业旅游商机。

(二)地方产业发展基金补助

2009年起,设置地方产业发展基金,由地方政府强化规划当地地方特色产业发展蓝图,纳入地方乡镇发展,补助兼顾均衡城乡发展,重在刺激特色乡镇的发展,促进经济繁荣,增加就业机会。推行迄今,地方产业发展基金政策资源运用涵盖台湾339个行政区,未受辅导资源挹注区域由271减为29个,辅导区域涵盖率达92.12%。

1.地方产业发展基金推动概况

截至2016年,县市政府申请地方产业发展基金,累计通过补助的单一型

---

① 中小企业处. 2007—2015台湾OTOP产品设计奖特刊[R/OL]. (2016-05-05) [2016-05-30]. https://www.otop.tw/uploads/ebook/c2_design/2015％E8％A8％AD％E8％A8％88％E7％8D％8E％E5％85％A7％E9％A0％81xI3pN3.pdf.

及整合型计划共254件。以县市政府申请的单一型及整合型计划统计,嘉义县、彰化县获补助计划案件数各为18件,为各县市之首;以区域统计如表1,获补助计划案件数依序为中部、南部、北部、东部及离岛,以发展地方特色产业,促使地方政府重视偏乡发展,发展潜在的特色产业。

表1 2009—2016年地方产业发展基金计划(单一型及整合型)区域别补助情形

区域	县市	案件数合计	区域	县市	案件数合计
北部	基隆市 台北市 新北市 桃园县 新竹市 新竹县	61	南部	嘉义市 嘉义县 台南市 高雄市 屏东县	64
中部	苗栗县 台中市 彰化县 南投县 云林县	73	东部及离岛	宜兰县 花莲县 台东县 澎湖县 金门县 连江县	56

各县市通过补助的计划项目有两个共同特点,一是深耕过往地方特色产业已具消费熟知的当地特产、自然环境、传统特色的产业,二是发掘既有的当地特色元素。2016年,获补助计划的项目中的彰化县银发好young生活产业、屏东县南国青年社企力发展、宜兰县五结乡小河文明创新产业整合营销、新北市机能纺织i时尚发展均有这两个特点。

2.花莲县个案推动情形

地方特色产业基金除关注具国际化潜力的地方特色产业,亦关注对于人口外移及所得偏低地区,着重协助青年创业,帮助具潜力的客家及少数民族特色产业发展。本文以个案分析县市政府运用地方产业发展基金发展乡镇特色产业的情形。依"均衡城乡发展推动方案",推动小型乡镇发展,融合景观、文化、休闲、观光、生态环境、产业发展、人才培训等,以发展非都会区的就业、就学的机会,以各县之乡(镇、市)且人口数在12万人以下为范围。

县市个案以花莲县为探讨,花莲县为台湾面积最大的县级行政区,为东部人口第一大县,约33万人,全县共有13乡镇市,各乡镇市人口均在12万人以下,符合"城乡发展推动方案"所列之小型乡镇原则。花莲县拥有好山好水,有世界级的景观如太鲁阁,辖区具有丰富的人文、艺术、多元文化族群,县辖地区狭长、辽阔,人口分布疏散,由北而南多集中在小型的聚落,也因为交通不便,各聚落仍保持相当的特色,经济发展相对迟缓。历年来,花莲县获补助的地方产业发展基金计划数计10件,申请计划涵盖单一型及整合型,地方特色产业补助计划概要如表2。

表2 2009—2016年地方产业基金花莲县补助计划概要

编号	行政区	计划名称	推动重点	计划属性
1	花莲县	花莲县少数民族文化创意暨部落旅游发展计划	少数民族部落观光产业	整合型
2	花莲县	少数民族创意生活及观光产业整合辅导营销计划	知卡宣工艺文创聚落产业	整合型
3	瑞穗乡 玉里镇 富里乡	花莲县南花莲纵谷特色产业整合型补助计划	瑞穗舞鹤茶叶、咖啡、鲜奶产业等、玉瑞安通温泉、富里金针花等乡镇游程串连	整合型
4	花莲县	花莲县政府——国际化经典民宿暨观光产业整合辅导营销计划	特色文化旅游、农村体验、套装行程、特色伴手礼研发等	单一型
5	玉里镇	花莲县玉里镇璞石印染文化创意产业单一型补助计划	璞石印染文化创意产业	单一型
6	凤林镇	慢城马里勿:好客、慢活、爱凤——花莲县凤林镇客家特色产业发展计划	客家文化慢活聚落	单一型
7	瑞穗乡	瑞穗乐活美食商品辅导及展售计划	地方特色美食与伴手礼	单一型
8	寿丰乡	花莲县寿丰乡——健康之乡、慢活、漫游——补助计划	健康休闲产业	单一型
9	卓溪乡	人文生态粗粮梅醋农园产业发展计划	青梅及特色产业	单一型
10	秀林乡	花莲县秀林乡太鲁阁原创工艺产业补助计划	太鲁阁工艺、少数民族产业及观光资源	单一型

(1)基本概况。花莲保留丰富的台湾少数民族文化：阿美人、泰雅人、太鲁阁人、布农人、撒奇莱雅人、噶玛兰人等。这些少数民族人口约占总人口数的四分之一，客家人口约占三分之一，其余为闽南人、外省人人口。主要集中于花莲市、吉安乡，约占全县总人口数三分之二，其余乡镇人口在2万人以下。

花莲县以小型农业、观光产业为主。早期有石材工业，多转型为石材加工或文化价值较高的石艺品产业。花莲农业近年来采用无毒、有机或自然农法，有机小农成为地方特色，结合兴起的民宿，吸引游客。因为族群文化的多元性、自然景观的特殊性，渐以有机小农产业、民宿、少数民族文化及工艺、生态观光旅游等，发展地方特色经济。

(2)地方特色产业型塑特色乡镇。花莲虽有丰富景观资源，有多元族群文化与工艺、无毒有机小农特色，但外地游客至花莲旅游观光，多集中在少数知名景点（如太鲁阁、七星潭），并不前往其他乡镇景点及小区、部落，亮点资源串连不足。当地产业规模小，以微型产业居多，营销资源相对欠缺，难以形成知名品牌，加上东部交通建设不便，影响观光游客的旅游消费意愿。

历年来，花莲县申请通过的地方产业发展基金补助计划，有单一型和整合型计划，几乎涵盖花莲13乡镇市区。单一型计划，可看出花莲县在既有农业与观光资源特色下，发掘新的乡镇特色资源，透过产业推动，发展为乡镇的特色经济。瑞穗乡、玉里镇、富里乡、寿丰乡、卓溪乡均以其特色农业，如瑞穗舞鹤的茶叶、咖啡、鲜奶产业等，如玉瑞安通温泉、富里金针花、卓溪青梅等，结合美食、旅游、伴手礼等发展为地方特色产业。

为开发特色乡镇新元素，以文化创意活化文化资源，获得增值，凤林镇客家特色产业，玉里镇发展璞石印染文化创意产业，秀林乡太鲁阁发展原创工艺产业等。凤林古称马里勿，原为农业生产地，客家住民约占六成，为花莲县与东部客家人口最多地区。2011年，通过补助的"慢城马里勿：好客、慢活、爱凤——花莲县凤林镇客家特色产业发展计划"，以发展凤林深度慢活旅游，深化地方特色产品与地方文化产业价值链。2014年，凤林镇获国际慢城认证，为台湾第一个通过国际慢城认证的小镇，强调尊重当地生活环境，保留凤林客庄文化与客庄饮食,透过旅游体验魅力,发展为客庄慢经济特色。

玉里镇原以金针花农特产知名,提出"玉里镇璞石印染文化创意产业计划"。玉里旧地名为璞石阁,以玉里镇民间印染技艺,基于染印技术传承,结合璞石画及印染艺术推广在地工艺。将玉里小学旧校区空间转化为璞石艺术馆,设有璞石艺术工坊,作为璞石画教学、创作、体验处所,拥有台湾唯一的璞石画特色工艺。

花莲县地形狭长,观光旅游亮点资源串连有限。为整合推广旅游,花莲县推进整合型计划,包括少数民族文化创意暨部落旅游发展、少数民族创意生活及观光产业整合辅导营销、国际化经典民宿暨观光产业整合辅导营销等计划,透过整合部落观光、套装行程、特色伴手礼研发,创造人进物出的特色乡镇文化旅游价值。

四、展望

经济要有地方独特性,方能成为特色产业的养分。地方特色产业的推动发展,从"一乡一品"到打造特色乡镇,要能反映出社会结构的变迁、不同世代文化的递移与传承,有机建构出地区产业结构与文化创新的运作机制。居民认同在地素材、文化资本、自然资源、技艺记忆,透过经济活动形成地方特色产业,才能使特色乡镇形成有机循环。

特色产业市场能培育出分众市场,吸引观众客群体验。分析县市政府申请地方产业发展基金补助计划概况可窥见乡镇区域发展的特点,不应与城市竞比,如花莲县凤林镇推动慢城,逆向操作,反而挣脱人力、物力资源都不足的窘境,实现逆转。

(一)以文化诠释地方特色产业的社会创新价值

随着社会、产业结构变迁,乡镇地方特色产业发展的当地素材,须考虑多元族群文化、高龄社会下退休的黄金人口、青年留乡与回乡等社会文化议题。透过文化议题,结合产业经济活动诠释乡镇发展特色产业的社会创新价值,以文化为根基,产业为载体,产业经济活动的存在,即是反映乡镇地区居民生活态度的实践,展现特色乡镇的文化吸引力。

(二)协助特色乡镇一乡一品的在地创新与市场通路

地方特色产业的推动,虽已兼具"由下而上"及"由上而下"双轨并进的做法,挹注县市政府规划推动地方特色产业资源,另一方面,中小企业处主导市场推广策略,推广OTOP产品网、游程串连、OTOP设计竞赛、国际参展等。类此种种措施,针对已具发展特色的乡镇,宜协助特色乡镇发展一乡一品,增强其产品创新力。另外透过市场通路资源的串连,以文化深度旅游,呈现乡镇特色产业的文化吸引力。

(三)促进青银共创机会

人才运用是乡镇特色产业的要件。许多非都会区乡镇年轻人才外流、退休人口回流,退休人口具有丰富社会历练,也有相当的社会网络关系能力。推动特色产业的团队,可借重年轻外流人才回乡,与退休人口,共同为家乡创造价值,以将知识资本根留于乡镇之中,作为乡镇发展的原动力。

产业节庆活动带动特色乡镇发展

邢峥*

摘　要： 台湾各乡镇深入发掘自身资源,结合"产业""文化""节庆"三种要素,打造产业节庆活动,推动观光休闲游,这些新兴的乡镇产业节庆活动往往以当地的产业文化为基础,结合举办地的生态景观、特产、风土人情,联结政府和当地力量,提供丰富的可体验的活动内容,营造欢乐的气氛,成功吸引观光人潮,树立地方品牌,增强地方吸引力和推动乡村发展。白河莲花节、新埔柿饼节是其中历史较长、知名度高、影响力较广泛的活动,对其进行解读,可以探究和总结发展乡村节庆活动的思路方法,为特色小镇的发展提供参考。

关键词： 产业;文化;节庆活动;特色乡镇;台湾

二十多年来,台湾各乡镇打造有地方特色的产业文化活动,开辟了打造地方产业特色、促进地方发展的路径。本文对台湾乡镇新兴产业节庆活动进行梳理,对成功案例进行解读,探究发展乡村节庆活动的方式方法,为特色小镇的发展提供参考。

---

* 邢峥,厦门理工学院讲师,研究文化文创、活动策划。

一、台湾乡镇产业节庆活动的兴起

在过去几十年间,台湾传统农业经济渐渐失去竞争力,农村日益衰落,农业人口外流情况严重。面对农业发展困境,政府提出"一乡一休闲""一乡一品"和"产业文化化"等思路,辅导农民从事精致农业,发展农村观光旅游。

在地方乡镇及农民的共同努力下,农村旅游一步步发展起来,乡村休闲旅游和休憩观光成为农村发展的新动力。在台湾,农村旅游的转型经历了三个阶段,从20世纪70年代的观光果园,到80年代的休闲农场,再到90年代的乡村旅游,各种农村旅游项目和热门目的地不断涌现。[1] 为了增强地方吸引力,带动观光人潮,台湾各乡镇以自身的资源为基础,把农村休闲游发展为农村节庆活动,在过去的二十几年间,举办新兴节庆成为热潮。

节庆是"一种公开的,有主体的庆祝活动",是特殊、刻意、有目的、可凸显社会或文化意义的典礼、展览、表演或庆典。不同于农业社会传统的岁时节庆,台湾新兴的产业节庆活动往往以当地的产业文化为基础,结合当地有特色的生态景观、特产、风土人情,整合地方文化生活和产业活动,以创新手法进行整体打造,提供丰富、有体验性的活动内容,营造节庆欢乐的气氛,使得平凡的乡村社区成为富有吸引力的旅行目的地。

台湾组合"产业""文化""节庆"三种要素,打造产业节庆活动,始于1995年台南县举办"走马濑之春——南瀛产业文化节"。[2] 借由这个活动,台南县在农产品盛产的时节吸引旅游人群的关注和参与,成功树立新形象。此后,台湾各县市乡镇陆续举办各种产业节庆活动,举办特色节庆活动成为结合地方营销与产业发展的乡镇发展新方式,如苗栗县三义乡举办木雕艺术节,新竹县新埔镇举办柿饼节、云林县古坑乡举办咖啡节,节庆活动在地区旅游观光营销

---

[1] 蔡宏进.休闲游憩概论[M].台湾:五南出版社,2009:22.
[2] 吴郑重,王伯仁.节庆之岛的现代奇观:台湾新兴节庆活动的现象浅描与理论初探[J].地理研究,2011(54):69-95.

中的作用得到重视。

表1　2016年台湾各县市乡镇有代表性的产业节庆活动一览

地 区	节庆名称
台 南	白河莲花节、麻豆文旦节、国际芒果节、台湾国际兰展、七股海鲜节、德元埤荷兰村风车节、归山释迦节、官田菱角节、左镇白垩纪节
新 北	茭白笋节、三峡蓝染节
宜 兰	三星葱蒜节、绿色博览会
花 莲	金针花季
台 东	东河丁香节、部落丰年祭、鹿野乐活节、好米收冬祭、金峰乡洛神花季、东海岸旗鱼祭及脐橙节
彰 化	花卉博览会、田中蜀葵花海艺术节
苗 栗	客家桐花季、大湖尊梨节、留东茶柚节、公馆福菜节、泰安洗水坑豆腐节、南庄山水甜柿节
新 竹	新埔柿饼节、竹东稻田嘉年华
屏 东	枋山芒果文化季、黑鲔鱼观光文化季、满洲花海季、红豆牛奶节
台 中	新社花海节、清境奔羊节、大雅小麦文化节
南 投	信义乡葡萄滑水嘉年华、世界茶叶博览会
高 雄	大树休闲农牧嘉年、华大岗山龙眼蜂蜜文化节、杉林区瓜果节
云 林	古坑咖啡节

资料来源：笔者整理（2017年5月）。

以农业重镇台南来说，2016年台南市政府农业局统计的年度农业产业文化节庆活动就有29项，其中在台南各乡镇举办的新兴农业节庆活动有19项。

表2　2016年台南各乡镇有代表性的产业节庆活动一览

地 点	节庆活动名称	地 点	节庆活动名称
新化镇	新化番薯节	关庙乡	关庙凤梨节
左镇乡	左镇白垩节	永康市	永康菜头节
玉井乡	玉井芒果节	东山乡	东山龙眼节
大内乡	大内酪梨节	龙崎乡	龙崎竹笋节

续表

地 点	节庆活动名称	地 点	节庆活动名称
安定乡	安定芦笋节	善化镇	善化牛墟节
大内乡	黄金牧草节	善化镇	善化啤酒节
七股乡	七股香瓜节	官田乡	官田菱角节
下营乡	下营白鹅节	麻豆镇	麻豆文旦节

资料来源:笔者整理(2017年5月)。

本文将从台湾诸多乡镇举办的节庆活动中选出两项历史较长、知名度高、影响力较为广泛的活动,从其活动源起、发展历程和经验各方面进行分析。

二、白河莲花节个案分析

(一)白河莲花节的兴起和发展

1.投入期、发展期

白河镇(2010年改为区)位处台南县东北,嘉南平原中部,是传统的农业乡镇,周边有关仔岭温泉等诸多自然景观,传统农作物为水稻。20世纪80年代后,白河响应政府发展精致农业的号召,在原本的稻田内改种附加值高的经济作物莲花,通过整体栽培,逐渐形成较大种植规模。1987年,莲花盛放季节,白河镇农会举办莲子大餐品尝活动,推广莲子食谱,促进消费者购买。当时,白河种植莲花的主要收益来自莲子售卖。这是白河观光发展的探索、投入阶段。

每到季节,大片莲花开放,吸引大量人群观赏,引起农会关注,1995年,白河农会举办"白河莲花观光季",吸引了不少人前来观光。第二年,白河莲花节被选为全台艺文季的代表性活动,而后由台南县文化中心、白河农会和镇公所牵头,举办白河第一次大规模节庆活动"白河莲花节"。首届白河莲花节得到台南县政府的支持,由台南文化中心主导资源分配,直接主持运作,当地镇公所提供了充足的经费,因此进展顺利,景点、步道等基础设施建设顺利,活动内容丰富,旅行社配合推出赏花专线方案,节庆吸引了数十万观光客,莲花节一炮走红,白河获得莲乡的美名,为莲花节奠定了活动策划的基础框架。

1997年,县政府退居辅导角色,白河地方镇公所、白河镇农会和镇代表会成为莲花节举办主体并继续投入经费,莲花节活动范围扩大,莲花公园、文化资讯馆也在同年完工。1998年,当地社区参与承办活动,地方开办民宿,以增加游客停留时间。

2.稳定期、停滞期、衰退期

2000年后,莲花节经历发展、稳定的阶段,而后陷入停滞。活动开始几年,由于政府提供充足经费,活动办得轰轰烈烈,加上媒体推动,吸引了大量人潮。由于规模扩张太快,节庆活动在软件和硬件都不到位,活动动线规划不佳、游人蜂拥交通瘫痪等问题涌现,服务品质下降。2000—2003年,莲花节遇到瓶颈,发展停滞。在政策推动下,台湾各地产业节庆活动纷纷出现,和白河莲花节性质相似的活动越来越多,白河节庆连续举办,内容大同小异,吸引力严重下降,加上自然灾害、缺水、病虫害危机、外来仿冒莲子混入市场进行折价竞争等因素冲击,莲花节在2004年后渐渐衰退,莲田种植面积锐减,游客人次急剧减少。

3.再发展时期

2007年后,地方政府、当地商家、居民、民间组织开始反省,努力让莲花节永续经营。政府方面,为解决莲花种植水源不足的问题,水利局推动白河灌区地下水源开发计划,开凿水井,修筑工程,从外地引水;农业局开展病虫害防治计划,辅导农民进行区域防治;为了提高莲农种植积极性,农业局还与莲农签订保价收购契约,集中打造大规模的"赏莲大道"景观。基础问题得到解决之后,莲花种植面积增加,莲田的观赏性得到提高。观光旅游局也投入力量规划更多的区域旅游路线,协调旅游住宿行业,推出优惠方案。当地社区协会在莲花节期间派出培训过的导览员进行解说,也邀请大学生在莲花季返乡担任讲解员。

2014年,白河莲花季绵延的莲田风光成为活动亮点,合并后升级为整合旗舰型产业文化活动。如今,每年为期两个月的节庆活动安排了丰富主题,加上美食、美景、市集、展览,给游客带来全新的感受,白河莲花节再次绽放光彩。

(二)莲花节活动内容

到 2017 年,莲花节迈入第 22 个年头,2007 年莲花节的主题为"台南尚青·为荷来"。从 2017 年莲花节的官网介绍可见,活动强调与当地社区的联结,区公所、农业局、观光旅游局、文化局、环保局等政府部门,白河的各协会团体、机关、学校、企业都参与活动。活动规划多条区域观光游览路线,在不同时段设立多种体验活动,以增加节庆活动的吸引力。

表 3 2017 乐活白河莲花季系列活动

活动项目	内　容
花季预告记者会	定点导览解说服务
心莲心乡村餐桌	莲花文创 DIY 活动
节能减排莲乡新风情健走开幕活动	大家艺起来——快闪艺文表演活动
莲花季摄影比赛	"瑞"智拼头壳大赛
白河七淘趣——集章换好礼（餐饮、农特产品、旅宿集章）	莲子餐特色料理研习
莲乡文化导览解说培训营	莲花季农村小旅行/体验行
白河莲花季体育竞赛	

资料来源:笔者整理(2017 年 5 月)。

(三)莲花节经验提炼

作为台湾老牌的产业节庆活动,二十多年间,白河莲花节经历了酝酿、发展、稳定、停滞、衰退、再发展的历程。这说明,节庆活动也像产品一样,有生命周期。其早期成功,因为拥有特色鲜明的产业内容,绵延不绝的莲田景观是游客到访的主要目的,活动早期由政府主导,带来了经费和资源。活动进入停滞、衰退的周期时,各级政府和相关部门投入力量解决限制活动发展的基础问题,活动主办者也积极整合周边旅行资源、行业资源,发挥地方团体、社区的力量,公私部门分工协作,促使节庆活动升级。

三、新埔镇新埔柿饼节个案分析

(一)柿饼节活动源起

新埔位于新竹县东北角,是传统的客家农村聚落,70%以上的人口从事农业,同时保有客家文化传统。新埔镇拥有自己的地方特产和文化,制作柿饼的历史长达百年。每年农历九至十二月,新竹特有的九降风(在重阳节后刮起的强东北季风)能为柿饼风干提供良好的条件,新埔当地客家族群就利用这种气候优势制造柿饼并形成地方传统。

1980—1990年,台湾农业经济衰退,农民收入降低,新埔柿饼也受外来低价柿饼的冲击,滞销严重。当地人成立自救机构,接受政府"一乡一品"政策的扶持。1998年,新埔镇公所举办首届柿饼节。有百年柿饼制造传统的新埔,之所以在1998年首次举办柿饼节,是产业大变迁、政府政策、地方特色共同作用的结果。①

首届新埔柿饼节有新竹文化中心的介入,成为新竹地方首推的产业文化活动,文化中心主导各种资源并直接推动活动,这使得柿饼节在开办伊始就有较为开阔的思路,节庆活动配套的宣传活动、媒体公关都能有效展开。从第二届开始,新埔镇农会把节庆活动委托给专业的公关公司按照商业逻辑来进行规划和执行,至今已延续十几年。

(二)柿饼节活动内容

每年柿饼节一般举办两天,在节庆活动前的一周内,先召开记者招待会,邀请媒体记者前来品鉴、体验,向他们提供资讯,由媒体把柿饼节活动的消息

---

① 陈苋谕.从地方节庆活动到产业发——以新埔柿饼节为例[EB/OL].(2013-02-27)[2017-06-14].http://www.phycos.com.tw/articles/52.

传递给大众。

柿饼节以柿饼生产制作和客家文化为核心展开。两天时间中,游客可在新埔尝柿饼,买柿饼,可以参与形式多样的节庆活动,参与生产体验和客家文化生活体验。

会场会展示由柿饼做出的各种食物,游客可以亲手体验捏柿饼,观看表演,参加趣味比赛,参加农特产品展销。此外,柿饼生产过程中会产生大量废弃柿子皮,用柿染工艺印制美丽的布面,为游客提供独一无二的体验。①

表4 2016年新埔柿饼节活动内容

活动区域	活动内容
舞台展演区	柿饼宝宝搬搬乐 九降"疯"考验亲子闯关赛 柿客舞台表演 吉柿附带寿司教学
农产品展销区	柿饼与各乡镇农产品展销 客家米食展销
欢乐互动区	柿饼之乡寻宝啰 柿饼香味小点免费尝 DIY文创小物 拍照打卡赠好礼 我柿小画家
贴心服务区	宅配服务 咨询服务

资料来源:笔者整理(2017年5月)。

(三)柿饼节经验提炼

新埔柿饼节是现代的新形态节庆,它与当地的产业生产、传统文化密切相关。

以柿子的鲜明形象为核心,打造文化节庆活动并持续推广,新埔成功营造产业气氛,吸引了大量观光客群,为小镇带来新气象。不仅使柿饼业者直接获

---

① 刘贞钰.农村体验节庆推广活动如何构建游客地方依附:以2010年新埔镇节庆活动为例[D/OL].台湾:交通大学客家文化学院,2011:15.

利,也使当地柿饼产业得到发展,活动组合当地其他文化资源和环境资源,新埔的整体吸引力得到提高。梳理活动发展历程,可以发现,该节庆活动目的明确,通过节庆活动,新埔柿饼的销售稳定增长。从时间看,柿饼节固定在重阳节后九降风吹起的时节举办,与农业活动的自然规律相关。柿饼节一般持续两天,但影响力不止两天,节庆活动扮演柿饼季开锣的角色。通过节庆活动期间媒体上活动信息和照片的大量曝光,通过到访的采风摄影人士的作品,新埔告诉四方游客,柿饼已经做好,大家可以前来。因此,柿饼的销售不止在节庆活动期间,举办节日提醒和鼓励人们在接下来的几个月时间到新埔,这成就新埔的旅游旺季,新埔及周边其他观光活动也被带动起来。

通过柿饼节,观光客得到实际体验的机会。参观柿饼加工厂、亲手体验捏柿饼、辨品质,搭配历史文化导览解说、柿染DIY等深度体验活动,活动参与者与新埔柿饼之前产生情感连接。柿饼和新埔直接关联的概念深入人心,让人想到柿饼就想到新埔,认定正宗柿饼来自新埔,新埔柿饼品牌的忠诚度得到提高。多年节庆活动长期积累,新埔提取出当地特有的象征符号,新埔柿饼一步步建立名声,越来越响,带动稳定的销售。

此外,作为新兴节庆活动,新埔的产业历史和客家传统文化的积淀为节庆活动奠定了文化基础,正是这些基础,使得柿饼节能在早期获得成功,在后期能得到深入的发展。柿饼节一年年举办,活动内容不断添加,从单一柿饼特产推广到强调与周边观光旅游业结合,强调客家传统文化,柿饼节结合观光游览与特产消费,成为促进旅游和地方经济的推手。

(四)举办过程中存在的问题

柿饼节在政府部门的资助下兴办,承载各方面的希望,需要综合考虑各方面的需求,协调和权衡各方面的利益,这间接影响活动运作框架。活动由地方委托的公关公司具体执行,受包括经费在内的各种客观条件制约,最后形成较为固定的流程和内容,少有变化,存在程序化的问题。新埔柿饼节的情况也并非特例,台湾各种新兴地方节庆,办理单位的经费来源大都相同,运作方式相近,也都面对同样的状况。

四、特色小镇举办节庆活动的经验总结

如今,走马观花的旅游逐渐被体验型的旅游活动取代,节庆活动的优势在于有体验性,通过体验活动的设计和实施,产业节庆活动能带给活动参与者有价值的、美好的体验。地方产业文化活动不仅能实现对地方特产进行促销,也能也让游客通过互动期间的各种体验,对地方和地方产品产生依附感,节庆活动成为展现地方特色的良好方式。

经历多年举办活动的洗礼,台湾乡镇的产业节庆活动积累了许多经验,以上两个农业节庆活动就是成功案例。

这些活动均以乡镇当地的产业文化为基础,在节庆的基础上,结合活动当地特色鲜明的生态景观、农业特产、风土人情等内容,以创新手法包装地方文化生活和农业活动,形成以产业文化作为基础的特色节庆。除了商业营销、媒体公关包装,节庆活动真正吸引观光者前往参与,是根植于地方传统文化内涵的内容,比如传统农业生活和农村社会的情感连接,比如建筑古迹或自然景观、传统手艺以及与都市生活不同的乡村体验,这些内容,需要节庆策划者深入地方,悉心挖掘。节庆活动内容的设计应充分考虑当地的地方特色和资源,突出特色和差异性,努力保存地方文化,使节庆活动不至于沦为走过场的"游园会"。具体内容规划上,应朝深化游客体验的方向努力,从游客角度出发设计丰富可选的活动,增加活动参加者对节庆活动的好感,为其留下美好的印象。

产品是影响农业节庆活动发展成功的核心因素,因此要着力增强产品吸引力。节庆活动产品吸引力包括几个层次:在核心产品方面,活动产业文化资源丰富,应营造出欢乐的气氛,传递一定的文化内涵。在有型产品方面,应提供优质安全的农特产品。在延伸产品方面,应提供丰富的周边产品、有趣的节目和体验活动。

此外,地方节庆活动品牌的建立,需要经过长时间的积累和持续的投入经营,农业节庆活动的地方特色一旦被构筑起来、能被传播、被感知、被认同,节

庆活动将自然转化为强化地方认同的力量,带来消费者对当地农产品或服务的认同,带来地方相关产业和各种力量的融合,帮助整合各种资源,增强农业竞争力、带动地方经济文化的整体发展,特色乡镇的特色亦可基于此建立和强化。

产业节庆活动的成功举办需要适当的引导、发挥活动主体的积极性以及协调各方面的力量。近年来台湾的新兴节庆活动多半是在政府部门的提倡和补助下兴办起来的,尤其在活动举办初期,经费投入和引导必不可少,而地方节庆活动的主导者应该是当地民众。应听取当地民众意见,就活动相关事宜进行积极宣传和沟通讨论,把当地人的想法纳入活动规划中,向他们提供发展机会。乡村居民和农民期望能够参与节庆活动的实施进程,居民、社团等组织的参与亦可增加节庆活动的内涵。农业产业节庆活动在执行过程中丰富性和复杂性并存,这种运作模式需要举办单位设置整合管理的机制和投入人力进行管理工作,主办方的活动经验及技术、活动管理人员的经营管理能力、地方资源以及关系、人力资源供应这些问题,都影响活动的成功举办。

台湾地方观光旅游的新气象：
新竹新埔柿饼饮食观光的崛起

赖守诚[*]

摘　要： 特色美食已经成为旅游经验的核心部分，饮食观光与地方发展密切相关。以食物节庆为轴心的饮食观光崛起，是近年来台湾地方观光旅游发展中的亮点。对青壮外移、人口老化、经济发展迟滞的乡村地区而言，借助特色美食发展旅游业和特色产业是较为理想的选择。本文以台湾北部新竹新埔的柿饼节为例，分析饮食观光的各个关键面向，揭示食物节庆带动地方发展的线索。饮食观光可能开展的关键面向包括：促进地方经济的活络、提供丰富的感官体验、创造新型工作机会、累积地方文化资产、推广特色产品声望与链接地方经济的其他部门（例如农业）。

关键词： 新埔柿饼；饮食观光；食物节庆；文化经济

一、导论

近半个世纪来，台湾地方观光旅游的发展逐步加速，特色美食已经成为旅游经验的核心部分，饮食观光与地方发展关系密切。食物节庆是饮食观光发展最关键的元素，以节庆为轴心的饮食观光崛起，有力地刺激了台湾地方观光

---

[*] 赖守诚，男，英国兰开斯特大学社会学博士，现为台湾"中央大学"客家语文暨社会科学学系副教授。主要研究客家饮食文化、农乡地方发展、消费者文化与文化产业。

旅游业的发展。对青壮外移、人口老化、经济发展迟滞的诸多乡村地区的农业小区而言,这尤其重要。

20世纪80年代中期以来,新竹新埔柿饼节成功运营,现已经成为台湾北部地区饮食观光运作的范例,本文对其进行分析,检视其饮食观光的各个关键方面,揭示食物节庆带动地方发展的线索。对"新埔柿饼"与"新埔柿饼节"有关报纸报道资料进行系统化、历时性的质性内容分析,阐明饮食观光可能开展的关键面向——促进地方经济的活络、提供丰富的感官体验、创造新型工作机会、累积地方文化资产、推广特色产品的声望与链接地方经济的其他重要部门(农业等);其链接的经验是:地方特色产品的多样建构与多方延续、特色产品风格为主轴的地方发展模式、消费者与生产者的在地重新联结、地方食品产制技能与烹饪技艺的传承与创新、地方认同的深化与发展等。

二、饮食观光与地方发展

"食物作为探索的吸引力"及"食物作为旅游的目的地"是饮食观光兴起的两大原因,"造访一级和二级食物生产者、饮食节庆、餐厅及特殊地方,对这些造访而言,品尝与体验诸种专门食物生产区域的属性是旅行的主要推动因素"[1],对饮食的特殊兴趣构成观光的主要动机,主导观光客的活动、行为甚至目的地的选择。民俗学者Lucy Long从人文学观点出发界定饮食观光为:"有意图的、探索性的参与在他者的饮食烹调习性中;参与包括了被认为是不是属于自己烹调系统的一个食物品项、烹调、餐食系统或进食风格的消费、准备与呈现。"[2]

这些学者认为,作为特殊文化兴趣的旅游中,饮食是影响消费者观光决策

---

[1] Hall, C. M., & Sharples, L. (2003). The consumption of experiences or the experience of consumption? An introduction to the tourism of taste. In C. M. Hall, L. Sharples, R. Mitchell, N. Macionis & B. Cambourne (Ed.), *Food tourism around the world: Development, management and markets* (pp. 1 - 24). Oxford: Butterworth Heinemann.

[2] Long, L. (2004).*Culinary Tourism*(pp. 1—50). University Press of Kentucky.

与实践的关键要素。从观光经验的角度看,相较于传统观光,饮食如同住宿、交通,是观光过程中维持型消费经验的一部分,满足基本需求,是日常经验的延伸;但在饮食观光的消费情景下,消费者选择体验和日常生活不同的食物,饮食消费为观光的主要动机,主导整个观光的过程,构成高峰型消费经验①。值得注意的是,现实中,观光客同时涵盖光谱中的两个极端,且观光客对于地方饮食的兴趣可能左右摇摆②。

近年来的观光理论则迈入展演转向(performance turn),逐步将身体感官与 Goffman 的展演隐喻纳入相关分析,强调观光客进入景点,以身体感官实际感受景点中的视像、气味、饮食、声音与温度等。借由各种感官,游客体验当地丰富的文化内涵,而景点如舞台般被游客与业者共同人工安排,成为具有象征意义、美学意涵的景象。因此,当今的观光旅游并非只是纯粹满足特定明确功能,而是关注象征意义、多重感官体验的文化经济活动③。

饮食观光的出现,和乡村地区在食物体制的边缘化与经济动能的虚弱化密切相关。为重建乡村经济,凝聚地方意识,乡村发展的议题逐渐聚焦在以既有资源重新整合农产品与观光业上来④。其中饮食一直以来被用以建构地区文化及国家文化的简约原型,作为地区意识的实践与体现,饮食同时也能够被地方所用。尤其在乡村面临失去传统价值而急于寻找新出口之时,地

---

① Quan, S., & Wang, N. (2004). Towards a structural model of the tourist experience: an illustration from food experiences in tourism. *Tourism Management*, 25(3), 297−305.

② Hall, C. M., & Sharples, L. (2003). The consumption of experiences or the experience of consumption? An introduction to the tourism of taste. In C. M. Hall, L. Sharples, R. Mitchell, N. Macionis & B. Cambourne (Ed.), *Food tourism around the world: Development, management and markets* (pp.4−9). Oxford: Butterworth Heinemann.

③ Urry, J.& Larson, J. (2012). *The tourist gaze* 3.0. 3nd Edition. London: Sage.

④ Hall, C. M., & Sharples, L. (2003). The consumption of experiences or the experience of consumption? An introduction to the tourism of taste. In C. M. Hall, L. Sharples, R. Mitchell, N. Macionis & B. Cambourne (Ed.), *Food tourism around the world: Development, management and markets* (pp. 1 - 24). Oxford: Butterworth Heinemann.

方能够借由特定食物的代表性与独特性,作为宣告发展策略的定位(Murcott,1996)。在此地方发展策略重新定位的角逐竞夺中,饮食对乡村作为观光目的的地方意象建构则愈趋于重要。食物扮演着传达地方象征和文化认同的角色,能够透过资源盘点与再组合的方式,创造更多元的观光产品与更丰富的观光体验,像是饮食节庆及其他特殊活动,进而重新确立乡村地方本身的文化独特性与可参与性,也因此饮食成为地方观光营销的特殊媒介与工具。

如此一来,饮食作为文化的具体实践方式,其意涵就不仅止于传统人类学所主张的文化即承袭资产,是从上一个世代传承至下一个世代的整体生活方式,而应被纳入文化经济的架构中来理解。文化经济,顾名思义,结合"文化"与"经济",糅合两个对立的概念,为地方应对新自由主义及全球化挑战提供角度。特定的地方饮食似乎能够在大量的机械化生产模式与小量的工匠式生产模式这两种极端中取得平衡点。口味、烹饪技术的传承能够作为认同的来源,取自于地方食材的原则更联结固有的农业生产劳力,且能够直接透过地方饮食业者作为销售的管点,吸引外地观光客的消费,或是经过加工包装透过垂直网络销往外地。因此,以地方饮食作为文化经济的手段,对内能够形成短食物供应链,以口味的微调造成内部差异性,对外也能够作为地方形象的载体,成为特定地理空间中人群和地域的标志。

三、饮食观光脉络中的食物节庆

当代食物节庆的崛起是人们对食物的探索所开启新取向的典型代表,它是在食物系统与社会地景中更大整体社会变动的部分,且构成食物的当代社会论述。在当代社会地景的诸多变迁之中以及在当代饮食文化经济的发展中,最广泛推展且最值得关注的关键趋势之一,就是食物作为节庆筹办主题其受欢迎程度的持续增长。如此导引而出的节庆式食物地景不仅已经成为广大乡村地区的熟悉特色,而且反映"地点+食物"的结合在大众想象之中广为普及地被接受。小区领导人与意象塑造者将食物节庆视为一种推广地方商品且促进游客与地方文化间更多互动的方式。特别是在乡村小区之中,庆祝地方产品的食物节庆,扩大并揭示了乡村田园生活与当代都会生活的差别①。

伴随着大量展示、多样事件与巨型景观,节庆与活动日益成为当代社会的活力指标。节庆作为社会文化生活的关键标记与政治经济活动的强化触媒,其重要性不仅日渐增长,其扮演角色也愈见广泛。节庆可以是:维系团体稳固的来源、促进地方认同的方式、增加收入的手法、生产地方声望的机制、提高生活质量的策略、创造能见度的方法,更是吸引观光客的工具。节庆作为人群聚集与仪式展演的时空汇聚点,经常是高度的地方化,往往成为具有地方界限的活动。节庆与活动的特殊倾向吸引越来越多政策制定者与区域规划者的关注,成为寻求地方发展出路与克服地方经济问题的新解决方案。自1990年以来,台湾的农乡发展经验的确显示:地方食物节庆来逐步成为地方特产推广营销与地方产业文化推动发展极关键的部分。

近年来大量兴起的新兴节庆,其运作与传统的节庆相比有多方面的差异,其中人为营造、刻意建构的力量更为明显。台湾对于节庆活动的研究,多半热切拥抱节庆活动与当代休闲、观光与旅游所形成的地方联系与经济效益,理所当然地认为透过节庆的举办,搭配良好的策略,能诱发改善经济所需的群聚与兴趣。所以,目前有关节庆的学术文献,过于热衷的是以管理与经济取径占支配地位,大多将节庆化约为政治行动的结果及个人行为的功利选择。关注是节庆作为经济与社会发展的工具,而不以节庆作为本身目的的文化事件,节庆因此多被视为具同构型的文化经济网络。这些文献鲜少探讨节庆兴起的其他可能原因、兴起的脉络与参与节庆办理的相关社会行动者群体内部与不同群体之间多重的争论与矛盾。

在节庆管理和经济相关的文献之外,不同的社会科学学科也投身研究各种多元节庆现象,包括文化展演、仪式、祭典、庆典、朝圣、游戏和战争。研究这

---

① Adema, P. (2009)*Garlic Capital of the World: Gilroy, Garlic, and the Making of a Festive Foodscape*. Jackson: University Press of Mississippi.

些现象的各种取径都主张在多面向的社会互动、美学象征和叙事论述中定义出时间与空间的框架限制。然而,精确定义节庆及其类型相当困难,且经常无法与现实相关。这些诠释时常在理论的两极间不停摆荡:一边是根基于 Durkheim 关于集体意识的概念,其透过节庆的活动、修辞以及其他强调仪式的多元声音来施展;另一边是透过节庆框架来操弄权力关系的理论①。这两种广泛的取径都提供了许多节庆相关研究以及本书许多个案研究的基础,但我们不应因此将分析二分成两个系统。节庆是统一且实践的概念(或形式),也是脉络化的概念,受其他社会互动、经济系统、传播网络内部性与外部性的影响,可以用检视人类的行为。节庆包含特定"内在的"世界,同时向"外面的"世界开展,节庆拥有多元面向,唯有将这些外部世界的各种现实纳入考虑才能够理解②。

当代食物节庆的谱位介于饮食和观光这两个领域的交叉迭合之处,然而,由于食物在消费和经济系统中同时作为商业产品和日常生活要素的双重特质,食物节庆并非仅是食物零售、营销和消费,而涉及许多其他相关经济、政治和社会关注——像是当代农业系统本质、乡村景致保育、乡村生活风格与社群保留、对食物质量的关注,这些使得食物节庆独树一格。食物节庆不只关乎游客或消费者,它们同样关乎小区之食物消费及生产。此外,食物与环绕它的情感与必需性,不仅对生产者而言有重要意义,对消费者而言也有显著意义,因为此特定产品的消费的对认同生活风格有诸多意涵③。

---

①② Picard, D. & Robinson, M. (2006). Remarking Worlds: Festival, Tourism and Change. In David Picard and Mike Robinson (Ed.), *Festivals, Tourism and Social Change: Remarking Worlds*, Toronto: University of Toronto Press.

③ Hall, C. M., & Sharples, L. (2008). Food events, festivals and farmers' markets: An introduction. In C. M. Hall & L. Sharples (Ed.), *Food and Wine Festivals and Events around the world: Development, management and markets*. Oxford: Butterworth Heinemann.

批判文化经济的取径提醒了我们,不同类型的节庆事件会被吸收进入人们的生活形态中,人们也会赋予节庆活动各种意义,这个过程可以是高度竞争的。批判的节庆理论强调地方庆祝活动其意义的冲突与斗争,提醒将地方空间转换成为观光景观所隐含的矛盾与冲突,促使人们深入了解地方观光与地方文化之间的关系。因而,地方文化的节庆化不该仅被简单理解成负面或正面的结果,现代观光应该更为确切地被认知为冲突且矛盾的过程,它同时剥除地方的权力且向地方自主性与抵抗施加新的压力。在此批判观点的引导下,现代地方节庆更应该被视为是"争议的战场"(battlefields of contention),在节庆筹办中发展起来的强大再脉络化(recontextualization)的技术与形态(主题化、景观化、竞赛化、体验化等)的促动下,不同的群体与利益企图为自己的利益而生产地方节庆[①]。因此,作为象征产出的节庆可被视为角逐竞争的意义场域,在此其中的不同社会群体则企图将节庆的象征资本挪用为有利于群体自身的目的。围绕着节庆所形成利益的分化与整合,是深化节庆了解的关键议题。节庆如何成为维持群体与地方之间物质与象征利益分合的重要文化经济机制,并在合法公共的象征权力支撑下,此具声望的节庆不但拥有创造价值的潜力,得以设定美学与道德的标准,提高主办地方与当地居民的荣耀与认同。

四、地方饮食观光的崛起:新埔柿饼节个案分析

新埔柿饼节,于1998年首次举办,至2016年,已超过18个年头,是新竹新埔地区重要的文化节庆,近年来已然成为新埔地区的重要文化资产。以空间来看,柿饼为台湾客家族群特有的食品,且新埔的地理环境特别适合制造此一食品;以时间来看,新埔柿饼节举办于九降风吹起的时节,如同华人传统节庆与"节气"的相应,与农业活动的自然韵律有着密切关系。新埔柿饼节,从创

---

① Gotham, Kevin Fox (2005) Theorizing urban spectacles: Festivals, tourism and the transformation of urbanspace.CITY 9(2): 225—246.

建的时程与目的来看,是个现代的新形态节庆;但这个诞生于现代的节庆,从庆祝与推崇的产品来看,却又与此地的传统产业文化密不可分,因此具有传统与创新的特征。带有丰富客家产业文化内涵的新埔柿饼节,其性质似近代的新兴节庆,具有休闲与观光的特性。

新埔柿饼节选择以地方的农产食品为名,除了将柿饼与新埔镇的历史发展及新埔客家族群的密切关系有效联系外,更直接将台湾当代地方特色食品形成与发展过程中扮演关键角色的元素凸显出来。作为新形态地方食物节庆的新埔柿饼节,其持续办理超过18年的特殊经验,在现阶段文化经济日益占据主导地位的态势走向中,对我们深入了解客家食物经济与客庄食物地景关联与影响实有见微知著的启发价值。

(一)"新埔柿饼"的媒体报道分析

为回溯并辨认新埔柿饼节的历史起源与发展的脉络,我们将"新埔柿饼"的相关报道从首次出现的20世纪70年代中期至最近时间(1975—2014年),依年份间隔区分成8个时段,依照报道内文所呈现与描述之不同面向进行分类,整理出在此阶段媒体报道呈现最为关键的9种类型,汇整在表1中。

表1 "新埔"+"柿饼"内容分析分类定义

类别名称	定 义	报道范例
政府政策	报道中出现官方机构发展政策的报道或是政策的导向;例如有关农业发展政策以及各级政府政策。	新竹县新埔镇公所与镇农会……规划要在今年夏天以前,将新埔镇打造成为一处处飘有莲花与兰花香,并且可以骑着单车游山玩水的农村观光休闲地区。【2000-02-19/联合报/15版/】
地方特色	在相关报道中,强调"新埔"的地理或人文特色。	台湾制造柿饼的地方,就只有新竹县新埔镇……又以新埔旱坑里为大本营。旱坑里位在新埔镇的西郊高丘上,这里地高风大、雨量少和阳光充足的天然条件,是柿饼生产的良好环境,再加上百余年传统的制造技术,使得旱坑里发展成台湾最大的柿饼制造中心。【2001-10-14/联合报/17版/】

续表

类别名称	定 义	报道范例
地方活动	指报纸内容出现特色产品的活动与地方社经活络或地方意象提升相联系；例如，对于这个地方有进一步的介绍或者将此产品延伸发展出其他的活动，像节庆活动、地方产销特卖。	新竹县政府与新埔镇农会举办的"柿乡2001黄金传奇——新埔人间美柿"活动，昨天起在新埔小学进行，吸引各地民众前往参加。县长林光华开幕致辞时强调，新埔柿饼的"一乡一特产"已具相当代表性，与观光资源结合，将更能带动地方休闲农业发展。【2001-10-14/民生报/B7版】
功用疗效	这个项目中的报道，基本上就是有特色产品在食用上的功能与益处。	柿饼是民众饭后茶余的高级甜点，其甜美甘醇的风味令人垂涎三尺，据说多吃还有润肺、生津化痰、润肠消炎之效。【2001-10-14/联合报/17版】
加工过程	当报纸内容介绍或提及特色产品加工的过程（像是捏、晒、挑选等细节的说明）或制作的过程。	去皮后的柿青，需整齐地排列在直径约三尺的圆形竹筒上，然后抬至屋外大埕的柿棚上，接受烈阳的曝晒。旱坑里的柿棚也是另一项特色，在日照良好的大埕上，以圆杉木为支柱，桂竹为横析，搭设高约两米，立柱间宽约三米的柿棚，不但利于通风且又不妨碍人员与车辆进出。【2001-10-14/联合报/17版】
客家文化	在报道内容中有发现将地方或特色产品与客家文化相结合者，就将其纳入此类型。	又值柿饼飘香的季节，台北市农会10月25日，11月2、7、13、17、26日及12月6、15日举办"新埔柿饼、客家文化之旅"一日游活动。【2001-10-20/联合报/35版】
市场情况	主要是关于特色产品市场动态与实况的报道，包括主要消费趋势与整体产业信息等。	新埔柿饼以供应岛内市场为主，上等的柿饼，产地批发价每斤岛内约为130元，市面上的零售价大都在160元到200元间，唯在新埔镇上仍可买到140元的产地价。【2001-10-14/联合报/17版】
旅游消费	报纸的内容出现与地方旅游或休闲消费有关的信息。例如新埔是台湾旅游行程当中的景点，此外相关报道，也出现许多特产商家的讯息。	又值柿饼飘香的季节，台北市农会……举办"新埔柿饼、客家文化之旅"一日游活动。行程含新埔三级古迹采风、客家传统市场巡礼、豆腐店吃豆腐、橘子酱DIY、采有机蔬菜、柿饼风味餐、柿饼DIY等。洽询电话（02）27070612转266至269。【2001-10-20/联合报/35版】

续表

类别名称	定 义	报道范例
其他	意指在报道中,提及了其他领域的含义,而这些领域是与以上范畴无关,即算入其他的范畴。	

接着,将新埔柿饼节相关之报道内容,进行内容分析的编码后,归入上述相关范畴,计算各年代不同范畴出现的次数以及各内容范畴占整体的比率分布,其结果如表2。

表2显示出,第一篇可搜寻到的新埔柿饼文章是在1975—1979年,以提供市场信息为报道内容。一直到1985年,才持续出现相关报道,在1990年之前,主要报道类别仍为"市场信息",不过值得注意的是,当时已出现"地方特色""加工过程""旅游消费"等类别,"市场情况"数量频次则大致自20世纪90年代趋减。

第二波类别趋势崭露于1990—1994年,"地方特色""加工过程"是最主要的报道内容类,显示当时报道将柿饼视为一种地方特色产品,并从柿饼生产环境与生产方式来进行描绘。详细地描述柿饼的加工过程是展现新埔柿饼的最佳方式。

从1995年开始,第三波报道内容类凸显"地方活动""旅游消费"两个特色面向。报道转向更为关注围绕柿饼而生的各种地方活动,这些活动的客群目标更多已针对从外地来观光、旅游的人们。在此过程中,文化象征符号的运作更显重要,例如"客家文化"类别频次的提升;物质性的信息则相较受到挤压、减少,例如"市场情况""功用疗效"。

台湾经验篇

表 2 "新埔"+"柿饼"报道类型分布与趋势

年份	相关篇数 / 各年份篇数占总篇数比率	特色总数	政府政策	地方活动	地方特色	加工过程	市场情况	旅游消费	客家文化	功用疗效	其他
1975—1979	1 / 0.23%	1 / 100%	0	0	0	0	1 / 100%	0	0	0	0
1980—1984	0 / —	0	0	0	0	0	0	0	0	0	0
1985—1989	3 / 0.72%	6 / 100%	0	0	1 / 17%	1 / 17%	3 / 50%	1 / 17%	0	0	0
1990—1994	15 / 3.58%	29 / 100%	0	2 / 7%	8 / 28%	6 / 21%	4 / 14%	1 / 3%	2 / 7%	5 / 17%	1 / 3%
1995—1999	42 / 10.02%	68 / 100%	1 / 1%	19 / 28%	8 / 12%	7 / 10%	7 / 10%	14 / 21%	5 / 7%	3 / 4%	4 / 6%
2000—2004	182 / 43.44%	193 / 100%	5 / 3%	48 / 25%	12 / 6%	9 / 5%	22 / 11%	54 / 28%	8 / 4%	6 / 3%	29 / 15%
2005—2009	51 / 12.17%	103 / 100%	6 / 6%	20 / 19%	13 / 13%	4 / 4%	20 / 19%	20 / 19%	13 / 13%	2 / 2%	5 / 5%
2010—2014	5 / 29.83%	256 / 100%	18 / 7%	43 / 17%	51 / 20%	30 / 12%	14 / 5%	58 / 23%	31 / 12%	6 / 2%	5 / 2%
总计	419 / 100.00%	656 / 100%	30 / 4.57%	132 / 20.12%	93 / 14.18%	57 / 8.69%	71 / 10.82%	148 / 22.56%	59 / 8.99%	22 / 3.35%	44 / 6.71%

* 数据来源：根据台湾"联合知识库"整理统计。

因此，从表2便可观察到，"旅游消费"及"地方活动"在新埔柿饼近来报道中扮演着关键性的角色，尤其关涉"地方节庆"活动的兴起与办理、宣传时。以下为我们针对新埔柿饼节进行报纸内容分析的成果。

(二)"新埔柿饼节"的媒体报道分析

为了解新埔柿饼节在报纸内容中所呈现的历年节庆形态与阶段活动变化，我们将相关报道从首次出现的20世纪90年代中期至最近时间（1996—2015年），依年份间隔区分成4个时段，并依照报道内文所呈现与描述的不同面向进行分类，整理出在此阶段媒体报道呈现最为关键的11种类型，呈现在表3。

表3 "新埔"+"柿饼节"内容分析分类定义

类别名称	定义	报道范例
地方环境与生产历程	报道强调"新埔""旱坑里"的自然环境、气候时节、客家族群、生产过程与历史。以及报道提及"新埔"的农村景观样貌或介绍特色产品（柿饼）以外的地方相关产业。	新埔是著名的柿饼之乡，旱坑里则是丘陵地形及干燥气候而成为柿饼生产及加工制造的重镇，且有百余年的历史。【1998-11-09/联合报/40版/旅游休闲】
地方营销与发展	报道描述食物节庆对于地方知名度与地方特色产品相关产业的正面影响。以及报道内容突显游客数量或游客参与食物节庆之过程，以显现地方食物节庆之营销效果。	有"柿饼之乡"称呼的新埔镇旱坑里，日前在柿饼节系列活动中，吸引许多游客走访柿乡，假日游人如织，淳朴幽静的旱坑里也因此声名日响。【2005-11-01/联合报/C2版/新竹县市新闻】
食物产品发表或功能特性	报道提及在食物节庆下所强调的新型加工产品及相关发表活动。强调功能特性，囊括特色产品之食用疗效、安全认证、外观与口感，如形状、大小、色泽与食用方式等。	今年推出柿糯新口味，也就是在柿饼中包着山药和花生等内馅，呈现柿饼另一种特殊口感。【2007-10-09/联合报/C2版/新竹县市新闻】
食物产品美学符号表现	美学符号表现意指对食物产品之包装设计，或是对食物产品的呈现与展演，例如有关相关实物产品的摄影活动。	长久以来，晒柿饼的场景壮观抢眼，很受摄影爱好者青睐，是另类风情。【2008-10-16/联合报/C2版/竹苗综合新闻】
食物产品或服务价格信息	报道提及食物产品、特色料理、观光采果与观光旅游外围服务提供等之价格或时地信息。	柿饼礼盒的价位为80～280元。【2007-10-14/联合报/C1版/桃竹苗宜花·教育】

续表

类别名称	定 义	报道范例
协力部门团体或人士	协助食物节庆之活动规划、办理、辅导、宣传的部门团体或地方人士。	新竹县立文化中心为推广新竹县新埔镇特有的"柿饼文化",不但与新埔农会合作推出"金色铃铛柿饼节"系列活动,"台湾行脚旅游联盟"为配合此一活动,特别规划了"柿饼之乡巡礼"游程。【1998-11-09/联合报/40版/旅游休闲】
导览服务或交通信息	导览服务为食物节庆所提供之地方景点或产品加工过程的导览解说服务,如导览手册和导览人员。而交通信息是节庆会场与地方相关景点的交通概况或接驳服务。	柿饼节安排免费接驳专车,由解说员带领游客导览新埔早坑里柿饼专区及九芎湖等特色景点。【2011-10-13/联合报/B1版/竹苗·运动】
评鉴或主题竞赛活动	报道中提及食物产品的质量评比活动,以及主题竞赛,包括趣味竞赛、亲子比赛、产品代言人选拔等活动。	柿饼节会场今日持续有在地小区团体表演、柿饼宝宝搬搬乐、就柿要爱你趣味竞赛。【2013-10-13/联合报/B2版/竹苗综合新闻】
节庆演出活动	报道介绍食物节庆的表演节目流程或特色表演内容。	"新埔人间美柿"活动今上午九时在新埔小学操场,以"踩街嘉年华"方式揭开序幕,相关活动还包括妇女、小区才艺表演、亲子DIY区、静态展示馆、"柿"民导览、趣味竞赛、农特产品展示展售、挽面、客家美食——红龟粿DIY等。【2001-10-13/民生报/CR2版/桃竹苗新闻】
观光采果或DIY体验	观光采果为食物节庆中的采果活动。以及DIY体验为产品加工制造的体验活动,抑或以产品为原料或概念发想,做相关的艺术设计与美学实践活动。	今年柿饼节除提供专车载游客游柿乡外,各农场也分别推出柿染DIY、柿饼娃娃DIY与生态导览等活动。【2005-10-16/联合报/C1版/桃竹苗焦点】
特色烹调与食物品尝	报道提及与食物产品相关的特色料理、烹调过程或教学。以及食物节庆中的品尝活动介绍,如免费试吃、低价/低劳力获得品尝机会。	柿饼节将提供免费柿饼鸡汤、柿子茶和1元柿饼棒冰。【2010-10-13/联合报/B2版/竹苗综合新闻】

资料来源:笔者整理(2017年5月)。

接着,将新埔柿饼节相关的报道内容,进行内容分析编码后,归入上述相关范畴,计算出各年代不同范畴出现的次数,计算出各内容范畴占整体之比率分布,其结果如表4。

表 4 "新埔"+"柿饼节"报道类型分布与趋势

年份	相关篇数/各年份占总篇数比率	特色总数	地方环境与生产历程	导览服务或交通信息	协力部门团体或人士	食物产品发表或功能特性	特色烹调与食物品尝	地方营销与发展	食物产品或服务价格信息	评鉴或主题竞赛活动	观光采果或DIY体验	节庆演出活动	食物产品美学符号表现
1996—2000	20 / 25.00%	54 / 100%	10 / 19%	3 / 6%	10 / 19%	6 / 11%	2 / 4%	8 / 15%	5 / 9%	5 / 9%	1 / 2%	3 / 6%	1 / 2%
2001—2005	29 / 36.25%	111 / 100%	23 / 21%	23 / 21%	12 / 11%	9 / 8%	10 / 9%	5 / 5%	7 / 6%	4 / 4%	7 / 6%	6 / 5%	5 / 5%
2006—2010	16 / 20.00%	40 / 100%	4 / 10%	1 / 3%	9 / 23%	7 / 18%	5 / 13%	0 / 0%	5 / 13%	2 / 5%	2 / 5%	1 / 3%	4 / 10%
2011—2015	15 / 18.75%	81 / 100%	14 / 17%	10 / 12%	5 / 6%	10 / 12%	9 / 11%	7 / 9%	0 / 0%	11 / 14%	7 / 9%	4 / 5%	4 / 5%
总计	80 / 100.00%	286 / 100%	51 / 17.8%	37 / 12.9%	36 / 12.6%	32 / 11.2%	26 / 9.1%	20 / 7.0%	17 / 5.9%	22 / 7.7%	17 / 5.9%	14 / 4.9%	14 / 4.9%

* 数据来源：联合知识库，2017 年 4 月。

从表4中,可发现"新埔"+"柿饼节"的相关报道内容中,所占比率最高的前三项类型分别是:地方环境与生产历程(17.8%)、导览服务或交通信息(12.9%)、协力部门团体或人士(12.6%),三项共占43.3%,已接近所有报道类型的一半。另一个报道趋势中心是柿饼的食物角色的凸显,类别中的食物产品发表或功能特性(11.2%)、特色烹调与食物品尝(9.1%)、食物产品或服务价格信息(5.9%)等,与食物内容有关的三项类型共占26.2%,显示作为重要地方食物节庆的新埔柿饼节,其在报纸上的报道呈现,食物——柿饼与其各种相关食品——仍扮演重要角色。

从2001年开始,报道中有关"新埔"+"柿饼节"和地方环境与生产历程、导览服务或交通信息、特色烹调与食物品尝等面向的内容皆呈现成长的趋势。但自2006年,此三项类型却开始下滑,取而代之的是食物产品发表或功能特性的成长,以及维持高比例不变的协力部门团体或人士。

详细进行新闻内容的阅读分析后可以看到,新埔柿饼节早期仍是为促销柿饼而发起,不过较为官方或半官方的团体主办(如新竹县立文化中心、新埔镇农会、新埔镇公所等),且几乎每年都有确定的节庆活动名称。自1999年开始,新埔镇农会和农民在质量上转而着重柿饼的包装设计改善,并会介绍柿子的产地来源,之后则多着重与柿饼加工制造有关的面向(如九降风对于柿饼的影响、制作柿饼的技法),而此时的报道也开始提及拍摄柿饼的爱好者。

> 去年柿饼节让新埔柿饼一炮而红,各方面评价普遍不错,唯一被认为美中不足的部分就是包装,所以今年特地改变包装,不再像以前仅以塑料盒包装,改以精美的纸盒处理,"毕竟好的内在,也要有好的外观才能吸引人"。【1999-10-01/联合报/20版/桃竹苗生活圈】

> 柿饼节活动结束后柿饼热卖后劲仍强,从都会进入新埔的游客,对柿饼制程削皮、风干、揉捏等感兴趣,有的还摄影做成纪录。【1999-11-03/联合报/20版/桃竹苗生活圈】

观察报道类型"食物产品美学符号表现"的报道次数分布比率,柿饼节有着相当明显可见的次数频率(4.9%),在历届节庆会场中都会布置晒柿景象供游客拍照、上传社群网络,进而宣传节庆提高知名度。伴随新埔柿饼节所展现的晒柿景象是新埔柿饼节在客家食物地景塑造建构最为成功的案例之一。

新埔于1998年举办第一届新埔柿饼节,之后每年的9—10月,柿饼节的办理主题、活动内容、地点、时间,以及一系列频繁出现在柿饼产季的相关活动,都会成为媒体地方性报道的重点关注。1998—2005年,有关新埔柿的新闻报道篇数大幅增加。在这些关于新埔柿的报道中,参观旱坑里柿饼加工区被认定为是必备的行程:

"新埔人间美柿"活动今上午九时在新埔小学操场,以"踩街嘉年华"方式揭开序幕,相关活动还包括妇女、小区才艺表演、亲子DIY区、静态展示馆、"柿"民导览、趣味竞赛、农特产品展示展售、挽面、客家美食——红龟粿DIY等。【2001-10-13/民生报/CR2版/桃竹苗新闻】

此外,新埔柿饼节的地方接驳规划与导览解说较早发布,结合的景点与美食也较明确,例如:旱坑里的柿饼加工产区、九芎湖、古迹建筑以及新埔镇上的客家菜肴与小吃。新埔柿饼节的主办与协办单位自2002年开始,除了提供接驳专车服务,更于2005年提供自行车的免费租借服务,方便"柿"民在柿饼节期间游玩新埔著名景点。

今年的"人间美柿产业文化季"活动在十月十三及十四两日举行,主办单位安排了古迹宗庙健行之旅、柿饼之乡导览之旅及其他各项热闹活动,供民众参与。【2001-09-30/民生报/A4版/生活新闻】

新埔镇今年的柿饼节活动,主办单位与下寮小区发展协会办理探索柿饼加工及动植物生态铁骑之旅,规划动线以柿饼生产最大宗的旱坑里为主。游客请搭乘接驳车至停驻站凉井下车,并依规划建议动线自行骑铁马车前往,费用全免。【2005-10-14/民生报/CR2版/桃竹苗新闻】

20世纪80年代晚期,新埔观光旅游的报道主要是以探访旱坑里所见的晒柿景象为呈现焦点。20世纪90年代,伴随套装行程的出现,报道讯息转而强调作为视觉观光热门景点的柿饼加工区。2000年后,因为地方休闲农业园区的经营有成,各种关于新埔观光旅游的报道中,都着重结合柿饼加工过程的行程。这些相关报道,强调新埔地区以柿饼为核心的"饮食观光"的发展情况。

踏访新竹柿饼之乡,产地的柿饼加工站均开放参观,游人可认识削柿、捏拿、干燥、日光曝晒等烦琐的产制流程,深入传统手制柿饼文化,现场品尝甫出笼的新鲜柿饼,也是一大享受。新埔镇还推出"柿饼产业文化季",结合境内休闲农场,每逢周末提供多样的农游体验。【2002-10-23/民生报/B6版】

成功建立柿饼节的视觉形象后,提供主要晒柿景致的柿饼加工厂成为柿饼节旅游中不可或缺的一环,节庆会场也安排旅游接驳专车,游客可以亲临晒柿现场一饱眼福。节庆会场则转而诉求各式丰富活动,例如表演节目、试吃活动、趣味竞赛、亲子活动等,希望创造出更具差异化的卖点与更多样的吸引游客的亮点,其中现场免费饮食品尝往往是最吸引群众的活动。

新埔柿饼节昨天在义民庙登场,人气最旺的场面就是"千人柿饼鸡汤大请客",食客排成长长人龙急着尝鲜,现场人手一碗,吃得好过瘾。今天还有免费柿饼棒冰品尝、闯关游戏等,适合亲子同行。【2009-10-11/联合报/B2版/竹苗综合新闻】

新埔柿饼节昨天在新埔镇农会产业交流中心登场,邀来大厨李阿树老师带领大家制作营养爽口的"柿海一家亲"色拉,以柿子、山药、奇异果等蔬果调制,揭开序幕……柿饼节会场今日持续有在地小区团体表演、柿饼宝宝搬搬乐、就柿要爱你趣味竞赛、缤纷马卡柿DIY、柿创意参加DIY、FB粉丝团按赞分享打卡欢乐送等活动。【2013-10-13/联合报/B2版/竹苗综合新闻】

从上述几则报道中可发现,新埔柿饼节除了关注柿饼与地方农特产品的销售,也十分着重介绍柿饼相关加工产品与菜肴,发表现场品尝食物的体验感受。通过各种围绕饮食观光的活动设计,例如:柿染、柿子造型手工艺、加工区的晒柿讲解与摄影活动等,食物节庆成为把地方食物与相关农业活动联系至消费者、游客的关键场域。

五、结论

综观而言,新埔柿饼节通过地域意象构连与食物特质建构此两关键层面的联系,开展并构成其节庆筹办运作的核心意义。报纸报道中,"新埔"与"柿饼节"最早的结合出现于1998年,当时是以促销柿饼为目的而发起,通过地方官方或半官方的团体所主办(如镇公所、文化中心),历年皆以明确一致的"柿饼节"作为节庆活动名称。因此,柿饼节比起其他节庆更能敏锐捕捉到媒体视觉、都会眼光的焦点,例如在节庆会场中布置晒柿景象供游客拍照、打卡上传社群网络,进而宣传节庆,提高知名度。柿饼节有相当明显可见的次数频率,以美味可口的柿饼及整片鲜艳橘黄的晒柿景观为特色,每年九月至十二月吸引众多游客前来观光,使新埔柿饼节成为客家食物地景塑造建构最为成功的案例。

自1999年起,新埔农会与农民在柿饼质量的报纸宣传上开始朝向着重柿饼的包装设计改善,介绍柿子的产地来源,之后更加大报道中着重于柿饼加工制品与相关特色菜肴等有关方面。不同于其他强调鲜果采食与食材烹制的食物节庆,新埔柿饼节更尝试将文化创意产业的概念运用至柿饼产业中,借由结合农业与饮食之外的文化创意活动,将柿饼产业与地方农业文化紧密联结。

从报道中我们也发现,自2002年开始,柿饼节开始持续提供专车进行接驳服务至今,方便游客往来节庆会场与周边地方景点。柿饼节的地方接驳规划与导览解说较早就发布,节庆与周边景点的结合也较为明确。而在活动设计方面,新埔柿饼节结合地方小区团体,提供舞台让他们进行才艺表演,持续提供赠品索取的好康活动。从2006年开始,报道上更加着重节庆会场的活动,这显示出,节庆活动的设计越来越成为吸引人们参与的重要因素。

地方饮食观光紧密关涉地方饮食文化的创造性、开发与地域性结合运用的过程。在现代世界经济同质化与文化差异化双重维度下,地方社会文化的生产、消费及再创造永续建构着,地方饮食文化的地域性和永续性逐渐被重视并得以挖掘、组创、利用。这除了是一种具体的"转传统为特色"及"化边缘为资源"取向外,也是地方文化在全球在地化脉络下求永续、谋发展的新动向。

当地方特色食品日益成为内生性地方发展的关键资产,饮食观光日益成为地方发展与产业活络不可忽视的重要元素。借由在行动的设计与活动实施方面强调地方参与的原则与过程,提高当地居民的特色饮食产消技艺并开发当地特色的饮食产品,以凸显地方饮食特色与风格,进而获得丰富的观光实践并促进当地经济的活络,带动地方社会的永续发展。

典型案例篇

鹿港：过尽千帆的海港小镇

陈文伟*

摘　要： 鹿港是早期海上贸易重点地区，备受重视，俗谚所谓"一府、二鹿、三艋舺"，鹿港位居第二。随着航运衰退，鹿港的地位不断下降，从港口贸易转而从事传统手工产业，保存并发展出许多精致工艺。但许多产业不敌工业化趋势，纷纷衰退倒闭，鹿港于是另觅生机。近年来，鹿港凭借丰富的"文化资源"转型发展文化观光事业。面对都市开发与文资保留的冲突，除了借重公权力进行保存外，在地青年进行一连串的抢救，吸引许多人重新认识家乡，唤醒民间对文化资源的重视，进而产生情感与保护意识。未来，鹿港小镇仍将努力保存和发挥文化资源，发展有当地特色的文化旅游。

关键词： 鹿港；文化资源；文化旅游

一、过尽千帆：鹿港文史发展概述

鹿港镇位于彰化县的西北边，因腹地辽阔靠海且港阔水深，发展成适合海上贸易的港口小镇。荷兰时期，从事转口贸易，发展出以贸易为主的产业形态，清朝时，从康熙二十二年（1683年）走私大米到大陆，到乾隆四十九年（1784年）鹿港正式开埠，与泉州接驳开辟到台湾最近的直线航线，成为仅次

---

* 陈文伟，男，台北教育大学文化创意产业经营学系硕士；擅长设计及活动企划，曾多次于台北的老城街区和公私部门、庙宇等举办创意市集、工作坊及讲座等。

于台南的港口贸易市镇,拥有"一府、二鹿、三艋舺"的盛名。

鹿港的全盛时期约为乾隆五十年(1785年)到道光三十年(1850年),文献记载"大街长三里许,泉厦郊商居多,舟车辐辏,百货充盈","鹿港大街,街街纵横皆有","港口帆樯林立,白帆轻驱海风,人皆轻衣马肥",可见其盛况。

(一)与泉州直线距离最短

清朝早期以台南的鹿耳门为主要通商港口,但从泉州至鹿耳门需要借助西北风,否则无法顺利航行。从泉州航向鹿港,不仅距离近,且有顺风之便,往返容易。康熙二十二年(1683年),为了防范海贼侵袭,实施海禁政策,限制大陆的船以及人民来台湾。不久,因泉州、漳州的稻谷不足,必须依靠台湾贩粜,从鹿港运出。乾隆四十九年(1784年),鹿港又开港通商。

(二)位居台湾中部地理要冲

"顶到通宵(苗栗)、下到琅峤(恒春)",鹿港位居台湾中部,以地方富豪林日茂为首,建立"八郊"①处理同业的公共事务,鹿港交通便利,易将货物从中运输到南北两地。当时,台北淡水设有"鹿郊",专门针对鹿港进行商业往来,可见鹿港贸易地位的重要。

(三)腹地平坦辽阔

彰化属平原地形,腹地平坦且辽阔,适合农业耕种,长期以来都是粮食重地,福建地区人口稠密,粮食不足,需要外部资源的支持,强化了鹿港作为贸易港口的重要性。

---

① 郊,是清代时台湾的商业行会组织,即统称的"公所""会馆"或"帮"。可区分为"外郊"与"内郊"。外郊如泉郊、厦郊,由对同一地区进行出口、批发贸易的商号组成。内郊则由同性质类的商品的商号组成,如糖郊、布郊。鹿港八郊为"泉郊""厦郊""南郊""竹敢郊""油郊""糖郊""布郊"和"染郊"。

二、繁华过尽:小镇困境与转机

嘉庆年间,鹿港因砂石淤积日渐严重,逐渐失去其贸易港口的地位。虽然与大陆的贸易减少,但台湾岛内对大陆的手工产品需求仍大,因此,许多鹿港人便从泉州学习神轿、家具、神像雕刻、锡器、灯笼、制香等传统手工业,提供居民生活所需,弥补失去贸易港口地位的不足。

日据时期,日本实施皇民化教育,将传习中华文化的"文开书院"改为"北白川宫能久亲王纪念馆",因战争原因,鹿港港口封闭。纵贯铁路兴建时,当地居民认为会破坏风水,极力阻止铁路通过,这严重影响鹿港的商业发展①。

进入工业社会以后,传统手工制作的生活用品被工业产品取代,鹿港的手工产业逐渐衰败,再次面临产业转型与经济发展的困境。

表1 鹿港产业变化

具体项目	清朝时期	日据时期	现今
发展产业	港口通商贸易、农作物种植	手工艺产业、农作物种植	观光业
发展条件	良好的港口环境	外力阻碍多,发展内部产业资源	历史建筑、传统产业……文化资源
建筑样貌	闽南式建筑,如三合院	巴洛克式长屋	现代高楼
产业	一级产业居多	一、二级产业为主	二、三级产业为主

鹿港开港通商甚早,拥有丰富的文史资源和产业文化。当地青年意识到鹿港没落之后,纷纷返乡重起炉灶,希望透过创新、创意手法,打造鹿港的荣光,持续保护传承鹿港的文化资源。②

---

① 心岱.百年繁华最鹿港[M].台北:西游记文化,2006:44.
② 叶大沛.鹿港发展史[M].彰化:左羊出版社,1997:68.

除了政府的协助外,现代服务业的进驻也很重要,其中包括青年返乡的创意实践,自下而上改变鹿港风貌,这些青年在乎的不是观光客,而是地方需求,因此成为保护鹿港人文地景资源的重要力量。除环境保护外,更发起创意市集、工作坊、导览等文化活动。透过艺术介入历史建筑的方式,让历史建筑不再充满距离感,而成为平易近人的生活空间。

时至如今,鹿港以其三百年的历史书写人文地理样貌,借由丰富的文化资源来改变商业形态,再现经济活力。

三、鹿港成为特色小镇的重要因素分析

鹿港成为特色小镇,不只因为拥有特殊的历史背景与历史建筑,更因为它保留"人情味",借由青年人的思维与视角,带领大家重返三百年的小镇,再现鹿港的荣光。

(一)民间团体自下而上自发参与

鹿港古迹众多,然而产权复杂,许多古迹并无明确的所有人,很容易因为利益关系而被拆除改建。罗大佑的《鹿港小镇》,短短几句歌词诉尽台湾近代社会与经济发展过程中的伤痛。许多地方为了发展,无视传统文化与资产,肆意拆除重建,盖上钢筋水泥住宅,宛若新都会却乏善可陈。

> 听说他们挖走了家乡的红砖砌上了水泥墙,家乡的人们得到他们想要,却又失去他们拥有的。门上的一块斑驳的木板刻着这么几句话,子子孙孙永保佑,世世代代传香火,鹿港的小镇。

幸而,近年来不断有青年人参与保护,组织"鹿港横街(鹿港囝仔)"①及"彰化文化阵线"等民间团体,透过新媒体进行诉求。鹿港囝仔举办了一系列

---

① 鹿港横街指横向到鹿港五福大街(今中山路)的支道(今中山路以东之民族路),横街两旁的聚落昔称"牛墟头",清代时为牛只买卖地点,也是农产品集散地。

保护文化资产的活动,其子企划叫作"保鹿运动",由鹿港孩子发起,保护文化古城的历史面貌,找回因社会发展而被遗忘的人情味,借由举办净化小区、市街容貌维护及有意识的文化活动,唤起人们重视土地及文化资产。

鹿港团仔的成员张敬业在意大利表演时,发现当地青年居民即便住在外地,也会回到孕育他们长大的土地表演,充分展现对在地文化的认同。这件事使张敬业决定在毕业设计中以"为家乡做点事"为题,找回在外的青年们,举办跨越老中青世代的摄影展、音乐会、沙龙以及讲座。

随后,张敬业得到文化主管部门补助,与地方伙伴共同成立"鹿港团仔文化事业有限公司"。最初,他们举办净溪活动,从生活中的小事开始改善,以实际行动号召与感化在地居民,让更多人有意识地投入小区改造活动。张敬业也发起过"抢救金银厅"①等活动,透过系统的口述历史及历史数据整理,凸显建筑的重要性,不仅勾勒当时人们的生活样貌,而且见证鹿港风光。②

他们还举办工作坊,吸引当地小学生参与保护历史建筑,帮助他们重新认识家乡的丰厚文化。最终,彰化县文化局认定金银厅为历史建筑,使鹿港的建筑保护前进一大步。此外,他们还举办"家博物馆""今秋艺术节"等活动,进行跨世代的整合,促使鹿港人认识家乡的环境资源,热爱自己的家乡。

(二)文化资产保存与观光发展

彰化县政府推动"鹿港历史风景区"计划,分"场域环境""博物馆产业""文化传承创新""文化观光""绿色交通""配套计划"六大方面来发展鹿港的观光产业。

鹿港发布实施《鹿港福兴都市计划细部计划》,保存历史街区的样貌,在老屋内引进适当的产业,活化老旧街区,打造城市博物馆。这一过程中,遇见不

---

① 金银厅为早期鹿港富商黄庆源的老宅,是兴建于1935年的日式宅邸,为鹿港著名的八景十二胜之一。

② 张敬业:谁说乡下找不到年轻人,整个小镇都是我的展演空间[EB/OL].(2016-08-13)[2017-05-24].https://www.thenewslens.com/feature/aces2016/45047.

少问题,最棘手的是,因为临街老屋的所有人情况复杂,造成相应规划难以统一落实,无法强制保留景观样貌,现有使用者肆意改造,老街的建筑立面被林立的摊贩和招牌挡住。他们参考京都的景观保护法令,以租金补助,改善摊贩林立的状况,使重要的文化资源得到保护。

保护好历史建筑、传统产业和地方小吃,就能封存时光,发展观光业,观光客可以在鹿港感受过往的生活样貌。文化资源如果未被保存与活化,鹿港将变成充满高楼大厦的、异质性不高的平凡小镇。

图1　鹿港老街上的棉花糖制作体验

图片来源:flickr. 黄飞霖—鹿港[EB/OL].(2017-04-27)[2017-05-29]. http://as660707.pixnet.net/blog.

(三) 艺术介入历史空间

1990年,"文建会"推出十二项建设计划,其中一项意在建设"九九峰艺术村",这是台湾的艺术村的发轫。该建设计划因遇到"9·21"大地震暂缓并停止,之后,文化主管部门推动闲置空间的文化再利用,让地方政府及民间单位将闲置空间规划为艺术村,鹿港桂花巷艺术村即顺此一波潮流建成。

桂花巷艺术村位于天后宫与龙山寺之间,于2009年由鹿港镇公所为主体建设,改造日据时期遗留下的官舍住宅,名以旧地名"桂花巷",吸引艺术家、工艺家进驻。

桂花巷以发展地方文化为主,为驻村艺术家与工艺家提供优惠,除了水电费自理外,仅收取保证金。艺术家及工艺家介入规划和发展,整合鹿港庆端阳及鹿港冬游季两项活动①,使桂花巷变成亮点,乡土教育、工作坊、导览等处所和环节便于艺术家们认识鹿港并决定是否停留。

桂花巷不仅成为观光热点,更成为青年参与小区改造计划的重要基地,透过艺术策展、实体空间的发酵,游客徒步从天后宫走往龙山寺或老街,中途经过桂花巷,可借由桂花巷的展示,了解鹿港古迹保护的情况。

图2 桂花巷艺术村

图片来源:痞客邦旅游.彰化—鹿港:桂花巷艺术村[EB/OL].(2014-08-27)[2017-05-29]. http://as660707.pixnet.net/blog.

---

① 其观光活动计划为"鹿港庆端阳"及"鹿港冬游季"。"鹿港庆端阳"为台湾交通主管部门观光局"全岛十二大节庆活动"之一,其为中部唯一举办划龙舟竞赛之地,除了划龙舟之外,更包含宫庙活动如"龙王祭"、立蛋、艺文展演、传统民俗活动。"鹿港冬游季"则为推动冬季观光的计划,其时程约为10月底至12月初,活动包含万圣节亲子变装趴、响乐舞台、庙口童玩趣、艺游鹿港艺术村、鹿港庙口小吃宴、鹿港冬季演唱会……游客在不同时节来到鹿港皆有话题与可看物。

图 3 由老屋空间改造成艺文展演中心

图片来源:flickr. 黄飞霖—鹿港[EB/OL].(2017-04-27)[2017-05-29]. http://as660707.pixnet.net/blog.

四、结语

文化资源是鹿港最厚重的资源,但利用不易;如果资方不妥协,矛盾很容易激化。例如,限制流动摊贩,限定招牌的设计方式、建筑的开发样貌,可能影响某些人的利益。

所幸鹿港的年轻人有意识地保存历史资源,努力消除隔阂,加强对于土地的认识与关爱,使土地与人的关系更为密切,不因为开发而将旧建筑拆除殆尽。

目前,鹿港已经拥有结合食衣住行育乐的观光资源,游客可以观赏历史建筑,体验传统工艺,品尝地方小吃。借由青年的创意串连,由政府规划完整的旅游系统,结合在地居民的生活气息,形成体验式的观光经济。

作为大起过也大落过的小镇,鹿港的风华重现!

淡水:从开港通商到创意小镇

李筱婷　张伟勤[*]

摘　要： 淡水地理位置优越,成为早期移民的登陆点,先后历经西班牙、荷兰及日本文化的洗礼,逐渐发展成多元的文化聚落。淡水透过创意产业与艺术活动,展示丰厚的文史背景并有所创新。为凝聚居民的共同意识,除了重视在地古迹资产与历史遗址保存外,淡水也透过公私部门协力发展系列艺文活动,让淡水的无形资产得以持续传承。丰富的自然历史资产与人文资本,是淡水发展观光产业与节庆活动的先天优势;优美的山、海、河自然景观,丰沛的历史内涵加上政府的挹注投资,使淡水从历史古城成功变身为文化创意小镇。

关键词： 淡水；文化聚落；创意城市；城市意象

淡水小镇由山、海、河共同构成,是台湾知名画家陈澄波笔下的温柔乡,河港口岸人家有浓厚人文。淡水历经不同文化背景的洗礼,逐渐累积独特而多元的文化资本,发展成北台湾独树一帜的文化空间与新地标。

---

[*] 李筱婷,女,台北教育大学文化创意产业经营研究所硕士;主要从事文化研究、都市规划。张伟勤,男,台北教育大学文化创意产业经营研究所硕士;主要从事两岸文创比较及研究创意城市。

一、淡水小镇空间的构成与变迁

淡水,位处台北盆地的外港,东侧大屯山脉,北邻三芝区,西滨台湾海峡,与八里区隔水相望。这座城镇拥有山、河、海三种不同风情,因为地理位置优越,成为早期移民的登陆点,先后历经西班牙、荷兰及日本文化的洗礼,逐渐发展成多元的文化聚落。

1858年,清政府与英、法、俄、美等国签订《天津条约》,淡水正式开港通商,不仅成为北台湾货物南来北往的重要港区,输出茶叶、樟脑、染料等原料至欧美国家;也吸引许多外国洋行前来租赁土地,设立船运公司与商业据点,带来丰美盈收。① 短短数十年间,淡水一跃成为北台湾最繁荣的通商港口。

日据初期,由于河岸泥沙不断淤积,加上台北的铁道线通车,货物商品由河运转为铁路载送,淡水港逐渐失去交通运输的功能。与此同时,为了强化台湾与日本本岛的关系,断绝与中国大陆之间的联结,殖民政府努力削弱洋行在台湾的势力,外商航线渐渐由日本商船垄断,贸易输出也从欧美国家转向日本本岛,洋商陆续退出台湾市场。②

在自然环境转变、铁道运输系统建立与殖民统治政策的引导下,基隆和高雄两大港口成为重要的贸易通道,淡水的命运雪上加霜。面对港口的衰落,淡水居民早于1927年便成立"淡水港施设期成同盟会";同年8月,《台湾日日新报》举办的投票活动中,淡水进入台湾八景③,在地民众反应激烈,提议重修淡水港,然而未获政府重视,港口复兴的愿景因此落空。直至1955年,淡水沪尾渔港完工,往日的港口文化才重现。

到了70年代,在地意识逐渐兴起,社会上兴起文化运动旋风,淡水的历史建筑获得政府关注,西班牙人建的"红毛城"、防卫港口的"沪尾炮台"、传统寺

---

① 周宗贤.淡水:辉煌的岁月[M].台北:台湾商务印书馆,2007:14.
② 周守真.日据时期淡水之空间变迁[D].台北:淡江大学,1989:41.
③ 《台湾日日新报》透过民众投票,选出"台湾八景十二胜"。八景为基隆旭冈、淡水、八仙山、日月潭、阿里山、寿山、鹅銮鼻、太鲁阁峡谷。

庙"福佑宫"和来台传教行医的"马偕家族墓园"等先后被认定为重要古迹,珍贵的文化资产得以保存。其后,淡水地区成为政府致力重建古都意象的主要对象,淡水"烽火段"被打造为艺术聚落①,推动古迹修复再利用与各项艺术造街计划,丰富了当地文化观光资源。

80年代,台湾推动周休二日,加上台北都会区人口向外迁移,政府推动淡水新市镇发展计划,淡水河岸的空间意象发生重大的改向。时至今日,河港风情已不复见,但这段从开港到衰败的历史脉络为这片土地注入丰沛的文化能量。凭借丰富多样的自然景观,凭借长年累月所存积的文化资产,今日的淡水,不仅是北台湾重要的行政区,也因其历史之城的美名,带动了附近的文化旅游,成为台湾著名的休闲观光据点。

二、延续城市文化创造,成为亚洲艺术村

淡水拥有厚重的文化底蕴与诸多历史古迹遗址,新北市政府提出一系列城市营销计划,从艺术面向、教育系统、历史人文、观光旅游、自然环境各方面着手,以产业精进、空间改造、全民参与、营销推广为手段,激发城市创造力。"亚洲艺术村""淡水河口艺术网络建构计划""淡水河口艺游网旗舰计划"三项活动都以艺术为内容,该三项计划的顺利实施,成功推动淡水变身,彰显淡水文化资本的巨大潜力,因此,新北市政府提出以"创意城市"作为整合淡水各项计划的核心概念,打造淡水艺术街坊、埔顶历史风貌区、文化创意产业园区、河海观光游憩带,将淡水建成兼具活力与历史人文的艺文之都。

(一)淡水历史遗址的保存

淡水河口人文荟萃,从16世纪西班牙人与荷兰人殖民并建造红毛城到英国设立领事馆、马偕牧师来台传教,都在淡水留下痕迹。相较于台湾其他地

---

① 淡水中正路后段自三民街口一直延伸到炮台埔下的一段,旧称烽火段;据传因为载运木材的货轮进到淡水河时要燃放烽火通知上游工人准备卸货,因而得名。

区,淡水的聚落发展十分迅速;由于民间古迹保存意识良好,目前共有 22 处历史古迹与遗址被完好保留下来。

淡水代表性的古迹群或历史聚落有淡水红毛城(图 1)、淡水海关码头、理学堂大书院(图 2)、清总税务司官邸、福佑宫、沪尾炮台。

图 1　淡水红毛城

图 2　理学堂大书院

表1　淡水历史遗址的特色整理

区域	史迹据点	特色
汉人市街	福佑宫	1.淡水地区的妈祖信仰中心 2."艺术街坊"规划区 3."艺术踩街"活动区域之一 4.淡水五月绕境主要舞台
埔顶地区	淡水红毛城 淡水海关码头	1.淡水古迹群之首 2.位于淡水河枢纽位置,可观赏淡水河岸景观 3.古迹博物馆的行政中心 4.红毛城利用与当地自然景观相关的建材与建筑方式,因此可作为环境教育的基地
埔顶地区	理学堂大书院	1.使用中西合璧之建筑形式 2.展示马偕在台办学的历史意义
埔顶地区	清总税务司官邸 (小白宫)	1.特殊洋楼形式 2.在地文化的艺术基地 3.适合进行艺术展演活动的场域
中法古战场	沪尾炮台	1.拥有丰富的人文自然资源 2.金枝演社剧团利用淡水古迹沪尾炮台创作环境剧场《祭特洛伊》

(二)淡水文化活动

1.淡水河口艺术网络建构计划与淡水河口艺游网旗舰计划

2006年,淡水开始建设河口艺游网,这项长期计划试图从软件与硬件两个方面强化淡水的艺文基础,以在地居民宜居为出发点,强调在地的区域营造。该计划以原有的文化资源为基础,聚合定居淡水或以淡水作为创作基地的众多艺文工作者,将其创作活动及作品转化为文化观光资源,发展文化创意产业,使艺术深入教育,为淡水居民提供更美好的生活经验。

2007年,淡水提出"河口艺术网络建构计划",由淡水古迹博物馆为主体进行提案申请,普查聚集在淡水地区的艺术家。淡水拥有多元且不同于其他地方的特殊宗教民俗活动,例如,沙仑保安宫的爬梯刀、大道公的轮祀活动、五月节的暗访与绕境。此计划可以有效整合淡水传统宗教祭祀活动与不同艺术形式或主题,整合大淡水地区竹围、八里等的环境资源与人力优势。

"淡水河口艺术网络建构计划"包含四大具体执行项目:建立与整合服务系统、整合与调配文化设施、公共部门管理与统筹机制的建立、在地文化活动的规划与安排。由于有"淡水河口艺游网计划"作为前导,淡水累积了丰厚的在地凝聚力,加上硬件设施得力,足以支持河口网络的建构。为进一步推广实践艺术,整合与设立公私部门的交流平台,掌握地方的艺文人才资源,建立更透明与健全的沟通渠道,加强相关艺文人才的培育,逐步累积所需的文化资本,积极转型成创意城市。

2.淡水国际环境艺术节

淡水国际环境艺术节由在地居民、民间团体、艺文团体以及政府部门协力举办。这样兼具深度与广度且由地方完成的大型活动,是台湾社会中难以见到的。

淡水国际环境艺术节前身为淡水艺术节,于2002年首次举办,自开始便大获好评,并于2008年更名,改为一年举行一次,活动参与者也从原先的在地居民扩大为各界研究者、观光客。其盛况能从历年来的活动内容一窥究竟。

表2　淡水国际环境艺术节历年活动表

年份	活动名称	活动内容
2002	淡水艺术节	展览、演讲、音乐会
2004	淡水艺术节	展览、演讲、音乐会
2006	淡水艺术节 艺术家驻校计划 淡水艺术周	展览、演讲、音乐会 淡水儿童艺术嘉年华 艺术踩街活动
2008	淡水艺术嘉年华	艺术踩街活动(淡水人遇见淡水人)
2009	淡水艺术舞动街坊	艺术踩街活动 环境剧场《西仔反传说》 艺术创意市集 低碳、慢活、游淡水——环保艺术嘉年华
2010	淡水国际环境艺术节	艺术踩街活动 环境剧场《西仔反传说》 艺术市集 国外团体环境剧场 国际大汇演

续表

年份	活动名称	活动内容
2011	淡水国际环境艺术节	艺术踩街活动 环境剧场《西仔反传说》 海外团体环境剧场 国际大汇演 梦想的衍生展
2012	淡水国际环境艺术节	艺术踩街(千年淡水,不可思议嘉年华) 国际团体表演;创意手感市集 (日光剧场·PLAY在沪尾) 环境剧场《西仔反传说》《五虎岗奇幻之旅》)
2013	淡水国际环境艺术节	艺术踩街(疯踩街) 在地校园与社团大联演(赏创艺) 环境剧场《西仔反传说》(品史诗)

数据来源:殷宝宁.淡水国际环境艺术节的初步观察——从在地文化认同与治理视角(2017-05-01)[2017-05-01].http://ddh.epage.au.edu.tw/files/16-1287-47137.php? Lang=zh-tw.

与台湾其他艺术节庆不同,淡水国际环境艺术节由当地居民自发参与,参与者有表演团体与行动者,从环境、剧场、服装至演员,都由居民担任。

此外,整个淡水国际环境艺术节由在地居民、艺文工作团体完成,艺术节中的表演活动皆是具有在地特色的表演,使用淡水古迹群与历史遗迹,原地重现,企图透过戏剧延续淡水当地居民的集体记忆,充分发挥艺术在小区凝聚中的效用。例如:环境剧场《西仔反传说》的《五虎岗奇幻之旅》,改编自与淡水当地发展历程与地理环境高度相关的故事,由四个场景串接而成,包括"第一奇侠廖添丁""海贼王蔡牵""八庄大道公""西仔反·马偕之爱"等。

三、塑造城市品牌,打造创意城市

《创意城市:打造城市创意生活圈的思考技术》的作者查尔斯·兰德利曾以台北创意城市国际顾问身份数度访台,对台北建成创意城市提出许多建言,针对"创意平台"和"创意空间"生发过深度的思考。

兰德利不断强调,台北应将重点放在留住优秀的创意人才上,"创意平台"

与"创意空间"的建置及推动,是留住创意人才的关键。为分享亚洲创意城市的规划经验,他来台参与"启动城市创造力"系列活动,与产、官、学各领域代表进行对话,结合淡水当地独特的历史纹理,将"永续创意城市"作为淡水的目标。

(一)交流平台

一个地区若无透明与健全的组织制度与沟通系统,无法留住创意人才;缺乏创意人才,都市难以更新。因此,自2006年推行"河口艺术网络建构计划"开始,淡水政府便将其作为规划项目,建构网络平台,串连在地艺文运动与公共部门,形成共同发声的管道,加强淡水一地的意见沟通与联结,汇集地方上的创意能量。

(二)从小区营造到公民参与

淡水地区有多处由民间发起成立的文化资产,居民意识的转变与在地认同感的提高,使空间利用不局限于讨论保存或是拆迁,而直指利用。淡水以在地的公民生活经验为主体精神架构,汇聚地区特殊的集体共同意识,透过淡水国际环境艺术节中的环境剧场展演《西仔反传说》[①],吸引居民共同参与创作,凝结小区间的集体经验,将居民的情感导入文化生产过程,形成独特的在地节庆活动。

(三)艺文活动结合地理特性与条件

美丽的大山大海、丰沛的文化资本、便利的交通、比台北市便宜的租金,这些都是艺文团体爱上淡水迁移至淡水的原因。艺文团体的迁入、特有的天然景致、深厚的历史纹路以及住民的共同记忆,四者共同成为进驻淡水的艺文团体运用的在地素材,承接居民的集体记忆。

---

① 西仔反为"清法战争"之别称(下分基隆战役、沪尾之役、澎湖战役),指1884年8月5日至1885年6月13日清法战争期间,法国远东舰队与清军在台湾北部与澎湖之间发生的战役总称。"西仔"指法兰西;"反"通"叛",是战争动乱的统称。

四、结语

《创意城市:打造城市创意生活圈的思考技术》指出:"文化资源体现于我们的历史、习俗与日常生活中,而借由将构想化为实际可能与对策的想象力,来发挥价值。"①

优美的山、海、河自然景观,丰沛的历史纹路,是淡水发展观光产业与节庆活动的先天优势。近年来,在政府与居民的协调整合下,淡水透过历史古迹保存、集体意识的艺术创作与在地节庆活动,彰显城镇本身的文化内涵,营造出兰德利所言的"创意氛围",为淡水注入源源不绝的活力与创意能量,形成正向的循环,让淡水从历史古城走向文化创意之都。

---

① 查尔斯·兰德利.创意城市:打造城市生活圈的思考技术[M].杨幼兰,译.台北:马可孛罗出版社,2008:33.

北投：恋恋温泉乡

刘子嘉　伍玉恬　陈俐洁[*]

摘　要： 北投以温泉闻名，除有自然景观外，更有文史脉络与故事。北投的再生，源于居民对北投公共浴场（今温泉博物馆）的保护；之后，许多建筑被提报为古迹。往昔充满情色的温柔乡，成为适合休闲旅游的文化古镇。在当地居民的努力下，北投将以温泉博物馆为核心，串连周边的古迹建筑、自然资源与人文景观，发展成"生活环境博物园区"，营造人与人、人与自然和谐共处的生活环境。

关键词： 北投温泉；温泉博物馆

北投，亦称北头、八头、八投，都是 Patauw（女巫）的闽南语译音。北投位于大屯火山脚下，温泉地热相当发达。早在17世纪，凯达格兰平埔人就居住在这一带。一说平埔人看到温泉热气心生恐惧，认为是女巫的法术；另一说这里是女巫的居住地。随着汉人开垦活动的加剧，地名音译成"八头"，渐渐变成现在的"北投"。

温泉是北投的天然资源，北投在日据时代就有"温泉乡"的盛名。北投也历经风华与衰败，如今再现风光，都因为在地居民的努力，找回温泉乡那段几乎要被遗忘的记忆。

---

[*] 刘子嘉，女，台北教育大学文化创意产业经营学系硕士；研究商业设计、文创产业经营。伍玉恬，女，台北教育大学文化创意产业经营学系硕士；研究广告营销、活动企划。陈俐洁，女，台北教育大学文化创意产业经营学系硕士；研究艺术与设计创作、文创艺文。

一、恋恋温柔乡的兴衰

1894 年,德国硫黄商人奥里在北投开设第一座温泉俱乐部,但不对外开放。1895 年,日本占据台湾,日本人平田源吾因采矿来到台湾。平田源吾发现北投温泉的质量佳,具有观光与商业价值,于 1896 年开设北投第一家温泉旅社"天狗庵",同时经营泡汤、饮酒、风月。同年 8 月,台北军政财务课长松元龟太郎开设松涛园旅馆,带动北投温泉旅社风潮。后来,辽东半岛日俄战争中的伤兵都被送来北投疗养。

北投地热谷是盆状洼地,由天然喷发的硫黄气侵蚀地形而成。地热谷的自然涌泉属青黄泉,腐蚀性强、味道浓郁,由于水温较高,又不能饮用,早期游客到此都用温泉煮蛋,别具趣味。地热谷中许多蒸汽,日据时期有"黄泉玉雾"美号,吸引许多观光客。除温泉之外,1905 年,台湾总督府博物馆(今台湾博物馆前身)的冈本要八郎在进行地质调查时发现北投地热谷和北投溪里的矿石——北投石——含放射性物质镭,该石是温泉水沉淀出来的结晶,非常稀少。

早期,北投温泉的服务对象多为在台日本人或少数台湾权贵人士。1954 年,北投成立"女侍应生住宿户联谊会",成为合法的风化区。在公私部门的开发经营下,温泉旅馆中的传统艺妓、那卡西走唱乐团逐渐发展成情色产业,北投拥有"温柔乡"的别号。美国《时代》杂志大幅报道北投,命名为"温柔乡",影响台湾地区的国际声望,政府于 1979 年废止公娼制度,观光客骤减、温泉旅馆纷纷关闭,连带影响其他产业,北投走向没落衰败。

二、迷雾小镇的风华再现

北投的振兴,始于 1994 年北投小学师生发起的一连串古迹保存行动。

（一）北投温泉博物馆

繁荣一时的北投，在政府下令废娼以后，观光生意受挫，直至废弃的公共浴场被改建为北投温泉博物馆。1994 年，北投小学的老师们在商定"乡土教学"的内容时开展校外教学探勘，发现台北县议会招待所就是北投温泉公共浴场，是日据时期留下来的重要文化资产，具有丰富的人文历史价值。师生与在地居民几次陈情，希望保留该建筑物，均不成功。最后，北投小学发起师生联署，向相关机构递交陈情书，终于使北投温泉博物馆被认定为三级古迹，得到整修并保存下来。自此，北投地区的地方文化资产保存受到重视，日据时期留下的许多文化资产得到保存和利用。

（二）居民的共识与努力

1994 年，北投小学师生发现日据时期建造的北投公共浴场，展开一连串拯救古迹的行动。师生们努力唤醒当地居民的集体记忆和对家园的重视，地方意识逐渐抬头，当地居民成立"八投里仁协会"进行小区营造工作，获得政府的响应与重视。

新生代北投人成立"北投说书人"文史工作室，说书人陈说所见所闻，用各种有趣、轻松、吸引人的方式和人们互动，诉说北投的故事，将知识及历史记忆传递给人们，让人得以体验特别的人文景致。这些付出与耕耘，使北投这一美丽的迷雾小镇再现风华。

三、特色再造与策略分析

（一）温泉文化的转化

"那卡西"和"酒家菜"见证了北投的繁华。50 年代是酒家文化最兴盛的时候，吟松阁、新秀阁等豪华酒家林立，吸引大批游客及政商名流聚集。北投的酒家菜与其他区域不同，除保留市区酒家菜的特色外，还有日式与外地菜的料理元素,口味多变;著名的酒家菜有鱿鱼螺肉蒜、布袋鸡、五柳居、鲤鱼大虾、菜脯蛋与煎猪肝。

过去,北投酒家是男人的温柔乡,日本人、美国大兵也会前来作客。1954年,政府实施公娼制,成立"女侍应生住宿联谊会",北投一度成为公家认可的风化区。北投地形崎岖,步行或骑车都费时费力,于是出现以摩托车"限时专送"载送侍应小姐前往各温泉旅馆、饭店交易的场景,也成为当地的特色行业。全盛时期,北投地区曾有 200 多辆摩托车。到了 1979 年,北投废娼,旅馆接送服务的需求不如从前,"限时专送"摩托车变成当地居民的好帮手,主要用来接送通勤的上班族与学生,甚至帮居民买东西,送便当,缴费用[①]。

随着居民所得增加与生活水平的提高,1990 年以后,观光旅游与休闲产业蓬勃发展,北投温泉旅馆得以全新的形态出现,新式休闲活动与传统温泉结合,北投的观光走出一条人文清新的路线[②]。

2001 年 12 月 28—30 日,由新北投温泉区的温泉休闲产业业者组成的"北投温泉发展协会",举办第一届"台北国际温泉嘉年华",经由媒体大力宣传,新北投温泉区展示了改善成果,除了搭配阳明山的花季,亦安排温泉观光旅展,带动人潮前来泡温泉,以促动新北投温泉休闲产业的发展。

(二)文化资产与特色建筑的运用

文化放大看,是国家独特的根源,缩小看,是地方美丽的故事,文化资产见证土地的发展,不可忽视,不管新与旧,它都容纳历史、时代,呈现人们的生活样貌。

1. 北投温泉博物馆

1913 年,台北仿照日本静冈县伊豆山温泉建造北投温泉公共浴场,为日据时期著名的台湾建筑师森山松之助所规划,原始规划为两层楼,设有凉亭,

---

① 张慧君.北投休憩空间演化的机制及历程[D].台北:世新大学,2004:61-100.
② 陈玮铃.台北市新北投温泉休闲产业发展的时空特性[D].台北:台湾师范大学,2004:43.

当时泡汤的男女比例悬殊,大池主要供男士们使用,圆拱列柱围起的公共浴场两侧的墙面镶嵌彩色玻璃,华丽亮眼。战后,公共浴场因管理不善荒废。1998年,经过台北市政府的修建,"北投温泉博物馆"重新投入使用。

现今的北投温泉博物馆为英式乡村风格,一楼砖造结构,二楼木造结构,红砖瓦与木头搭配,独具特色,窗户为彩绘玻璃窗,透入室内的阳光会变化,博物馆入口处保留日式建筑样式,别有风味。

图1　温泉博物馆

图片来源:笔者拍摄(2017年5月)。

图2　公共大浴池

图片来源:笔者拍摄(2017年5月)。

2.旧火车站的回归

日据时期,为了发展新北投地区的温泉观光事业,台湾总督府建造了新北投支线,后改名"新北投驿",即现今的新北投车站。1991年年底,因为修建淡水捷运线,北投火车站被强制拆除,木造火车站荒废。这座台北市仅存的百年车站,以一元的价格卖给台湾民俗村,迁移至八卦山。因古迹维护的意识兴起,旧火车站受到关注[①]。

2017年,新北投车站重新对外开放,使用"百年驿站,风华再现"的标语,文化资产保存的议题兴起,老车站复兴,活化地方的认同意识抬头,人们举行了庆祝新北投车站的返乡活动,北投居民还自发举办"守护老车站爵士音乐

---

① 想想论坛.悲情北投:回不去的车站[EB/OL].(2012-10-18)[2017-04-29].http://www.thinkingtaiwan.com/content/203.

会",聚集人气,留下共同回忆①。

图3 新北投车站

图片来源:百年新北投车站返乡重组开幕[EB/OL].(2017-04-01)[2017-05-14].https://udn.com/news/story/7323/2377804.

3.天狗庵遗址

1895年,日本商人平田源吾在九份金瓜石一带采金,在山区探查的时候,受伤处腐烂引发脚气病,因为当地无法治疗,平田源吾辗转至台北病院,也未能医治。之后,平田源吾到北投浸泡温泉疗养,却逐渐康复。来年,平田源吾便在北投设立台湾第一家温泉旅社"天狗庵",北投的温泉产业于是发轫。时过境迁,天狗庵原址仅残留石梯和两根石柱,北投公园内仅可见"汤烟天狗"纪念碑。

4.凯达格兰文化馆

台北市政府为了保存少数民族文化,在北投公园与中山路口北侧的宪兵

---

① 日据时期,台湾总督府为发展新北投地区温泉观光产业,兴建新北投支线,于1916年4月1日正式启用,后改称为"新北投驿",即今所称新北投车站。然1988年因北淡线停驶而走入历史,后拆迁至彰化台湾民俗村存放供游客参观。2003年文化资产保存意识抬头,台北市政府与民间团体携手争取车站回家,几经波折,日荣资产股份有限公司有感于台北市民对车站返乡的热忱与期盼,同意无偿捐赠新北投车站予台北市。随后车站修复重组工程于2016年展开,并于2017年于原址附近重组完成对外开放。

队旧址上修建凯达格兰文化馆,以少数民族文化作为主题,展示少数民族工艺品及文物,北投原是凯达格兰人的居住地,他们是台湾北部最早居住的住民。凯达格兰文化馆2002年11月3日对外开放,总共十层楼,结合多媒体展示与实物展示,影像和计算机互动,展出活泼有趣,方便游客了解少数民族的文化,除了介绍平埔人、高山人,文化馆定期举办表演、工艺、族语教学活动,普及少数民族知识,并销售少数民族相关纪念品。

5.北投图书馆

北投图书馆是台北市立图书馆的分馆,现在人们看到的是新馆。2001年,北投图书馆的天花板漏水,被鉴定为海砂屋,必须拆除。应环保思潮,政府决定将新馆规划成绿色建筑。负责设计新馆的九典联合建筑师事务所设计师刘柏宏说,当初"从环境的角度跟人的生活角度来设计",馆方希望展示环保与节能诉求,与外围环境和谐,保护北投区的自然风貌。

2006年11月,北投图书馆新馆正式启用,它坐落于北投公园内,有三层楼,地下一层与地上的两层楼,馆内书架的高度皆不超过110厘米,市民在图书馆内走动时,可以看见窗外的绿树,整体空间感更为舒适。建筑物为木造结构,利用可回收的建材建造,透光且环保,造型独特;充分利用太阳能供电,使用雨水回收系统,是台湾第一座绿色建筑图书馆。

(三)地方文化节庆的传承

北投观光发展有年,不论政府还是民间,时常举办各种活动,营造出浓烈的旅游氛围。自2001年举办第一届"台北国际温泉嘉年华"活动起,每逢十月举办的"台北温泉季"成为台北市北投区秋冬季最大型的国际活动,吸引各地游客共襄盛举,温泉季活动俨然成为北投的标志性活动。"台北温泉季"有系列活动,除了可以体验特殊的温泉文化,更能认识北投的生态、文化、历史、景观等观光资源。2009年的台北温泉季,台北市观光传播局委托台北捷运公司规划捷运北投站、新北投站入口意象及新北投支线列车内外观,在捷运系统内塑造温泉情境氛围,呈现北投地区自然、人文风貌。

图 4　2015 台北温泉季

图片来源:台湾观光年历.台北温泉季[EB/OL].(2015-10-01)[2017-05-14].http://www.eventaiwan.tw/cal/cal_20102.

图 5　2016 台湾月琴民谣祭

图片来源:北投温泉博物馆.历年活动特展 2016 台湾月琴民谣祭[EB/OL].(2016-10-16)[2017-05-14].http://hotspringmuseum.taipei/ct.asp？xItem=233123576&ctNode=38960&mp=11900C.

四、结语

日据时期诗人洪以南所题《北投杂咏》,描述北投之美,赞叹泡汤的舒畅清爽[1]。北投经历了各种时代与政权的更迭,唯一不变的是温泉文化。北投有不同时期的历史古迹与文化,日式风格的普济寺、温泉旅馆,闽南式老街都是北投历史的重要见证[2]。

> 此地有温泉,浴之气爽然;荡胸忘俗虑,酣梦傲神仙。身净如无物,心澄别有天;松涛应一醉,风咏迈前贤。

北投文化基金会负责文化资产的保存,让北投的古迹保有原来样貌。为了展示北投生态,让观光客近距离感受北投的环境,北投文化基金会进行了详细规划,设置了军舰岩休闲路线、贵子坑水土保护教学园区、登山步道等。

北投拥有独厚的自然资源,拥有历史回忆,但要靠人们流传,这需要各方合作。在振兴之路上,必须做好规划,在打造观光胜地的同时,也不能忽视资源适度开发与自然环境共生,不分彼此地爱护这块宝地,才能永续经营,让后代子孙仍然享有北投的美丽。

在政府与民间的合力推动下,来北投观光的人潮日益增加,2001年周休二日的实施,让北投成为台北民众休闲的好去处,加上地理位置适中及捷运交通方便,外地观光客把北投列入观光旅游名单,带动温泉旅馆产业的再次兴盛。

北投的前景,掌握在当地居民手里,朝着居民们的理想迈进,对地方的认同感也才会加快形成,生态博物馆的成功定位,让小区整体发展有更新颖的规划和视野。

---

① 北投新旧时空的地理关系.北投诗歌——诗与文学[EB/OL].(2010-12-15)[2017-04-26].http://beitoutime.blogspot.tw/2010/12/blog-post_1727.html.

② 台北市温泉发展协会.北投特色、多元历史人文:北投融合着多族的文化[EB/OL].(2017-01-07)[2017-04-26].http://www.taipeisprings.org.tw/tw/modules/pages/btspecial.

九份：千与千寻的山城

林郁絜 范 平[*]

摘 要： 九份聚落始于矿产开采，经历金矿资源殆尽的萧条没落；在地方居民参与之下，透过共同记忆，以艺术介入小区，社区景貌得以复苏。《恋恋风尘》和《悲情城市》等电影的取景和宣传，带来茶楼文化和艺术风潮，也吸引追寻怀旧风潮的游客，九份逐渐恢复往日的繁华，成为台湾著名的特色景点。近年来，透过艺文发展与旅游政策的推动，在"惊艳水金九"观光品牌下，借由举办各种节庆活动，山城终于找到新的定位，自然景观与人文历史联成一线，相互辉映，九份小镇重现风华。

关键词： 九份；文化聚落；观光品牌；重现

九份位于台湾东北部海岸，环山面海，介于基隆山与茶壶山之间，终年多雨，水气弥漫，自有一番神秘景象。九份地名的由来，众说纷纭。根据《台北县志》的记载，九份名自九户人家，因当时物资从焿子寮（今瑞芳地区）挑上山，在交通不便的情况下，居民多集体采买所需用品，挑户在送上山前分成九等份，因而得名。另一种说法是，九份人提炼樟脑油，设八十一口灶，每九口灶称为

---

[*] 林郁絜，女，台北教育大学文化创意产业经营学系硕士；研究艺文产业、设计与艺术创作。范平，女，台北教育大学文化创意产业经营学系硕士；研究文学创作与文化创意产业。

一份,因此称"九份"。①

本文探讨九份聚落的发展,以其历史脉络为始,进而研究九份地区经由历史与地景资源改变后,从没落到复兴的转变过程。文章的结尾,透过金矿记忆、聚落氛围与形象再造,借由艺文介入、电影艺术与旅游政策的推展,九份聚落不只成为观光的怀旧之乡,更赋予地方的想象与人文风情。

一、九份矿业的兴衰

相传在清光绪时,九份农人偶然拾获矿石,被鉴定为沙金结晶,消息传开后引起大量淘金客前来淘金。而后,清政府在基隆厅治内瑞芳龙潭堵设立基隆金沙总局,向业者抽取厘费,在特定区段设分局,以管理各分区的采金活动。②

甲午战后,台湾被日本占有,日总督府重新制定"台湾矿业规则",只允许日本国民经营矿业,清楚划分所属领地,以基隆山正南北轴线为界,东为金瓜石,日籍人才能申请,以西的九份地区则由日人藤田传三郎经营。当时由日本引进新式设备与系统,采矿技术水平大大提高。

在开采经营陷入困境后,藤田将九份区的矿山经营权让给颜云年。熟悉九份矿脉特性的颜云年,实施"三级租包制",分租给几个小公司,突破藤田的经营纪录,因此合并瑞芳所有采集的矿权,成立"台阳矿业株式会社"。在颜氏的经营下,九份的矿业发展进入高峰,许多怀着淘金梦的矿工前往九份,期待一淘成富衣锦还乡。③

当时的九份十分繁荣,人潮熙来攘往,基山街各式商行林立,银楼、杂货店、市场、理发厅随处可见。升平戏院也于此时建立,成为大众娱乐场所。当

---

① 邱文蕾.文化创意产业聚落研究,以台北九份与上海M50为例[D].台北:台湾师范大学,2013:54.
② 邱文蕾.文化创意产业聚落研究,以台北九份与上海M50为例[D].台北:台湾师范大学,2013:56.
③ 邱文蕾.文化创意产业聚落研究,以台北九份与上海M50为例[D].台北:台湾师范大学,2013:58.

时矿工的轮班采用三班制,因此,午夜交班之际,九份小镇人声鼎沸,茶楼、酒家与小吃店的生意络绎不绝、灯火通明。从海面回望九份山屿,犹如上海与香港,因此九份有"小上海""小香港"的别称。

太平洋战争爆发后,日本政府对钢铁、铜矿、煤矿与石油等国防资源的需求增加,黄金需要不再迫切,又过三年,瑞芳矿山局停工,煤矿与工厂又遭美军轰炸而严重破坏,因此,采金事业以及煤矿业就此停摆。

光复之初,九份盗采黄金情况猖獗,由于战后经济萧条,许多人开采废弃或者旧时不开采的矿坑,此时的九份经历短暂的繁荣时光,一直到政府实施币制改革,经济渐渐趋于稳定,黄金价格格外稳定。

然而,荣华景象终如昙花一现。随着物价攀升,金价追不上物价指数,加上矿脉已挖至海平面以下,采矿成本逐渐升高。矿山进入衰老期,产量逐年减少。台阳公司将矿山收回自营,矿工纷纷离开或者转执他业。最终,台阳公司也因长期亏损而结束瑞芳所有金矿业务。九份的黄金时代,就在1971年画下句点。[①]

二、茶楼文化的兴起

矿业结束后,九份人大量外移,小镇凋零,风华不再。受乡土文学运动的影响,许多艺文人士找寻所谓的"原乡"氛围,因此,荒凉的九份山城迎来艺术家们群聚进驻。在文化人士进入、旅游兴起及电影风潮的带动下,九份驱散二十年灰暗长日,迎来曙光。

1991年,基山街出现专为游客服务的商家"九份茶坊",创办人洪志胜当时为年轻画家,1979年与油画老师到九份创作,邂逅街尾的老房,对山城一见钟情,决定定居。[②]

---

① 陈书豪.地方观光发展与集体记忆的疏离,以九份地区为例[D].台北:东吴大学,2012:43—44.
② 陈书豪.地方观光发展与集体记忆的疏离,以九份地区为例[D].台北:东吴大学,2012:58.

(一)电影营销

"九份茶坊"的历史是一连串的偶然,其原为台阳矿业所长翁山英故居,曾是九份坑长统筹中心,后来为水池仙诊所。这栋历经百年沧桑的建筑,在成为"九份茶坊"后,获得新灵魂,九份的茶楼文化从此兴起。

新兴茶楼依山而立,渐成风景,例如竖崎路上因《悲情城市》电影而闻名的"小上海茶楼",在电影上映后,吸引大批影迷与游客朝圣,争睹电影情景,感受当时的怀乡之情。宛若日本动画《神隐少女》场景的"阿妹茶楼",在一排排红灯笼映照下,小镇宛若电影场景,带上神秘氛围。

由吴念真编剧、侯孝贤执导的《恋恋风尘》,也将九份作为他者影像,描述年轻人由乡进城的谋生故事,九份因而引起人们的关注。作为电影背景的九份,借《恋恋风尘》《悲情城市》《多桑》等台湾近代写实主义式本土电影的观赏风潮而渐为人知,九份不再落寞,激发观众的探究欲望。

竖崎路阶梯上林立的茶楼,重塑九份的形象,电影与人文气息铺陈,不仅吸引岛内旅游观光人潮,也吸引国际观光旅客,电影营销让九份有了更新的面貌和意象。

(二)戏梦风华

"升平戏院"是九份地区最有名的建筑物,是台湾北部第一家戏院,建于1927年,占地200坪[①]。升平戏院位于竖崎路与轻便道的交叉口,初时一楼为石造,二楼为木造,后遇强台风侵袭毁坏,于1951年后改为水泥空心砖与木结构屋顶,保留至今。

在九份大量产金的时代,升平戏院人潮汹涌,戏剧种类繁多,如日本的新剧、歌仔戏、默片、日片、电影。播放电影时,戏院还会请辩士讲述电影情节;戏院的宣传,除了海报之外,还有五人一组的宣传队,偕同扩音器,敲锣打鼓,此起彼落地回荡在热闹的九份街巷里。

---

① 坪:日本和台湾地区的面积单位,1坪相当于3.305 7平方米。

70年代以后,九份矿业萧条导致人口外流,升平戏院生意惨淡,于1986年走入历史。2010年,为发展地方观光产业,升平戏院被核定为纪念性建筑并进行修复,重现1962年的风华,展现旧有的亮丽与记忆。

三、新兴聚落文化组织的发展

九份拥有特殊的地景风貌,其复兴又值70年代乡土意识抬头,所以吸引大批画家、雕塑家、作家、演员前来,依山傍水的九份仿若灵感的泉源。1989年,许多艺术家提议效仿纽约苏活区设立"九份艺术村委员会"。艺术村的建立吸引艺术家进驻,全盛时九份有57位艺术家。除创作之外,艺术家们利用九份闲置的空间展示艺术创作成果,尝试以各种形式呈现艺术之美,借由艺术创作推动观光,振兴当地文化产业,向没落的九份小区注入新的艺术想象。

地方组织在地区发展中起"凝聚地方力量"的作用,通常是地方发展的核心,对外产生扩散和影响的效应。九份聚落的发展过程中,新兴地方文化组织扮演重要的角色,它们除了是地方人士讨论与信息交流的平台,也是对外联系的窗口,成为代表地方的"品牌"。"九份艺术村"设立后,激发居民参与地方发展,带动观光人潮;此后,九份地区陆续成立新兴的地方性组织。

(一)九份商圈联谊会

2000年,九份地区惨遭台风无情横扫,不但聚落与地景被破坏,观光业更是受到相当大的打击,当地居民组织起地区性的自救会,于2001年正式成立"九份商圈联谊会",积极发展九份地区的商业与观光,透过此组织,在地商家建成互通互助的渠道。

(二)九份金矿博物馆

九份金矿博物馆成立于1993年,由矿工曾水池创办,目的是传承采集金矿的相关文化与知识。馆内保留早期的采矿技术,如采金、淘金、炼金等步骤的相关知识,让民众了解九份地区的金矿文化;馆内设有采矿体验区,民众可参与,深入了解矿产采集的技术与流程。

(三)黄金博物馆

水金九地区于 2003 年被官方列入"世界遗产潜力点",受到各界的重视与关注,官方逐渐向其中注入资金与资源,使水金九得以高效率地发展观光产业。同一时期,台北县政府(今新北市政府)也意识到九份与金瓜石一带的遗址与历史脉络的重要性,开始在当地筹建博物馆,于 2004 年 11 月成立"黄金博物馆",该博物馆为台湾第一座以"生态博物馆"理念规划的博物馆。

黄金博物馆除有博物馆的基础功能以外,更发挥"凝聚小区意识"的作用,金瓜石以此馆为核心基地向外延伸,结合园区周围的古迹与地景,举办各种形式的活动,展示金瓜石的矿业文化与人文之美。

图 1　黄金博物馆建筑外观

图片来源:笔者拍摄(2014 年 5 月)。

"山城美馆"由水金九地区的艺术工作者组织开设,部分成员为本地人。参与者对水金九地区有丰富的情感,因此创立"山城美馆",以此为基地进行创作,保留地方的故事。山城美馆面向阴阳海,富有壮丽的天然景致,成员们在此交流、创作,经常在这一空间举办展览,民众可进门参观,也可购买艺术家的作品,原本人烟罕至的地方有了生气,进一步影响周边邻里小区,聚集当地的人文艺术能量,使其成为自然与人文的荟萃之地。

图 2　山城美馆建筑外观

图片来源:笔者拍摄(2014 年 5 月)。

(四)九份矿山文化艺术基金会

2010 年,九份地区的人文艺术相关工作者成立"九份矿山文化艺术基金会",有组织地发展九份的文化与艺术。基金会以"保留、推广矿山之艺术与文化"为宗旨,传承矿山的历史精神,展示矿区文化艺术之丰富内涵。基金会除了自行举办地方的艺术展览、音乐会与戏剧表演,也与岛内外相关艺术团体交流、合作,进行推广的工作。

四、惊艳水金九

新北市于 2009 年提报"水金九地区国际观光魅力据点发展整合计划",为首批进入观光局"竞争型国际观光魅力据点示范计划"的县市[①];透过观光局

---

① 台北市政府观光旅游局.台湾观光新亮点:惊艳水金九[EB/OL].(2017-04-21)[2017-04-26].http://www.ntpc.gov.tw/ch/home.jsp? id=28&mcustomize=news_view.jsp&dataserno=229864.

大力支持与补助,新北市政府在经过一年多的努力后,使水金九地区的整体观光建置在众多计划中脱颖而出,成为率先登场的台湾国际观光新亮点。2011年,新北市又着力打造新的观光品牌——惊艳水金九,"水金九"三个字分别取自水湳洞、金瓜石与九份三个地区名称,其闽南语谐音正好为"美真久",含对三个地区的赞美之意。

(一)观光措施与设施

九份位于台湾东北角,依山傍海,且为旧工业遗址,交通并不发达;近年来,随着知名度上升,每逢假日,观光人潮众多,造成交通堵塞;在新北市政府的大力推动下,新北市政府与黄金博物馆推出许多便利的交通措施,旅客能更容易到达"水金九"。

随着观光新品牌的建立,"水金九"一带的交通随即被打通,就此挥别偏远不易到达的刻板印象。新北市政府在忠孝复兴捷运站、瑞芳火车站安排能够到达九份与金瓜石地区的客运,方便旅客只身前往探访。新北市政府还着力规划"水金九"地区的交通配套措施,在"水金九"三个景点之间安排接驳公交车,让自由行的旅客可以搭乘"惊艳'水金九'彩绘接驳公交车"[①],轻松地在水湳洞、金瓜石与九份之间惬意游走,让民众可省去驾车之劳、排除塞车与停车的不便,轻松体验"水金九"之美。

(二)地方节庆活动

1.九份火把节

"九份火把节"的由来,是由于早年九份地区的照明设备不足,当地的矿工必须使用火把照明,寻找矿脉;而后,"举着火把在道路上穿梭"渐渐演变为巡山的祈福仪式,祈求寻得金矿,满载而归。近年来,九份依据传统重新举办火

---

① 台北市政府观光旅游局.台湾观光新亮点:惊艳水金九[EB/OL].(2017-04-26)[2017-04-26].http://www.ntpc.gov.tw/ch/home.jsp?id=28&mcustomize=news_view.jsp&dataserno=229864http://www.ntpc.gov.tw/ch/home.jsp?id=28&mcustomize=news_view.jsp&dataserno=229864.

把节,使之成为黄金山城独特的祈福庆典,所有居民与游客皆能够一同参与。从高处眺望九份,就像一条火龙盘踞于街道,火光绵延的景象非常壮观。举办火把节的意义在于让游客透过火把节了解当年采矿的巡山仪式,体验并了解采矿的状态;这样复兴传统仪式让土生土长的九份人特别有感触,他们透过参与此节庆活动感念先人。

2.矿山金采节

位于金瓜石的"矿山金采节",主要由黄金博物馆办理,于每年6—8月举办。最初,因为金瓜石金矿资源丰沛,通过节庆活动展示地方特色,以工艺的形式来让更多人认识金矿的故乡。

在过去,"金工"创作风气并不兴盛,也缺乏公开的展示平台,鉴于此,黄金博物馆举办各式金属工艺竞赛,聚集全台各地的金工参赛,办展,甚至在此地进行长时间的创作,透过举办创意市集等活动推广销售艺术家们的作品,带动金瓜石地区的金属工艺文化。[①]

3.矿山芒花季

黄金博物馆每年举办"矿山金采节",还过"矿山芒花季"。金瓜石一带的芒花在秋季盛开,每年10—12月,芒花密布,如霜似雪,白茫茫地覆盖整片山野,在风中摇摆,美不胜收,成为当地重要的自然景观。芒花季的活动内容与金采节的相近,经常搭配不同的特展与艺术表演活动,吸引民众来访。

本节庆每年搭配不同内容的DIY体验活动,吸引民众体验、学习;多以芒草为材料进行手工制作,如编织、制纸或制作儿童玩具,让民众参与各种活动来认识芒草之美。

五、发展历程与策略分析

九份地区从没落到转型成功崛起,背后藏着无数的人情与故事,一层又一

---

① 林咏能,李兆翔,林玟伶.节庆、观光与地方振兴整合型计划:以水金九周边地区为例[D].台北:台北教育大学,2010:60—65.

层地堆出生命的厚度,而后才酿出特有的婉约之美。这样的美,在于它曾经繁华,而后沧桑,接着,在重生之后,迈向属于它的下一个阶段。观看九份的成长,如同阅览人的一生,时起时落,随着时间变换姿态,呈现每个时期的不同风貌,才最贴近真实。

(一)发展历程

从清末发现河水金沙开启淘金梦后,开采金矿的繁盛时期一直持续到日据时期,产量逐年减少,九份的繁荣盛景在矿产没落后画下句点。

艺术村的设立和繁荣,带起聚落新兴发展,电影与茶楼文化、艺文机构如山城美馆等让九份再现繁荣之景,加上地方政府决心"惊艳水金九",打造九份的观光品牌,创造新的山城风貌,九份的繁华似乎可以重现。

(二)策略分析

九份发展的策略以"产业历史""艺文组织""电影营销""政策发展""地方节庆"为核心。九份产业历史的重量增加了此地人文风情的深度,艺文组织的进入,让九份有了新颖的山城想象,电影营销激发的怀旧风潮,吸引众多影迷前来。

"惊艳水金九",使九份、金瓜石与水湳洞三地的观光形成联动,串连起八番坑遗址、五番坑遗址、黄金博物馆、十三层遗址、废烟道等,发展节庆活动,传承、展示地方文化,吸引观光人潮,使地景风貌得以重现。

近年来,越来越多民众重视这块土地与文化内涵,致力于文化的保存与创新,期望九份能够依照自己的步调,以最优雅的姿态,持续呈现最美的模样。

五沟水客家聚落：
文化资产保存与特色小镇营造

林思玲*

摘　要： 五沟水客家聚落位于台湾屏东县万峦乡，是典型的客家聚落，属于昔日所称六堆之先锋堆。2008年透过"文化资产保存法"对传统聚落的保存，五沟水成为台湾第一个客家聚落，从此不仅具有文化资产的身份，也促使文化主管部门与客家委员会等公共部门资源和经费的投入，进行特色聚落的营造，保存了台湾珍贵的客家文化资产，使之便于传承给下一代子孙。

关键词： 五沟水；客家聚落；文化资产保存

聚落是特定范围的人群共同生活空间的总称；聚落应为整体，无法单独分割成建筑类型、祭祀圈、政治制度、都市体系、经济因素或人类学研究范畴①。一个聚落之中，不但有具历史意义及文化意涵的人造物、居民，也有相近的血缘关系与共同的生活记忆。

台湾各乡镇所居住的人口族群，大多分为三类：闽南族群、客家族群、少数民族族群。客家聚落是聚落中客家人口比例占多数的聚落。五沟水客家聚落位于台湾屏东县万峦乡，是典型的客家聚落。依照客家委员会制定的"客家基

---

* 林思玲，女，屏东大学文化创意产业系副教授，成功大学建筑学系博士学位。研究建筑学、建筑史与理论、文化资产保存与再利用。多次担任文化资产审议与审查委员，执行多项文化资产保存相关计划，熟稔文化资产保存实务。

① 郭肇立.聚落与社会[M].台北：田园城市，1998：7.

本法",客家人是"具有客家血缘或客家渊源,且自我认同为客家人者"。

在2014年的调查资料中,台湾约有420.2万客家人,占总人口数的18.0%。若以县市来看,台湾符合"客家基本法"定义的客家人口比例最高的前5个县市依序为新竹县(69.5%)、苗栗县(62.2%)、桃园县(39.1%)、花莲县(31.9%)及新竹市(30.5%),其中新竹县、苗栗县有六成以上县民为客家人,其他三个县市客家人口比例也达三成以上。其余客家人口比例较高的县市有屏东县(23.4%)、台东县(19.3%)、台北市(17.1%)、台中市(16.3%)、新北市(13.5%)、南投县(13.5%)[①]。客家委员会把全台湾69个客家人口数较多的行政区列为"客家文化重点发展区"。其中位于高雄市有美浓区、六龟区、杉林区、甲仙区。屏东县有长治乡、麟洛乡、高树乡、万峦乡、内埔乡、竹田乡、新埤乡、佳冬乡[②]。

一、屏东六堆客家聚落

"六堆"是台湾南部高雄屏东地区客家聚落范围的指称,其涵盖范围如下所列:

右堆:高雄市美浓区、六龟区、杉林区、甲仙区部分、旗山区手巾寮(今旗山区广富里)、屏东县高树乡、里港乡武洛(今里港乡茄苳村)。右堆附堆有楠仔仙(今六龟区)、莿桐坑(今杉林区)、莿仔寮(今杉林区)、月眉(今杉林区)、叛产厝(今杉林区)、崁顶、新庄、大埔(今高树乡大埔村)、九块厝(今九如乡)、大路关(今盐埔乡)、上武洛(今里港乡)、下武洛(今里港乡)、盐树(今高树乡盐树村)等十三庄。

前堆:屏东县长治乡、麟洛乡,屏东市田寮、九如乡圳寮(今九如乡玉泉村)、盐埔乡七份仔(今盐埔乡洛阳村)。前堆附堆有海丰(今屏东市海丰里)、茄苳仔(今盐埔乡洛阳村)两庄。

先锋堆:屏东县万峦乡。先锋堆附堆有潮州、八老爷、力社、佳佐、林后、苦

---

① 客家委员会.2014年台闽地区客家人口推估及客家认同委托研究[R].台北:典通股份有限公司执行,2014:摘要.
② 刘庆中.客家人口分布图[EB/OL].(2017-04-29)[2017-04-29].http://web3.hakka.gov.tw/ct.asp? xItem=138655&ctNode=1909&mp=1869.

瓜寮、四块厝等七庄。

左堆：屏东县新埤乡、佳冬乡。

后堆：屏东县内埔乡。

中堆：屏东县竹田乡。

清代开始,屏东平原上出现客家聚落、闽南聚落与平埔人聚落夹杂的情形。族群杂处错落的聚落分布形态,与当地客家人拓垦组织及六堆组织有密切的关系。六堆始自康熙六十年(1721年)朱一贵事件发生后,原籍潮州府的镇平县(今蕉岭)、程乡县(今梅县)、平远县、大埔县,汀州府的永定县、武平县、上杭县各县的客家垦民,在下淡水溪(今高屏溪)流域以东,联合客家十三大庄与六十四小庄组成自卫组织。每遇乱事,例如,乾隆五十一年(1786年)林爽文事件与咸丰三年(1853年)林恭之乱,六堆便集会推选出大总理、副总理领导应变。1895年,因参加反抗日本的乙未战争,自卫组织被解散,"六堆"一词逐渐转变为高屏地区客家族群概念性的统称。

六堆客家人的生活方式,与其原乡的生活经验密切关联。六堆客家人移垦后,因处于相对弱势的地位,危机意识十分严重,选择与官府合作以获得保护。此外,客家移民透过组织各类"尝会"①,结合人力与物力拓垦土地,也是六堆客家人重要的文化表征。也因为如此,客家聚落最重要的特征就是高度的防卫性。聚落为保卫村庄的安全,防止盗贼、少数民族、闽南人的威胁,兴筑许多防卫工事,聚落的外部设有土石堆、刺竹、圳沟、池塘等,聚落的内部则以弯曲的街道来形成易守难攻的空间。

二、客家文化资产保存与生活环境营造

近年来,台湾客家聚落的保存主要由两个重要的政府部门负责。

首先,是各地方政府的文化局处。早在1985年,屏东县政府文化处就把客家伙房佳冬乡萧宅认定为县级古迹。2008年,又将"五沟水"认定为"聚

---

① "尝会"又称"公尝",是农业时代客家家族普遍缔结的一种祭祀组织。

落",成为台湾第一个具有文化资产身份的客家聚落。此外,许多客家伙房、敬字亭、伯公①也被视为文化资产。

其次,是"客家委员会"。客家委员会从2003年开始推动"客家委员会补助地方政府推动客家文化生活环境营造计划",利用经费补助地方政府整体规划客家聚落,保存传统客庄小区公共生活场域,强化客属文化资产特色,落实在地住民共同参与小区发展与环境营造。计划执行的项目包括:公园、绿地、广场、街巷、沟渠等公共生活空间及休憩环境的整理改善;文化资产风貌,具人文、历史、民俗、艺术等价值之传统建筑、场所及其外围环境营造;人为环境景观,路径、旧铁道、堤防护岸等线性空间设施或既存重要地标据点等环境整理;自然环境景观,生活环境聚落所在的山川、水岸、水圳等环境景观生态复原改善;闲置空间再利用,低度利用或闲置公有(公用)建筑物再利用及周边空地的环境改善;客家聚落环境营造发展总体规划;客庄聚落所在范围内人文、历史、产业、地景及空间建筑的调查研究、发展课题研析、资源盘点、跨域资源整合及分期执行方案等总体规划或基本设计;客庄聚落文化资产保存维护等聚落空间的保存与景观美化。透过计划的补助,客家聚落传统文化风貌得以保存。屏东县内许多客家聚落的特色营造计划陆续完成,例如,2012年"屏东县竹田乡二仑聚落串连暨敬圣亭水岸再造工程"、2012年"屏东县佳冬张家商楼整修与再利用计划"、2013年"屏东市战后河婆客家生活环境资源调查"、2014年"屏东县高树乡大路关石狮公祭祀场域营造规划设计暨工程案"、2015年"屏东县内埔乡番仔埔暨兴南开基伯公调查研究案"等计划。

三、五沟水客家聚落的文化资产与特色

五沟水聚落所处的万峦乡,是昔日所称"六堆"之"先锋堆"。其东邻赤山、

---

① 伯公对于客家人的意义,就像土地公之于闽南人一样。客家语"伯公"指的是祖父的哥哥。将伯公视为家族中的大家长,具有权威可以决定并承担生活中的苦乐。客家人亲昵地把土地公称为"伯公",每天早晚各献一炷香,代表着向长辈请安的敬意。在客家人的聚落中,处处可见伯公的身影,可以说是一种极具生活化的宗教信仰。

万金两个平埔聚落,西接四沟水,北有成德村,南以万峦、佳佐为界。五条水沟在万峦附近注入东港溪支流五魁寮河溪中,垦民于河沟两岸拓垦,由头沟、二沟、三沟、四沟沿着河流往上游开垦,然后到五沟。五沟水之开庄顺序以东边先兴命名"东兴庄",为最早;再为"西盛庄";新拓北顶荒地命名"新庄",后改"得胜庄";向南朝大树密林荒地开垦,故名"大林庄",计有四个庄头。进入文化资产名单的五沟水聚落,保存区域包括东兴、西盛、大林、得胜四庄,面积约为510公顷。

五沟水聚落的客家传统伙房最具特色,客家人的宗族尝会及祭祀公业与传统伙房息息相关。五沟水早期客家人以祭祀公业的方式开垦土地,祭祀公业在五沟水聚落扮演重要且复杂的角色,祭祀公业实为客家聚落中的尝会组织。五沟水聚落自然生态环境丰富,水草资源、昆虫、鸟类等,都是聚落内重要的资源。

除了客家伙房,伯公也是非常有特色的客家聚落文化元素。有些伯公为化胎形式,由卵石围塑垒起土堆,外观非常特别。伯公散落于客家聚落之中,守护着聚落中生活的客家族群。伯公祭祀是一种土地崇拜,展示出人与自然间生活的关系。在客家聚落中,每座伯公有特定的祭祀圈。住在伯公附近的居民,早晚必须"点厅下火"。在祭祀祖堂前先到邻近的伯公坛前上香奉茶,祭祀简单但虔诚,客家人把伯公当成家中的长辈。此外,伯公较隆重的祭祀有农历初一、十五的祭仪;以及二月二、八月二的伯公生日祭典。伯公多位于各聚落的庄头庄尾,溪流沿岸及要冲;聚落自行筑堤蓄水成池塘旁或聚落的入山凹口;山径的通道;道路与河口交会处;大家族伙房的入口;墓冢区等处[①]。

祭祀伯公是客家人的传统,深刻揭示人与土地的关系,人与自然的关系。伯公是客家聚落的一部分,反映聚落居民的自然信仰。五沟水有6座伯公,南栅伯公位于聚落重要的水路边,其旁小径即是聚落人员出入的重要通道,此处伯公保护流水与人员出入平安。南栅伯公造型最特殊者为石碑后侧的垒起土

---

① 张二文.美浓土地伯公信仰之研究[D].台南:台南师范学院,2002:57—58.

丘,不熟悉客家文化的人乍看之下会将伯公错认为坟墓。

五沟水在2005年新版"文化资产保存法"颁布后才进入文化资产名单。1982年颁布实施的"文化资产保存法",经过多次修改,于2005年重新颁布,明确将聚落项目独立出来,与古迹、历史建筑并列;保存方式上,以强制性与奖励性保存并重。2005年的"文化资产保存法"参考世界文化遗产的做法,调整了聚落的保存与再利用原则,完备聚落的保存与活化。

聚落的登录,比其他的文化资产经历更多的行政程序。因为聚落的登录牵涉许多私人土地建筑物,地方政府会召开多次公听会,让居民了解文化资产保存的意义与方式,取得共识后才进行登录。五沟水聚落登录之前,相关政府部门投入许多经费进行调查研究,例如,在2007年时,客家委员会结合屏东县文化处共同办理"屏东县万峦乡五沟水小区客庄生活空间保存及再利用计划",对五沟水聚落进行全面调查研究,调查研究的资料成为聚落登录的重要依据。

聚落登录成功后,相关政府部门投入许多经费,进行生态调查与空间活化再利用。2006年,启动建设"万峦客家文化暨水草生态亲水教育园区",修缮了刘氏宗祠、观海山房、进士第,设立民宿区、文化体验展览广场、仿古水车、桂花木栈道,采用自然工法打造生态圳路步道及渠道观赏区等,让更多人认同五沟水这块净土,了解保护生态资源的重要。

图1 五沟水客家传统伙房

图片来源:笔者拍摄(2017年5月)。

图2 五沟水刘氏宗祠门楼

图片来源:笔者拍摄(2017年5月)。

五沟水客家聚落拥有特色风貌,屏东县政府在2008年执行"屏东县万峦乡五沟水村大伯公小区公园监造暨工程计划"时,整修开庄伯公所在的小区公园。五沟水聚落中有四个重要开放空间,大伯公公园位于最南端,为外部由南侧进入五沟水的第一个开放空间,为五沟水聚落南侧与外界的缓冲,三条水渠交汇于此,村民称为"三合水"。公园北侧为五沟水小区活动中心及广泉堂所在,忠勇祠位于公园北侧入口处,五沟水聚落的开庄伯公即位于公园中央老芒果树的东侧。

2009年,"五沟水聚落伙房修护工程"启动,修复了2009年莫拉克台风中受损的客家伙房。修复后的客家伙房,经活化再利用,成为游客认识客家文化的好媒介。例如,五沟水钟家和兴伙房经修复后,屋主经营文化艺术驿站,供人参观。经过保存活化后的五沟水聚落,吸引很多游客到访,他们体验到浓浓的传统六堆客家文化。除此之外,屏东县政府陆陆续续完成许多工作,2008年完成"屏东县万峦乡五沟水村工作室进驻与伙房修缮工程"、"屏东县万峦乡五沟水村大伯公小区公园监造暨工程"、"屏东县万峦乡沿溪客家产业生态廊道规划设计暨工程"(含六堆客家文化园区周边小区风貌再现)、2010年执行完成"万峦乡五沟水聚落半月池周边水环境暨生态复建计划""万峦乡五沟水守护工作站""六堆祈福——攻炮城文化祭",2017年完成"万峦水之旅——五沟水探险小径规划设计暨工程",五沟水客家聚落的特色风貌营造颇见成绩。

图3 五沟水客家伙房钟氏万成祖堂
图片来源:笔者拍摄(2017年5月)。

图4 钟氏万成祖堂与和兴钟家伙房解说牌
图片来源:笔者拍摄(2017年5月)。

图5　修复后的五沟水钟家和兴伙房屋主经营文化艺术驿站

图片来源:笔者拍摄(2017年5月)。

图6　五沟水聚落

图片来源:笔者拍摄(2017年5月)。

四、结语

近年来,台湾努力保存文化资产,响应联合国保护文化遗产的倡导。所有的修复与调适,秉持"维护是具有重大文化意义的地方经营管理的一部分,并且是一项持续进行的责任"的原则。

台湾的五沟水客家聚落,所存在的生活空间元素,例如伙房、伯公,承袭浓厚的传统客家文化。近年来借由文化资产身份的登录,引导文化主管部门与客家委员会等相关政府部门投入经费,进行聚落特色的营造;让珍贵的台湾客家资产,借由文化资产保存与景观特色风貌营造,传承给下一代。

后壁土沟：村是美术馆，美术馆是村

蔡佩桦　陈劭恩[*]

摘　要： 台南后壁土沟成立"土沟农村文化营造协会"，以"水牛精神"为号召，凝聚村落居民情感与记忆，吸引青年学子加入，加速农村改造，经由修辟废墟、闲置空间再利用与美化环境等行动，结合地方纯朴文化与艺术，设计出符合当地居民生活习性的休憩空间。在"整个农村就是美术馆"的理念下，推出"村之屋当代艺术展"，展示生活美学，实践"村是美术馆、美术馆是村"的后博物馆概念。后壁土沟的做法重新活络农村的社会关系，改变人们对传统美术馆的刻板印象，展现当地特色与文化新风貌，带动台湾农村改造，塑造别具一格的乡村景致。

关键词： 后壁土沟；土沟美术馆；农村博物馆；小区营造

一、土沟农村简介

《阿伯哩贺》[①]这首曲子呈现台湾的乡村生活与人文风景，"阿伯哩贺！呷饱未，透早巡田水，日头炎炎戴笠笠，阿伯哩贺！呷饱未，孙子欲转来迢迢赶紧来宰鸡"。

---

[*] 蔡佩桦，女，台北教育大学文化创意产业经营学系硕士；研究艺文产业与艺术创作。陈劭恩，男，台北教育大学文化创意产业经营学系硕士；研究小区营造、社会设计与策展。

[①] 2015年土沟农村美术馆主题曲，廖晓和词，刘主扬曲。

位于"台湾大谷仓"台南后壁区土沟里的土沟村,为嘉南平原典型的传统农村聚落,由凹仔、下土沟、顶土沟、无竹围厝、竹仔脚及过埤6个独立庄头组成,农作物以稻米、番薯为主。70年代的土沟村,像大多数台湾农村一样,因农业逐渐没落,青壮年多半离乡工作,人口老化。目前,土沟村老年人口占全村人口比例约46.7%,总人数1 500。当地保留许多闽南传统四合院建筑,有约400公顷的宽阔农田。

1994年起,文建会推动"小区总体营造计划",集结民间草根力量,由当地居民主动改善家园,结合政策补助、小区与非营利组织等资源,吸引社群力量参与小区公共事务,共同营造舒适与永续的小区环境。土沟村的复兴即萌发于此时,因有青年学子参与小区营造,开启独特的艺术历程,举办生态美术馆节庆,营销在地景观与农村文化,成为台湾的特色小镇(农村)典范。

二、农村美术馆发展历程

土沟是台湾南部纯朴平凡的农村,受经济发展重心转移的影响,该村经济社会发展停缓,为改变小区没落的窘况,当地居民发起成立小区营造组织,积极探索重整与永续营造小区。

土沟村以农耕为主要产业,全盛时期村内有300只水牛,家家户户皆饲养水牛,农耕机械化后,水牛逐渐减少,至今只剩下一只。2002年,土沟农村文化营造协会(文化协会)从最后一头水牛身上找到传统农村的在地精神,以"水牛"为号召,展开土沟村小区营造,"水牛"象征纯朴农夫默默打拼的精神,文化协会透过提取宣传水牛意象发起"寻找老牛车"活动,让村民拼凑记忆,运用小区事件建立在地文化认同,为农村居民找到共同努力的方向。

(一)寻找共同记忆

文化协会创立初期,以绿化美化小区环境为诉求,鼓励住民整理家园环境,鼓励住民透过美化找回对土地的热爱,使住民有机会参与公共事务,达到小区总动员的目标,为后续营造建立良好的开端。2002年,农村内6个庄头自行选定需改善的公共场所与空间,自力营造,改善环境与清理脏乱角落。这其中,营建了绿色隧道景观道路,改造了农村文化学堂,举办植树节植树活动,开辟出无竹围厝闲置空间,整修了下土沟黑水沟旁的脏乱环境[①],营造了5个公园,其中以水牛公园最具代表性。公园内矗立着水牛石雕,出自石雕家侯加福[②],是土沟村首次邀请艺术家驻村现场创作的成果。驻村艺术家创作过程中,不断与居民进行双向沟通,其不只是纯粹的公共艺术,而具有多层次的美感,有互动性。

图1 水牛石雕

图2 农村文化学堂

(二)艺术介入行动

台南艺术大学建筑艺术研究所小区营造组的师生(南艺团队),因课业实作需要,从2004年开始,将土沟村作为小区营造实作的地点,开展了一系列艺术介入空间活动。南艺团队和文化协会都关心突破传统并创造农村新的价值,努力开掘土沟村的资源。2005年,双方合作展开"文化空间艺术改造计划",邀请多位邻近艺术家进驻土沟。文化协会与南艺团队合作,相互学习,逐渐酝酿形成改变土沟的氛围。

---

① 李亚樵.行动式规划在农村——以台南县后壁乡土沟村"水水的梦"为例[D].台南:台南艺术大学,2010:140.

② 侯加福,从事油漆工作近40年,后转型成为素人艺术家。连续三届获得嘉义市"石猴户外创作展"的票选首奖,得"美猴王"称号。

为延续执行"文化空间艺术改造计划"的气氛,2006年,双方举办"竹仔脚聚落艺术改造行动",对聚落整体环境进行艺术改造,借由艺术改造环境,将艺术与生活联结起来。在农村的空地、大树下,甚至在"埕"上进行艺术改造,拉近了艺术与居民的距离。有了这些经验,南艺团队与文化协会从当地环境与人文脉络着手营造,吸引居民提出想法并积极参与。

1. 水水的梦

土沟位于白河后壁交界,拥有丰富的水资源。有小南海、将军埤、林初埤三个埤塘,三埤历史悠久,于清朝咸丰年间开发,原用于蓄水灌溉,拥有丰富的人文、生态资源。2007年,文化协会和南艺团队邀请农村规划专家平井秀一莅村指导,开设"水与绿愿景工作坊"。该坊于田野调查时发现,白鹭于埤塘间觅食栖息的美丽景色不再,水沟只剩各类垃圾,污染严重,因此展开"水水的梦"行动,解决水沟污染问题,进行环境的美化与营造。南艺团队希望居民参与规划,三次邀请居民参与工作坊以收集意见。工作坊的内容有四项:环境调查与前置准备、愿景蓝图绘制、路径与地点串连、区域设计。为了准确了解水环境的污染问题和完成整体规划,发布成果时邀请各路专家学者,激荡更多的意见,以利后续设计方案[①]。

南艺团队运用学术专业,让居民重新认识、了解水沟的价值与困境,针对每个地点深入讨论操作细节,引入创意方式重构居民与水沟的关系,让居民对水沟有新的想象与认识。居民不只在参加工作坊、活动中凝聚共识,也在规划、分析、设计的过程中厘清环境规划的相关内容。这样一来,参与各方均了解了土沟的历史文化、现况及潜力;规划不只是业者权利,也包含居民的想法。实际空间营造中,居民的规划想法也能够落实。

在"水水的梦"行动中,南艺团队和居民一起进行小区营造,当地居民提出营造的想法与做法,唤醒居民对所处土地的关怀与观察之心。

2. 土沟牵手路

土沟南90县道,是一条贯穿土沟村的乡间小路。这条路刻画了土沟村生

---

① 李亚樵.行动式规划在农村——以台南县后壁乡土沟村"水水的梦"为例[D].台南:台南艺术大学,2010:30.

活的轨迹,早市、茶店、剃头店、中药房、金纸店等各式商店都在这条路上。这条路与土沟人的生活息息相关,密不可分,其中有许多故事。南艺团队希望借由艺术行动,于这一条路串连土沟村的生活记忆、故事、情感。这条路叫牵手路,代表大家一起努力营造、圆梦,又和英文"Country Road"发音相似。

南艺团队透过访谈与老照片寻找失落空间、居民生活空间、有故事的空间,也借由田野调查,整理牵手路上的危机、转机、契机。危机指的是破坏环境市容的空间,转机是路上有趣及具故事性的生活空间,契机为牵手路的生活空间氛围。经过访谈与沟通,居民思考家户环境与整体空间的整体性,提供闲置地、家户空间,动手整理家园,绿化美化环境。

南艺团队以篮仔花为营造主题,努力使其象征幸福家园与生活记忆,篮仔花图腾印在街道、家户空间等生活空间上。艺术家用砖、木、石、铁、磁砖等当地常见的材料营造出具视觉美感和幸福感的小路,用有趣的艺术手法表现当地生活,连缀起牵手路上各营造点,"幸福雅座"散布于牵手路上,农夫可在日常的泡茶与聊天中享受优雅时光;公车站牌上则贴满反映当地生活的照片。

艺术家长期驻守创作,吸引居民驻留聊天,居民渐次习惯新的休闲空间,艺术家从中了解居民想法,将居民的意见融入创作,打造新的生活经验。艺术行动,除了改善视觉美感和生活舒适性外,借由创作和互动,找出当地故事和人情特色,激发认同感与生活期待[①]。

在平常的马路上挖掘出地方潜藏的生活记忆,其成果除了艺术与美化环境外,也唤起当地居民过往的生活记忆、故事,从中发现农村生活的情感意义与价值,培育居民在日常生活中对美的观察力与创造力。

(三)农村就是美术馆

在营造艺术小区的过程中,土沟村提出"村是美术馆、美术馆是村"的理

---

① 蔡佳吟.Country Road 谁来牵手——台南土沟小区"牵手路"空间营造经验中的沟通[D].台南:台南艺术大学,2012:25-33.

念。土沟的艺术根植在地,从农村生活美学中发生,整个土沟农村成为一个"美术馆"。

土沟的艺术不只表现为村里各处可见的作品,也不只有线性串连的主题展览,其展览注重反映营建的整体。不仅用空间将土沟的6个聚落串连起来,也将过去累积的经验涵括进来。因此,土沟农村美术馆策展从单点作品延伸至整体环境营造,展览内容以单点式展览(土沟农村艺术典藏)、线状式主题链接(村之屋当代艺术展)、面域(艺术播种计划)整合为阶梯进行呈现。

1. 单点式展览——土沟艺术典藏

十年营造,土沟的小区各处有许多艺术作品,每个作品都经过长期的酝酿、思索、讨论,结合生活故事与艺术。过去都进行线性的营造,一个营造点完成,再到下一个营造点,美术馆将这些作品统整起来,呈现阶段性的发展演变与关注面向。

2. 线状式主题链接——村之屋当代艺术展

以村之屋为主题来连缀各展览点,在各聚落的房舍内展览。村之屋当代艺术展邀请艺术家创作,并不建盖新的建筑来展示作品,利用村内既有的空间、房舍展览,展览空间形式多样,可能是人家客厅的墙、角落,或是三合院、仓库、车库等闲置空间。各类创作与多样的空间形式结合、创新地展示,让这些承载地方记忆的空间与艺术相互交汇。

3. 面域——地景艺术

"田园艺术播种计划"常年展开,如花朵开满遍野。该计划以分散在聚落中展出的地景艺术为媒介,引导人们深入接触了解当地生活、文化面貌,体验、认识地方风物。作品展示自然景观、农忙与农村景象,例如春耕、秋获、微风吹起的稻浪、夕照下的金黄稻田、堆砌整齐的红砖墙,充分展现地景艺术之美,展示土沟的生活脉络与纹理。

土沟村开展以环境与生活记忆为中心的小区营造行动,汇集在地居民的认同,在村子进行营造、创造。十年后,透过"整个村即是美术馆"的概念,以在土沟的土地上和生活中发生的艺术为特色,这一连串的营造活动、艺术行动也让在地的人重获对土地的认同。

土沟农村美术馆让外地人、观光客对土沟留下印象,彰显特色,甚至成为品牌,吸引许多人慕名前来亲身体验。

在土沟,艺术创作深入小区居民私人空间以及公共空间,关心环境和生活,发挥地方特色,讨论、创造人和土地的共生关系[①]。

三、土沟特色营造策略分析

土沟村的营造与转型经历十七年,逐渐走向稳定发展与永续经营,在文化协会、南艺团队与居民的共同努力下,成为台湾独特的特色小镇。草根性的改造以当地的文化资产为基础进行延伸性发展,成功的经验可归纳为共同文化符码、良善沟通关系、青年学子与艺术介入,借由小区营造美化土沟的环境、生活记忆,唤起当地居民老少对土地、生活的认识与重视。

水牛精神是土沟村社群共同认同的文化符码,将此精神与力量凝结为居民的情感认同,共同打造家园,获得参与式的经验,强调讨论,在环境与生活空间的营造中,激发居民的想象力,学会互相认同与信任。吸引青年学子进驻,以"泡茶聊天"方式营造轻松平常的氛围,让村民谈论生活琐事,从中感受与理解村民们的生活态度与价值观,唤起共同记忆、地方感,利用小众场所的非正式讨论建立双向互动关系,取得认同与信任感,为后续营造过程打下基础。

"农夫即艺术家,居民即创作者"更是土沟农村美术馆成立的自我定位重点之一,为村民重新发掘自身环境之美创造契机。开设乡情画室,在艺术家的引导下,年长村民们可从事艺术创作并从中认同自己的土地。例如,包仔阿嬷[②]以"自家就是展览墙"的方式呈现其历年的创作成果,诉说土沟农村的时代转变。面对高龄化现象,采取新颖营造与改善模式,不但为当地居民表达当地认同感、优越感,更细腻地关照每位居民的心灵感知,呈现丰富多元的当地文

---

① 翁雅雯.村是美术馆、美术馆是村——台南土沟艺术场域扩张经验[D].台南:台南艺术大学,2014,23—24.

② 陈月霞,长期居住台南后壁土沟村,因作画得名。

化。以"艺术介入"的独特方式使生活各层面构成整体,打造特色小镇的永续发展目标,让艺术与生活产生相互交错的联结关系。

四、小镇的发展路径

土沟村借由小区营造出特色,计划往更深、更广的领域经营,带动附近区域的观光与产业发展,发掘地方特殊底蕴,串连区域特色、发展当地产业以及开发观光商机,开创永续经营道路。

(一)串连区域特色

土沟村的永续营造不但为小区带来生机,强化当地居民在地认同感,近年来更进一步与周围相邻村落联结,使用共赢的营销策略。借由结合邻近区域丰富的景观与文化资产,共同创造当地特色并带动观光效益。相邻受益区域有小南海风景区、白河村、菁寮老街和台糖乌树林车站等。

(二)发展地方产业

土沟的艺术灵感来自农村生活,结合农作物进行艺术创作,透过举办当地农产料理的飨宴品尝体验活动,推广当地农产,提高农产附加价值。土沟村美术馆的艺术特性和贴近当地农村生活的特性,成为地方的品牌象征。

参与土沟小区营造的南艺团队学生在毕业后,因着对土沟的情感与热爱,陆续回到土沟开设个人工作室、设计公司与农场设立了如水牛设计部落、优雅农夫艺文农场等延伸单位,进行艺术设计创作,整合当地资源再创商机。

(三)发展观光商机

自2012年开始,土沟每年定期举办"土沟农村美术馆"特展活动与长期开放性质的常设展览,带来稳定发展的观光效益。同时,土沟村更用心策划提供多种体验。例如2017年举办"土沟单车小旅行"农村美术馆一日游,整合小区内多元景点内容,举办茶布屋植物敲染布艺手作体验坊、土沟水牛书店田野故事体验营、手作南瓜帽工作坊,配合实地走访田间农事,让游客在游玩过程中认识土沟村,也为周边乡镇景点带来观光效益。

五、结语

经历十几年的小区总体营造,土沟村成功建成"土沟农村美术馆";未来,也将朝向"生态博物馆"和"后博物馆"发展。所谓"后博物馆",就是地方宛如一座博物馆,在多元社群的实践下塑造地方文化艺术策展,除了重视在地实践外,更强调当地文化价值并非单一核心,而是多元价值融合,是由地方不同社群的民众生活共同确定,"博物馆是生活且生活在博物馆"的新形态,借由博物馆的知识累积地方生活经验及民众的自觉[1]。

土沟村的营造,从关怀当地环境到融入艺术介入,各方专业人士与居民互相沟通与协力合作,从不同的面向梳理地方纹理,在保留与创新的创造过程,每个阶段的成果也接续成为下个新计划的起点,累积出丰富的文化底蕴,逐渐型塑土沟,成为特色小镇(农村)。土沟村会继续这条营造路,带着新的"土地美术馆"想象,永续地进步、发展下去。

---

① 廖世彰.后博物馆概念的都市艺术策展——以基隆黄色小鸭为例[J].博物馆学季刊,2016(4):73—97.

垦丁：山海交融的魅力小镇

刘枭[*]

摘　要： 垦丁特色小镇的形成与其自然环境、人文历史及旅游资源密不可分。本文从历史由来、自然环境和旅游资源梳理分析垦丁小镇的现状，归纳垦丁依托山海资源的休闲旅游型特色小镇的发展经验，为大陆同类型特色小镇建设提供实践依据和经验启示。

关键词： 魅力小镇；休闲旅游；垦丁

垦丁位于台湾屏东县恒春镇，在台湾的行政规划中，它只有"里"的规模（相等于"村"），面积不大。一般人说的垦丁，其实包括恒春镇的各大著名景点。作为南台湾最重要的旅游胜地，垦丁已经是游台必去地方。前几年影视作品《海角七号》和《我在垦丁天气晴》等更是为这股热潮推波助澜。山海交融的魅力小镇垦丁，依托山海资源发展休闲旅游型特色小镇的经验，可以为大陆特色小镇生态建设提供参考。

---

[*] 刘枭，博士，厦门理工学院副教授，主要研究乡村旅游、特色小镇、智慧会展。感谢沈艳萍为本研究提供文字资料。本文为福建省社科基金重大项目（FJ2015JDZ042）及2015年"福建省高校杰出青年科研人才培育计划"项目的阶段性成果。

一、垦丁小镇的发展现状

(一)历史由来

据历史记载,清朝光绪三年(1877年),清政府在垦丁设置招垦局,为纪念募集到的广东潮州一带壮丁在此开垦,故得名。垦丁寮旧址在大尖石山山麓,现在的垦丁泛指位于台湾南部三面环海的恒春半岛地区。

(二)自然环境

垦丁三面环海,山海交融,东临太平洋,西靠台湾海峡,南濒巴士海峡,同时涵盖陆域与海域。具体来看,陆域东至太平洋岸,西边沿至龟山向南至红柴的台地崖与海滨地带,南部包括龙銮潭南面的猫鼻头、南湾、垦丁森林游乐区和鹅銮鼻,北至南仁山区。海域包括南湾海域及龟山经猫鼻头、鹅銮鼻北至南仁湾间,距海岸1 000米内的海域。从地形看,垦丁以低山与丘陵谷地为主,最高峰老佛山海拔为674米。

垦丁全境属热带气候,全年气温在20~28℃,年平均气温23℃,夏季漫长,雨量不均。冬季冷气团沿中央山脉南下,抵达恒春半岛后因经过多处谷地而风力猛增,加之地势陡降,海面广阔,形成强势风力,即"落山风"。落山风是恒春半岛冬季特有的天气景观。四周海域清澈,水温常年维持在21~31℃,是台湾海洋生物多样性最高的区域之一。现有鱼类1 200多种,珊瑚200余种。地形地势变化差异使得垦丁拥有丰富的野生动植物资源,植物资源分为海岸植物群和山地植物群,哺乳类动物约15种,鸟类约300种,现已成为台湾著名的海岛旅游胜地和休闲观光景区。

台湾诗人余光中曾用《垦丁十九首》来描绘垦丁绝美的自然风光和丰富的人文景观,分别是《大尖山》《落山风》《金色时辰》《南湾之晡》《讨海人》《银梦海岸》《问海》《浪淘沙》《风吹砂》《贝壳砂》《保力溪砂嘴》《山海瀑》《银叶板根》《风剪树》《牧神午寐》《蟛蜞菊》《灰面鹫》《大白斑蝶》《青蛙石》。

(三)旅游资源

垦丁以旅游产业为发展重点,依托独特的地形地貌及山海资源发展成台湾本岛唯一的热带区域公园。垦丁以珊瑚礁地质为主,百万年来地壳运动使陆地与海洋交融,三面环海,每年有长达半年的落山风,因此拥有一系列奇特的地理景观,如沙滩、崩崖、沙瀑、钟乳石洞,拥有多样化的野生动物生态系统,常见梅花鹿、台湾猕猴、灰面鹫等。

笔者于2016年2月调研走访垦丁主要景区,被垦丁这个山海交融的魅力小镇深深吸引。垦丁确实是一座"结束不舍,还会再来"的城市,主要景点情况介绍如下,图片均为笔者亲自拍摄获得。

1.社顶自然公园

笔者当时居住在距离社顶自然公园仅有0.7千米的珊瑚海酒店,每天清晨伴随着公园内清脆的鸟鸣而起,远离喧嚣,静享自然。社顶自然公园位于垦丁公园的东南方向,与垦丁森林游乐区并列为垦丁公园两大森林区。地形以珊瑚礁林为主,还有草原、灌木丛、峡谷等,平均海拔200米,面积多达180余公顷[①]。公园由长达13千米的步行道连接,设有多处休息亭及解说标识,是保持较好原始自然风光且赏心悦目的天然公园。(见图1)

这里生态丰富,仅植物种类就有290种之多,随处可见原生马兜铃科、芸香科、萝藦科等植物,还有近百种蝶类,是观赏及研究蝴蝶的理想地区。灿烂的阳光、郁郁葱葱的树林以及整片的草坪,游客不多,沿途偶尔可见野生猕猴和梅花鹿。园内多处地点可眺望鹅銮鼻灯塔和巴士海峡等海天美景。

---

① 台湾垦丁社顶自然公园[R/OL].(2013-10-14)[2017-02-28]. http://blog.sina.com.cn/s/blog_8001328c0101pkp2.html.

图 1　社顶自然公园

图片来源:笔者拍摄,2016 年 2 月。

2.老街文化——恒春古城

恒春古名"琅峤",是排湾语"兰花"的音译。到了清朝,因其"气候宜人,四季如春",改名恒春。恒春古城位于恒春镇中央,保存完整,已被列为二级古迹。城墙由砖石灰土砌筑而成,建有东、西、南、北四个城门,内外门洞皆呈半圆拱形(见图 2)。

图 2　恒春古城南门一景

图片来源:笔者拍摄,2016 年 2 月。

游客既可从东门进入古镇,徒步慢行,观赏斑驳的红砖、绵延的城墙,登高远眺,感受历史留下的沧桑美景;也可从西门进入,沿天后宫、南门、东门……行至东门城外的公路左侧,可达"出火特别景观区"。泥岩层中的天然气从地缝裂隙出至地表,经点燃后形成天然景象,故得名"出火"。无论白天还是夜晚,寸草不生的荒野地面上终年冒着火焰! 有道教人士认为,"出火"位于台湾岛的火位,是"天火"。人吃了天火烤制的食物,可以转运[①]。附近居民将鸡蛋烤熟售卖给游客,称为"转运蛋"。

恒春古城美食众多,以包子、绿豆馔、冬粉鸭、牛肉面为特色。垦丁美食排名首位的"小杜包子"被入选为"全台十大人气包子"。占次席的恒春阿伯绿豆馔位置醒目,店铺不大,干净整洁,价格实惠。台湾人会把"绿豆馔"读成"绿豆蒜",刚开始听到以为是绿豆和蒜一起制作的食物,之后发现是用剥了皮的绿豆加红糖熬煮而得,上层还铺着一层黑糖熬的浓汁。绿豆剥皮后压成蒜的形状,因此得名。绿豆馔是古早味甜品,甜而不腻,软糯可口,是夏季消暑之佳品。

3.夜市文化——垦丁大街

垦丁大街,素有"南台湾的西门町"之称,充满热带海洋风情。这里白天较为安静,夜晚成为垦丁森林公园境内最热闹的商业街和夜市(见图3)。整条街长100米,广告牌林立,霓虹灯闪烁,道路两旁分布着便利店(7-11)、药妆店(屈臣氏、康是美)、特色小店和各式饭店,还可以看到传统的游戏摊位和街头艺人的表演。特色小店售卖T恤、拖鞋、泳衣、伴手礼和纪念品。QQ蛋奶、木瓜牛奶、山猪肉、大肠包小肠、大肠炒香肠、月亮虾饼、黑猪香肠、火焰牛肉、蚵仔煎、鱿鱼丸等各类美食让人流连忘返。

这里的"一品卤味"和"冒烟的乔",总是排着长队。"一品卤味"于1993年开业,是垦丁大街第一家老字号卤味小吃店。台湾的卤味类似大陆的麻辣烫或冒菜,区别在于卤汁口味偏甜。鱼豆腐、蟹肉棒、豆腐皮、猪肠、鸭血、虾丸、

[①] 出火特别景观区[R/OL].[2017-02-28]. http://travel.network.com.tw/tourguide/point/showpage/700.html.

图 3　垦丁大街一景

图片来源:笔者拍摄,2016 年 2 月。

萝卜、猪血糕、豆干是必点菜肴。该店使用独门酱料,要用十余种中药调配。"冒烟的乔"(Smokey Joe's)是垦丁当地的美式墨西哥风味餐厅,店内装潢色彩鲜艳,带着浓郁的印第安牛仔风,餐食多元化,包括美式、墨西哥式、意式。

4.海洋生物博物馆

海洋生物博物馆,位于台湾屏东县车城乡,地处垦丁公园西北角龟山山麓的临海地区,是以海洋生物为主题的大型博物馆。全区规划面积 96.81 公顷,其中博物馆区规划兴建 35.81 公顷,外围绿地与服务设施区(停车场、游客服务中心)占地 60 余公顷。海生馆建筑配置分为:博物馆(台湾水域、珊瑚王国、世界水域三大主题展示馆、行政与教学中心,由一共同大厅串连而成)、水族实验中心、服务设施、研究大楼、维护设施、国际会议中心以及学研中心[①]。游客可以看到魟鱼和小丑鱼,仿佛置身在《海底总动员》的童话世界里。

海洋生物博物馆的特别之处在于其推出"夜宿海生馆",海洋生物的夜生活与白天表现有很大不同。

---

① 海洋生物博物馆[R/OL].(2017-04-15)[2017-02-28].http://www.nmmba.gov.tw/cp.aspx? n=22E3BC8A4FF53F8A&s=E63F00A39FBDAE70.

5.其他景点

除上述地点外,此间风景地还有后壁湖、猫鼻头、鹅銮鼻、船帆石、白沙湾等。

后壁湖位于垦丁大光地区,是恒春半岛最大的渔港,也是全台湾最具规模的游艇码头。这里盛产海鲜鱼类,设有恒春区渔会渔获生鲜市场,即后壁湖海鲜市场。海鲜种类繁多,当场尝鲜,价格实惠,回味无穷。后壁湖还推出多样的海上活动,如外海赏飞鱼、包船游海、外海浮潜、海底观光半潜艇,游客可以乘坐水上摩托车、帆船、拖曳伞,也可以进行海钓(见图4)。

图 4　后壁湖游艇区一角

图片来源:笔者拍摄,2016 年 2 月。

猫鼻头公园和鹅銮鼻公园均地处台湾岛最南端,就像海南岛的天涯海角。猫鼻头公园位于恒春半岛的西南部,从观景台向下望,可见一块突出的珊瑚礁岩,外形像蹲伏的小猫,因而得名"猫鼻头"。垦丁的冬天适合各种藻类的繁殖,海岸边随处可见各式繁茂的藻类,随波摇曳。蔚蓝清澈的海水、珊瑚礁海岸与五颜六色的热带鱼相互映衬。猫鼻头海景非常优美,适合拍照。鹅銮鼻公园前身为海底礁岩,以"鹅銮鼻灯塔"最为驰名。该塔体白色圆柱形,内分五层,每层各有铁梯 15 级,塔高 18 米,塔底周长 110 米,以炮台为塔基,围墙上设有枪眼,四周更有壕沟,为全世界唯一的武装灯塔。塔内灯光每隔 10 秒会自动闪亮一次,光力可达 20 海里,是目前台湾地区光力最强的灯塔,享有"东亚之光"美称。

二、垦丁建设特色小镇的经验启示

（一）开发原生态旅游项目,资源保护与可持续发展并重

垦丁以旅游业为支柱产业,围绕"旅游"主题,不断加强生态建设及文化建设,以提高旅游品质,打造特色旅游品牌为发展重点,开发出一系列旅游项目。从管理分区来看,垦丁公园分为生态保护区、特别景观区、史迹保存区、游憩区、一般管制区五种。其中,垦丁公园生态保护区又分为陆域生态保护区及海域生态保护区。结合现有山海资源,垦丁推出相关主题的原生态旅游项目吸引了海内外游客的目光。以龙坑生态保护区为例,这里拥有多达 215 种珊瑚礁海岸植物,是许多鸟类和爬行生物的家园,不论是珊瑚礁地形还是动植物生态,都极具研究价值。冬季海浪拍打着礁岸,出现崩崖、裙礁、峡谷等独特地形。游客们沿着自然步道探索前行,可见树丛野草和满地落叶。

（二）强调文化传承和保护,历史文化与休闲旅游紧密结合

垦丁旅游业从传统向现代嬗变,历史、文化、乡土、艺术等要素不断融合,形成民宿旅游为主体的体验式旅游。恒春古城建于清同治十三年（1874 年）,是台湾唯一为了军事防御而建筑的城池,也是台湾目前保留得最完整的古代城池[1]。附近出土文物众多,部分可追溯到石器时代,保留着多年沉淀下来的物质和非物质遗产。垦丁十分注重古村落的保护和修缮,坚持"政府主导与社会参与相结合、整体推进与重点保护共推进"的发展思路,在展示历史文化村落魅力的同时,开展特色小镇建设,发掘人文景观,搜寻人文遗迹,传承历史文

---

[1] 垦丁游——恒春古镇[R/OL].（2013-05-09）[2017-02-28]. http://sz.bendibao.com/z/taiwangl/201359/513471_4.html.

脉,弘扬文化精神。由于善用历史、文化等人文元素与自然元素有机结合,独具匠心的恒春古城已发展到一定规模,古城内的民宅民居、古村落、古建筑、古遗址等实现了最直接、最有效的保护,既增进了游客和垦丁少数民族对古镇古城的保护意识,也形成了保护传统优秀历史文化的良好氛围。

湄洲岛:妈祖文化特色小镇

陈秋英*

摘 要: 经过多年的发展,湄洲岛已经成为弘扬妈祖文化的特色小镇。湄洲妈祖文化小镇始于历史悠久的妈祖庙,激励于两岸共同信仰的妈祖精神;其发挥对台基地和生态高地的独特作用。当前,湄洲妈祖文化小镇以发展文化创意产业和智慧旅游为新目标,打造更具前景的特色小镇。

关键词: 湄洲岛;妈祖文化;特色小镇

海上女神——妈祖于960年诞生于莆田湄洲岛,因救助海难而献出年仅28岁的生命。妈祖利用学识济困扶危,终生行善,深受人们爱戴,被尊称为海上女神。妈祖升天后,民间流传下许多美丽的传说,经过多年的演绎和发展,最终形成"立德、行善、大爱"的妈祖精神。妈祖文化是"海上丝绸之路"的文化起点,在"海丝"沿线广为传播。妈祖的故乡——莆田市湄洲岛,是妈祖祖庙和中华妈祖文化交流协会所在地及妈祖信俗世界遗产地,经过多年的发展,已成为妈祖文化特色小镇。

---

* 陈秋英,厦门理工学院副教授,研究会展经济与管理、文化产业。

一、湄洲妈祖文化特色小镇的发展历程

(一)妈祖庙悠久的历史

妈祖于宋太祖建隆元年(960年)农历三月廿三降生在湄洲岛。妈祖是福建望族林氏的后裔。其祖父林孚,官至福建总管。其父林愿(惟殷),官居都巡检。妈祖出生后,取名林默,世称默娘、娘妈。妈祖自幼聪明颖悟,通晓天文气象,熟习水性,精通医理,长大后立志终生行善,用学识帮助百姓。因其多次在渔民遇海难时舍身相救,人们将其能力神化,相传她会"乘席渡海"。妈祖乐善好施、勤于助人,深受人们的爱戴和崇敬,被称为"海上女神"。

北宋雍熙四年(987年)农历九月初九,年仅28岁的妈祖因救助海难献出生命,人们无法接受这个事情,认为她羽化升天。从此以后,妈祖的传说就广为流传,相传遇到困难时只要求声"妈祖保佑",妈祖就会显灵救助,就能逢凶化吉。历史上留下许多关于人们获得妈祖庇佑的传奇故事,有关历史资料记载,北宋宣和五年(1123年)路允迪出使高丽(朝鲜),途中突遇暴风巨浪,八艘船沉了七艘,路允迪在紧急关头祈求妈祖保佑,忽见一道红光,一朱衣女子端坐桅间,瞬即海面风平浪静,船只脱离危险。路允迪返朝后奏明皇上,宋徽宗当即下诏赐匾"顺济"。

妈祖升天后,人们纪念她,在莆田湄洲岛建庙祭祀。最早的妈祖庙规模并不大,但前来祭拜的民众非常多,香火旺盛。后来,天圣年间(1023—1031年),经过三宝等人的不断扩建修葺,妈祖庙初具规模。元朝、明朝,妈祖庙进一步扩建,至洪武七年(1374年)增建寝殿、鼓楼、山门等建筑。康熙年间,福建总督姚启圣、靖海侯施琅重建与增建妈祖庙,又增加正殿、梳妆楼、佛殿和僧房。清乾隆以后,妈祖祖庙成为有99间斋房的雄伟建筑群,被称为"海上龙宫"[①]。

---

① 妈祖祖庙[EB/OL].(2013-05-25)[2017-05-01]. http://www.mzd.gov.cn/zwb/mzggs/mzzm/20130525/394300002.shtml.

"文革"期间,湄洲妈祖祖庙未能幸免,遭到较为严重的破坏,只剩下佑德祠和中军殿,文物荡然无存。所幸的是,在林聪治等人的护卫下,妈祖神像得以幸存。改革开放之后,林聪治等人率领乡民重建祖庙。随后,湄洲妈祖祖庙成立董事会,开始大规模重建,最终完成具有36处建筑的西轴线工程。1997年,由清华大学设计的妈祖祖庙南轴线工程动工,规模宏伟。

妈祖祖庙不断修建与重建,妈祖信仰和妈祖文化广为传播。妈祖信仰从海峡两岸扩展到世界各地,目前妈祖有3亿多信众,各地信众在居住地纷纷兴建妈祖庙,有华人的地方就有妈祖庙,这些妈祖庙都是从湄洲分灵出去的,数量超过万座。正是因为这样,湄洲妈祖庙成为海外信众的"根",到湄洲岛寻根谒祖成为妈祖信众的精神向往。每年湄洲妈祖祖庙的祭典活动,规模宏大,吸引来自世界各地的信众。

图 1　妈祖石像

图片来源:妈祖石像[EB/OL].(2015-10-02)[2017-04-01].http://www.mzd.gov.cn/zwb/wyzx/sytd/20151002/521200004.shtml.

(二)深植海峡两岸民众心中的妈祖文化

祖庙的建立,为妈祖文化的形成奠定坚实的基础。从宋朝开始,元朝、明朝、清朝,历朝皇帝先后褒封妈祖 36 次,妈祖的封号由"夫人""妃""天妃"直到"天后""天上圣母",不断变化。除了封号外,自南宋以来,历代帝王还频频下谕祭祀妈祖,清朝雍正甚至还下诏将妈祖祭典定为国家最高祀典。在朝廷的倡导和推动下,众多关于妈祖精神的学术文化研究以及民间民俗得以开展。朝廷封号、国家最高祭典、妈祖文化研究和民间习俗成为妈祖文化的重要内容。

妈祖文化是中华民族优秀传统文化的重要组成部分,更是海峡两岸共同的文化信仰。由于两岸有五缘优势,妈祖文化早早就传播到宝岛台湾,信众不计其数。妈祖文化从对妈祖的敬仰和颂扬上升为遵守发扬"立德、行善、大爱"的妈祖精神。妈祖文化不仅包括爱国爱乡、扶危济困、扬善抑恶、无私奉献、不畏艰险,也包括博爱仁慈、尊老爱幼、明礼诚信、勤奋好学、热爱和平的道德情操。妈祖文化的外延涉及范围广泛,包含政治、经济、社会、科技、外交、宗教、民俗、教育、文学、艺术、航海、移民和华侨等许多领域。妈祖文化的表现形式多样,如诗词、著述、档案、音乐、舞蹈、戏曲、匾额、楹联、壁画、碑刻、摩崖石刻、礼俗、饮食、服饰、文物、建筑、工艺品等,已知的历史文献资料超过千万字,建筑、文物和工艺品更是不计其数。

(三)妈祖特色文化小镇的发展近况

湄洲岛拥有东南沿海最优质的滨海旅游资源,全岛海岸线长 30.4 千米,拥有 13 处总长 20 千米的金色沙滩和 5 千米长的海蚀地貌奇观,分布着各类风景名胜 30 多处,是国家 4A 级旅游景区、福建十佳旅游目的地之一、福建十大旅游品牌之一、福建十大名片之一。经过 20 多年的开发建设,湄洲岛上现已建成世界上规模最宏伟、历史最悠久的妈祖庙以及黄金沙滩、湄屿潮音、鹅尾神石园等一批滨海景区,贯岛公路、环岛公路、轮渡码头、对台客运码头、跨海供水供电等一批基础设施,国际大酒店、海景大酒店、美海大酒店、安泰大酒店等一批三星级以上接待酒店,2016 年接待境内外游客达 510 万人次[①]。

---

① 湄洲岛创国家 5A 景区打造世界妈祖文化中心核心区[EB/OL].(2017-03-31)[2017-04-01].http://fj.people.com.cn/n2/2017/0323/c181466-29902881.html.

作为妈祖文化的发源地,湄洲岛成为典型的旅游特色小镇,受到各界的重视。1988年,福建省人民政府正式将湄洲岛辟为"福建省对外开放旅游经济区"。1992年10月,莆田湄洲岛国家旅游度假区成为国务院批准成立的全国首批十二个国家级旅游度假区之一。2002年,莆田湄洲岛国家旅游度假区被国家旅游局评为第一批国家4A级旅游景区,是福建上榜的四个景区之一。2004年,湄洲岛被全国绿化委评定为全国绿化模范县,同年6月,"中华妈祖文化交流协会"获得民政部批复同意成立,此协会成为国家批准的首个全国性妈祖文化社会组织。妈祖信众遍布世界各地,成立协会有利于团结广大妈祖信众;也有助于海峡两岸民间的交流和合作。2006年,莆田市湄洲妈祖祖庙被国务院确定为第六批全国重点文物保护单位,湄洲妈祖祭典入列第一批国家级非物质文化遗产名录。

作为国家级旅游度假区,妈祖圣地湄洲岛近年来制定实施了城乡绿化一体化和生态建设规划,累计投入1亿多元,建设花园式生态岛,2007年,成为"中国生态文明建设示范基地"。目前,全岛绿化覆盖率达46.28%,人均园林绿地面积约为34.17平方米。2008年,湄洲岛被由福建省广播影视集团东南卫视频道主办、福建省旅游局支持、福建省旅游宣传中心协办的"福建最佳旅游目的地"大型推举活动评选为福建省最佳旅游目的地。同年,湄洲岛被评为"福建十大名片"之一。

2009年,由中国政府提名的"妈祖信俗"被联合国教科文组织列入世界人类非物质文化遗产代表名录。这是我国首个信俗类世界级遗产,也是福建省第一个入选世界级遗产名录的遗产。入选世界级遗产名录将对妈祖文化的保护、传承和弘扬起到积极的促进作用。

2010年,福建省政府批复同意在湄洲岛设立湄洲妈祖文化生态保护实验区,这标志着妈祖文化将在"妈祖故里"湄洲岛得到进一步的弘扬和保护,两岸也将扩大妈祖文化交流。

2011年,在国际节庆协会第56届年会上,湄洲岛成功摘取城市10万人口以下组别的"世界节日活动之城"桂冠①,成为中国首个获此殊荣的城市,为湄洲岛又添一张世界名片。可见,湄洲岛的节庆活动不但融入世界节事网络,更得到国际节庆行业组织的认可,这有利于湄洲岛成为国际旅游度假目的地。同年,在第三届海峡论坛·妈祖文化活动周开幕式上,国台办正式批准湄洲妈祖祖庙为"海峡两岸交流基地","海峡两岸交流基地"是由国台办批准的两岸民众交流与合作的平台,旨在为促进两岸和平发展做出贡献。

2013年,湄洲岛国家级海洋公园获得海洋局批准,成为第二批建立的国家级海洋公园之一,这是莆田市首个获批的国家级海洋公园。至此,湄洲岛已拥有国家旅游度假区、国家级风景名胜区、国家级海洋公园三张国家级的名片。2013中国海洋宝岛榜中,湄洲岛以"湄屿潮音、世代香火"的美誉名列第9名。

2015年,湄洲岛宫下村上榜福建传统村落名录。在福建省住房和城乡建设厅、福建省文化厅、福建省财政厅组织开展的第一批省级传统村落的申报认定工作中,湄洲镇宫下村成为上榜的339个村落之一,被列入第一批福建传统村落名录,也是上榜的11个来自莆田的村落之一。湄洲岛宫下村位于湄洲岛的最北端,三面环海,是游客进岛的必经之地,素有度假区"窗口"之称。宫下,顾名思义,"妈祖宫"下面的村庄,即祖庙所在地,辖宫下、宫下沙和牛头尾三个自然村,总户数686户,辖区总面积约146公顷,海岸线长6 000多米。这对进一步保护和弘扬妈祖文化将起积极的促进作用。

2015—2017年,湄洲岛致力于发展文化创意产业和智慧旅游业,取得一定的成效。

多年来,湄洲岛以丰富的妈祖文化内涵,受到各界的重视,逐渐形成颇具特色的旅游文化小镇。

---

① "世界节日活动之城"揭晓中国湄洲岛上海上榜[EB/OL]. (2011-10-04)[2017-05-01]. http://www.chinanews.com/df/2011/10-04/3368795.shtml.

图 2　挂胙[①]

图片来源:挂胙[EB/OL].(2015-09-28)[2017-04-01].http://www.mzd.gov.cn/zwb/wyzx/sytd/20150928/548100009.shtml.

二、湄洲妈祖文化特色小镇的发展经验

湄洲岛不但是广受欢迎的旅游胜地,更是对台交流的重要基地,也是优良的生态高地。妈祖文化更是连接两岸同胞的精神纽带。

(一)湄洲岛是对台基地,妈祖文化是连接两岸同胞的精神纽带

湄洲岛与台湾一水相连,唇齿相依,两地的妈祖文化情缘源远流长。一是传承早。早在南宋乾道年间,800多年前,从大陆移居台湾的民众就把妈祖作

---

① "挂胙"是流行于莆仙民间的习俗。亲朋好友的孩子第一次登门或要出远门经商、参军、就学等,人们都会用红细绳拴上金银财宝或现金挂在孩子的脖子上,即向其行"挂胙"之礼,以示祝贺,带有资助其成功的含义。此外,人们在菩萨巡游时会用红细绳给菩萨挂上金银财宝或现金,以求保佑。

为保护神带到台湾,所以在台湾有"开基妈祖""开台妈祖"之说。清康熙收复台湾后,闽粤人民纷纷蹈海入台,妈祖文化也随之在台湾岛内各地落地、生根、发芽、壮大。二是扎根深。在台湾的每个城市乡村,都可以看到妈祖文化。仅在台湾本岛登记注册的妈祖宫庙就有1 000多座,附设奉祀或户内自供的更是不计其数,崇拜妈祖的民众约占台湾总人口的三分之二。妈祖文化俨然成为岛内主流民间文化。三是影响大。妈祖文化深深地渗入台湾的经济、政治、文化、社会生活,在台湾人民反抗荷兰侵略者、抗击日本"皇民化运动"以及郑成功收复台湾、清康熙统一台湾等重大历史事件中发挥过重要的作用,历代台湾社会政治势力都极为推崇妈祖文化,如每逢岛内选举,妈祖宫庙就成为各派势力的角逐之地。四是联系紧。妈祖是台湾同胞与故土联结的重要情感纽带,在台湾,妈祖代表"根",代表家乡,回乡祭拜妈祖往往成为台湾同胞的寻根谒祖之旅。日据时期、两岸隔绝的年代,都有一些台胞想方设法到湄洲岛朝拜妈祖。1987年,数万台胞前往莆田湄洲参加"妈祖千年祭"活动,掀起台湾同胞赴大陆寻根谒祖、探亲的热潮;1989年,在两岸隔绝40年之后,第一个有组织、大规模的民间直航顺利进行,宜兰县南天宫组织20条渔船直航福建莆田湄洲岛;1997年,湄洲妈祖金身到台湾巡游102天,是当时历时最长、覆盖范围最广的两岸民间交流活动;2006年,台湾妈祖联谊会等组织当时文化交流人数最多的达4 300多人的团队赴湄洲祖庙谒祖进香。随后的2009年5月,台湾妈祖联谊会组织350人直航湄洲岛参加"海峡论坛·台湾妈祖信众直航湄洲谒祖进香"活动,大陆189人直航台湾台中港,开启了"海峡两岸海上客运直航新里程"。

为了吸引台胞前来谒祖进香,湄洲岛还积极搭建交流平台,定时举办各种文化活动,包括五届海峡论坛·妈祖文化周、十五届中国·湄洲妈祖文化旅游节、天下妈祖回娘家、妈祖金身巡安兴化、妈祖金身绕境湄洲岛、两岸海上祭妈祖等活动,每次都吸引成千上万的台湾同胞前来参加。

妈祖文化是超越族群意识、区域和阶层的主流民间文化,拥有众多信众,是他们共同信仰的民间文化。大陆和台湾两地人民以妈祖文化为情感纽带,不断深化交流合作,为两岸关系发展史增添了多项新纪录。

(二)湄洲岛是生态高地

近年来,湄洲岛全力推进美丽乡村和国家级5A景区创建工作,建设花园式生态岛,进一步绿化度假区的旅游环境,着力打造绿色湄洲,湄洲岛在生态建设方面取得显著的成果。截至2016年年底,全区园林绿地面积达137.14万平方米,绿地率达到46.28%[1]。几年来,湄洲岛先后荣获全国造林绿化先进单位、全国绿化模范县(区)、中国生态文明建设示范基地等荣誉称号,这为妈祖文化的弘扬创造了良好的外部环境。

三、湄洲妈祖文化特色小镇的发展趋势

旅游不但是文化交流和传播的重要平台,也是文化资源开发的重要载体,更为文化产业发展提供广阔空间。近年来,文化产业与旅游的融合成为经济社会发展的热点,互联网时代也呼唤智慧旅游。湄洲岛妈祖文化特色小镇抓住这一时机,在大力发展文化创意产业的同时,不断推动智慧旅游的发展。

(一)大力发展文化产业

在相关政策支持下,湄洲岛文化特色小镇文化创意产业发展氛围浓厚,依托妈祖文化的创意产业的投资和消费逐年增长,丰富多彩的文化活动产生较大的社会影响力,融合进传统技术的文化创意产品颇具特色。

2016年,福建省文化和旅游融合发展重点工作围绕21世纪"海上丝绸之路"、建设全国生态文明先行示范区等战略,印发《关于推进2016年文化和旅游融合发展重点项目的实施意见》,提出要挖掘整合妈祖文化资源,融入世界妈祖朝圣中心、文化交流中心、文化产业中心等两岸妈祖文化综合开发工程建设,开发文化旅游产品,拓展妈祖文化旅游产业链。加强文化旅游影视图书精

---

[1] 湄洲岛管委会开展义务植树活动[EB/OL].(2017-03-14)[2017-05-01]. http://www.ptxw.com/pub/ptweb/news/xw/xqkb/201604/t20160407_126011.htm.

品创作,打造具有较大文化影响力的纪录片以及电视剧、电影、动漫游戏、数字出版等文化精品,拍摄制作完成大型电视纪录片《天下妈祖》。打造文化旅游演艺项目,提高文化旅游演艺创新水平。围绕妈祖的传说、妈祖信俗文化、两岸及世界各地妈祖公庙和信众故事等,将"妈祖朝圣"过程融入其中,增强仪式感和参与性,使演出与朝圣、艺术与参与、文化与旅游相结合,打造出演艺项目"妈祖平安号"。

2016年3月,湄洲岛正式出台《鼓励扶持文化旅游创意产业发展若干规定》,支持文创产业的发展,设立1 000万元的引导基金,用于扶持文创业态(妈祖文创产品的研发、设计、生产、展示、销售等)培育、文创企业品牌营销、文化旅游产业发展以及文化创意人才培育及培训等。入驻湄洲岛文创街区的创业者可享受补贴租金、减免税收、活动奖励、贴息贷款等政策优惠。

湄洲岛上,融合传统技艺的文创产品持续热销,如将妈祖文创元素与传统木雕工艺高度融合,做成黄杨木妈祖雕像、平安车挂坠、妈祖平安塔、妈祖木雕钥匙扣等多种文创产品,这些文创产品,不但有祈福的含义,又可以欣赏木雕的技艺,而且携带方便,一推出就受到市场的极大欢迎。白瓷做的妈祖白瓷雕像、茶具、餐具和纪念瓷盘等产品,因价格适中,工艺精致,受到顾客的热爱,不但本地的企业、旅馆购置,许多家庭也添置,其中,妈祖信众家庭置办酒席采用全套妈祖白瓷餐具甚至成为标配。与妈祖文化相融合的丰富的文化创意产品的开发与生产,有效提高了湄洲岛旅游服务有限公司实体店营业额。此外,具有妈祖文化特色的抱枕、文化衫,妈祖宫庙形状的公仔、储蓄罐、手机支架等文创产品,不但能满足了人们的日常需求,也能很好地承载了妈祖文化。

(二)积极探索智慧旅游

湄洲妈祖文化小镇在智慧旅游发展上也走出了一条有特色的道路。小镇建有专用网站——湄洲网,用以提供湄洲岛旅游的相关信息,提供网络售票等服务,对湄洲岛的发展动态进行及时更新,公开小镇的政务内容,宣传妈祖文化。为方便旅游客,湄洲岛国家旅游度假区管委会开通了官方微信公众号——湄洲发布,为游客提供旅游资讯和游玩攻略等讯息。莆田市忠湄轮渡有限责任公司开通"湄洲岛轮渡"官方微信公众号,为到湄洲的旅客提供海上交通的公众信息服务及网络购票服务。更多的企业积极参与湄洲的智慧旅游建设,开通多个微信公众号,如湄洲在线,提供在线客服、行程助手、景区讲解、网络售票、美食介绍、民宿推荐等服务。为了进一步落实信息化发展的目标,为旅客在湄洲岛上感受信息化带来的便利,湄洲岛管委会开展湄洲岛信息化消费战略提升工作,通过无线宽带项目,在湄洲岛风景区、多条主干道及多家旅馆部署 wifi,实现高速无线上网覆盖。2015 年,莆田市湄洲岛默娘文化创意投资有限公司与广州骇特商务咨询有限公司合作开发驴迹电子导游,以手机导游 APP 的形式,为旅客提供导航、导游、分享、社交聊天、吃喝玩乐等服务,助力湄洲岛建设国家大力号召的"智慧景区"建设,使得湄洲岛景区首次全面实现智能化,此举更有利于游客全面了解湄洲岛的文化和历史,为湄洲妈祖文化小镇的发展添砖加瓦。

长泰古琴小镇：
古琴文化与山水田园的和谐乐章

颜莉虹 陈俊杰*

摘 要： 长泰古琴小镇谱写古琴文化与山水田园的和谐乐章，创立较为独特的特色小镇发展模式：以经典古琴文化产业为特色，致力于影响、改善当代人的精神生活；以中华传统文化传承为根基，打造具有强大辐射力的交流平台与体验中心；以文化节庆、游学活动和产学互动为纽带，集聚人气并提高社会关注度；以城镇建设为平台，以特殊人才聚集模式为动力，推动优秀城镇社区的建设；以文化生态旅游为延伸，打造具有"高端文化品质"的优质旅游产品。未来长泰古琴小镇将通过全面实施"古琴＋（产业、文化、生态、旅游、城建、社区）"模式等突出小镇特色和优势，成为特色小镇建设的范例。

关键词： 古琴产业；传统文化；城镇建设；发展模式

长泰古琴小镇位于风光优美的长泰马洋溪生态旅游区，该区隶属千年古县——漳州市长泰县，与厦门市海沧区相接壤，区位优越，交通便捷。全区下辖十里、旺亭、后坊、山重四个行政村及天成社区，旅游资源十分丰富：拥有长泰漂流、古山重、寻梦谷、龙凤谷、天柱山国家森林公园、国家皮划

---

* 颜莉虹，博士，厦门理工学院副教授，研究方向为两岸创意经济、两岸服务业合作。陈俊杰，漳州电视台副台长，高级编辑，研究方向为闽南文化艺术。

艇激流回旋训练基地、天成山、十里蓝山、玛琪雅朵花海、半月山温泉等知名景点。

后坊村是古琴小镇的核心区域,这里群山环抱、溪流绕村、梯田成片、花果飘香,拥有闽南古村落、万亩桃李园、千年樟树王、百年桂花树、铁树活化石、九龙瀑布群等文化生态旅游资源。2010年,龙人古琴文化投资(长泰)有限公司选址于后坊村的鲤鱼山麓和马洋溪畔,斥资12亿元,兴建中国龙人古琴文化村,文化村以仿传统风格的建筑为主体,融"古琴制作、琴道交流与传统文化传承"于青山绿水、农耕田园生活之间。在古朴优雅、韵味悠长的古琴声中,龙人古琴文化村迅速发展壮大,成为文化部的重点文化产业项目、省重点文化产业园区、省文化产业示范基地,成为闻名全国的弘扬古琴文化及中华传统文化的重要基地。2016年,长泰古琴小镇被列入福建省首批特色小镇创建名单。福建省政府要求这批特色小镇推进"多规合一",突出产业特色和竞争力,挖掘文化内涵,建设宜居环境,服务创业创新和产业转型升级;推动人才、技术、资本等高端要素向特色小镇集聚,打造创新创业样板;为全省推进供给侧结构性改革、实施创新驱动发展战略创造经验,提供示范。特色小镇实行动态管理,连续两年未完成年度目标考核任务的,退出创建名单。三年期满,开展评估验收,验收合格的由省政府命名为福建省特色小镇。

长泰县马洋溪生态旅游区紧紧抓住国家、省、市支持特色小镇建设的机遇,充分利用后坊村及周边区域得天独厚的生态、文化资源优势,以龙人古琴文化村为核心区,努力把古琴文化及衍生产业做精、做特、做全,启动建设总面积4.5平方千米的古琴特色小镇。古琴小镇重点打造三大产业组团,即龙人古琴文化村、后坊文化部落、桃花岛艺术水岸。龙人古琴文化村组团依托国家文化产业示范基地的良好平台,打造集古琴制作、教研、艺术品开发、文化旅游、影视演艺为一体的文化创意产业;后坊文化部落组团以传统村落、民俗文化为脉络,吸引海峡两岸的艺术家与艺术工作室进驻,打造产村相融的乡村慢生活体验区;桃花岛艺术水岸组团以"古树、古桥、古厝、古庙"和生态水系为特色,打造文化创意部落和高端艺术休闲体验区。

2014年,浙江省率先提出"特色小镇"概念,总结出"力求实现产业、文化、旅游和社区四大功能聚集"的浙江经验。福建省南平市邵武县和平镇被列入住建部公布的第一批中国特色小镇名单,以"张三丰太极文化"为切入点,坚持城建、产业、生态、文化"四轮驱动",全面打造特色鲜明的和平太极文化小镇。笔者认为,长泰古琴小镇应在国内、省内优秀特色小镇中寻找适合借鉴的成功经验,并结合自身特色,加强规划、加快建设脚步,通过文化活动与旅游推广促进"产业、文化、生态、旅游、城建、社区"六大功能的集聚。[①] 目前,古琴小镇的产业和文化功能已经凸显,生态和旅游条件得到优化,城镇主体建设已基本完成,社区建设正在推进,未来可实现六大功能的有效聚集。

一、以经典古琴文化产业为特色

特色产业是特色小镇的核心竞争力,长泰古琴小镇的特色在于古琴文化,龙人古琴产业在全国同行业中占有独一无二的地位。

古琴是中国传统文化"经典中的经典",琴棋书画是中国传统文化的主体,是中国文人津津乐道的文化素养的标志。琴居四位之首,古琴在中国传统乐器中又具有无可比拟的地位:古琴历史最悠久,先秦文献中即有古琴的记载。据社科院历史研究所谢孝苹先生考证,古琴创制于虞舜时代的乐正夔,至今已有四千多年的历史,是中国最古老的拨弦乐器,也是世界文化中最古老的拨弦乐器。古琴的文化意蕴最深远,晋时嵇康《琴赋》盛赞"众器之中,琴德最优"。嵇康临终抚《广陵散》一曲,慷慨就义,后人称之为"广陵绝响"。古琴浓缩和荟萃中国文化精神的精华,在中国历代画家的作品中都可以望见古琴的身影,感受其高远的境界。

龙人的古琴文化,全国独一无二,这要归功于创始人谢建东对古琴制作技艺的继承与创新。一方面,他遵循典籍古法斫制古琴,沿袭传统的一百多道制琴工序——选材、定型、琴面、槽腹、合琴、配件、灰胎、打磨、定徽、安足、面漆、

---

① 陈立旭.论特色小镇建设的文化支撑[J].中共浙江省委党校学报,2016(3):14—20.

上弦。另一方面,谢建东又积极改进创新,运用现代科学技术,改良木材的性质,降低木材的吸湿性和吸水性,提高尺寸稳定性、生物耐腐性和耐气候性,解决了困扰琴界多年的因气候不同导致的变形开裂问题。他以超强纤维丝混合真丝,外包尼龙,制成独特的"龙人冰弦",既弥补了丝弦、钢弦的不足,又保证了琴音质深厚、余韵绵长而不失清脆、纯净。龙人古琴文化村还使用独特的经营模式,文化村占地1 800亩,将古琴文化大规模地植入风光秀美的青山绿水之中,强化了古琴"清微淡远"的意境与"中正平和"的精神世界,营造了传统式的世外桃源。古琴文化村突破了传统文化故步自封的壁垒,将"走出去、引进来"的古琴文化传播积极融入现代生活,致力于影响、改善当代人的精神生活。

在龙人古琴文化村入驻以前,后坊当地虽然"环境美、生态好",但并未形成有较大规模和社会影响力的特色产业。如今,古琴文化产业成为特色支柱产业,推动当地成为弘扬中华古琴文化及传统文化的重要基地,推动了古琴小镇的建设。

图1　龙人古琴文化村

二、以中华传统文化传承为根基

古琴制作和演奏属于技艺的基础层面,对"琴道"的弘扬则属于高层次挖掘。龙人古琴从古琴艺术传承、琴道研究与教育、古琴文化村运营等多元角度进行实践,旨在构建完善的琴道文化系统。

"功夫在诗外",各门艺术之间需要打破壁垒,互相滋养,突破发展瓶颈得到共同提高。龙人古琴小镇既致力于弘扬琴道,又不局限于琴道本身,而试图打造中华传统文化交流平台与体验中心,小镇建有斫琴坊、琴学研究院,也建有龙人书院。龙人书院占地面积上百亩,内设学堂、讲坛、藏书楼、音乐厅,既体现传统文化的兼容并蓄,也拓宽了古琴文化产业的多元化发展渠道,促使不同艺术门类人士关注古琴。

当代社会生活受西方音乐体系的冲击,在相当长一段时间内,古琴文化与主流文化逐渐疏离,越来越边缘化。以中华传统文化为根基的古琴小镇,有助于找回集诗书礼乐为一体、琴道即人道的境界,重新树立古琴在中华传统文化中的核心地位。这种"水涨船高"的文化建设不仅对于提高古琴小镇知名度有立竿见影的效果,对传统文化建设与传播也有积极和深远的意义。

琴道、国学等是中华传统文化的核心,后坊村拥有历史悠久的闽南古村落文化,内含闽南民居文化、传统民俗活动、闽南方言文化、传统农耕文化,它们传承中原,是中华传统文化的有机组成部分,在千年的发展中形成浓郁的风情和乡土特色。龙人古琴文化村乃至古琴小镇的建设并不冲淡乡土文化,反而推动其发展,丰富和完善了当地的文化结构。后坊村的民居都得到较好的修缮,生态得以改善,民俗得到保护。

三、以文化节庆、游学活动和产学互动为纽带

节庆活动具有社会资源整合、经济发展拉动、文化传承传播和大众群体参与四大功能。节庆活动是特色小镇发展的重要助推器,可以打造代表小镇形

象的活动品牌,提高小镇的知名度。浙江乌镇举办的戏剧节和世界互联网大会极大地提高了乌镇的世界影响力。古琴小镇也充分意识到文化节庆活动的重要性,2010—2016年,龙人古琴文化村在全国各地举办百场以上古琴文化活动,连续举办六届全国规模的龙人古琴艺术节。每届艺术节突出不同主题,2014年艺术节举办琴颂诗经文化讲座,2016年艺术节同期举办海峡两岸古琴论坛,在打响龙人古琴品牌的同时扩大古琴在大众当中的影响力。除此以外,古琴小镇还举办龙人古琴夏令营活动、龙人琴乐端午村民活动、龙人中秋琴乐诗会、龙人古琴新年音乐会、国际古琴文化知识竞赛等一系列重要活动。

"移风易俗,莫善于乐",龙人古琴在厦门、漳州、福州等地开设古琴教育基地,以传承与推广古琴文化为使命,常年开设琴艺、琴学、琴道等精品课程,响应国家"中华优秀传统文化进校园"活动号召,推动古琴教学进校园,通过古琴推动国学在校园中的影响力。近年来,除在长泰县各中小学设立龙人古琴课堂,开展古琴师资培训外,还先后走进厦门的26所大中小学,与同济大学、上海外国语大学附属外国语学校、厦门大学、华侨大学、集美大学、厦门理工学院、闽南师范大学、台湾明道大学等多所院校建立紧密的合作关系,在学校内设立独立的龙人古琴教室,开展古琴音乐及文化教育。

龙人古琴举办游学活动吸引全国名师、名家前来交流并开展教学活动,吸纳各类优秀传统文化艺术融入文化村,打造多样文化艺术的融汇与交流平台。中国古琴学会副会长、全国古琴名家杨青在古琴村定期开办古琴培训班、提高班;川派古琴华阳顾氏传承人顾泽长、顾永祥在文化村设立古琴工作室、古琴艺术典藏馆,开设川派经典琴曲研习班;吴门琴家汪铎开办古琴丝弦琴道基础课程;葛剑雄、熊澄宇、陈支平等全国各界专家联合在龙人书院举办国学论道座谈会,成立龙人书院学术委员会;北京大学人文社会科学研究院院长、教授邓小南为龙人书院国学系列讲座举办首场讲座《游于艺:宋代的忧患与繁荣》;宫廷画派——中国滕派蝶画第十八代传人陈军在龙人书院设立滕派蝶画艺术研究院。

龙人古琴文化村的传统文化活动得到国家汉办的高度重视,全球41所孔子学院外方院长到访考察,探讨开展中国文化的对外传播交流。英国卡迪夫大学、波兰弗罗茨瓦夫大学的孔子学院和日内瓦大学汉学系纷纷访问龙人古琴,共同搭建中西文化交流平台。在引进来的同时,龙人古琴也积极对台对外合作,如入驻米兰世博会,在中国馆设立龙人古琴文化空间,展示龙人"百世龙琴";到台湾明道大学开展古琴教学及文化交流等。

四、以城镇建设为平台,以特殊人才聚集模式为动力

特色小镇的建设,必然在当地引发经济社会的变革。对于国家而言,古琴文化产业是传统产业,对于长泰来说,古琴产业是外来的植入性的新兴产业,对当地的影响十分深远。主导产业的变化必然带来城镇面貌的变化、人口资源的注入、文化结构的更新,必然导致城乡互相融合渗透。龙人古琴文化村建设至今,其大型仿古建筑群的建成,其所采取的特殊人才、人群聚集模式深刻影响当地的城镇文化、社区文化。

在建设斫琴坊、龙人书院等核心文化建筑时,龙人古琴文化村配套建设酒店、别墅、单身公寓等商业地产,唯美的仿古建筑群与当地闽南特色民居共同构筑构成古琴小镇的主镇区。龙人古琴文化村地产拥有文化属性,有一套独特的"村民"引进模式,成为村民必须"志同道合"。购买龙人古琴文化村地产的买家必须通过文化村管理者"关于审美情趣、精神追求以及是否志同道合"的审核,有一技之长的艺术工作者且有志于共同参与中国传统文化和古琴文化建设的购买者优先。这种与众不同的标准虽然会大大缩小地产的营销空间,但却是保持文化村精神纯洁性的必要保障,也是发现和吸引特殊人才的有效手段。龙人古琴文化村的未来,主要取决于居住在这里的人。未来生活在文化村里的,将会是真正的贵族,是精神上最富有的人。琴棋书画、诗词歌赋、茶道、花道、香道……这些现在只有在课堂和博物馆里才有的,在文化村里将是融入生活、无处不在的。在这样的环境里熏陶和成长出来的下一代,将成为真正的精神贵族。

文化地产的建设,特殊的地产营销和人才、人群聚集模式逐步推动古琴小镇形成具有特色的城镇文化、社区文化。古琴文化村是古琴小镇的核心区,也

是镇区的所在地,特殊的人才、人群的引进对于世代以传统农耕为主业的当地村民来说,无疑是翻天覆地的变革。城镇美学的核心在于"以人为本",在于对民众的审美提升,在于人口素质的整体性提高,古琴镇正是通过核心区古琴文化村引进了一批具有较高精神文化追求的人群,通过他们建立较高端的社区文化交流体系,提高当地居民的总体文化素质,形成从产业到人的特有文化环境及文化内涵。在国外,成功的特色小镇往往通过"社区营造"的方式使文化艺术建设与居民生活联系在一起,古琴小镇通过类似的方式,高标准规划和要求,从环境建设、产业经营、住宅设计、人口配置、文化理念等方面提高小镇的建设水平,改善当地的人居环境。

五、以文化生态旅游为延伸

目前,龙人古琴文化村的建设已初具规模,管理者和建设者的主要精力都放在古琴文化产业的经营上,主要为古琴制作销售、古琴文化交流、古琴相关地产建设营销。小镇三大组团中,古琴文化村组团核心区只接受部分预约参访团体,不对普通游客开放,桃花岛艺术水岸组团和后坊文化部落组团已具备一定旅游热度。对于古琴文化村来说,在短期内旅游还不发展重点,对于整个古琴小镇而言,文化生态旅游是不可回避的重要发展方向。

首先,从全国层面来看,文化旅游小镇是特色小镇的典型代表,相关管理部门重视,老百姓的关注度高,国家扶持力度大。国家"十三五"规划纲要中明确提出,要"因地制宜发展特色鲜明、产城融合、充满魅力的小城镇",全国各地出现文化旅游小镇典型,[①]如湖州的丝绸小镇融合文化与旅游,全面打造成有特色产业、旅游功能的 5A 景区,围绕"生产、生活、生态"三生融合理念,建设集丝绸产业、历史遗存、主体旅游为一体的开放式"丝绸文创度假小镇",依托其文化内涵促进旅游产业发展。其次,从区域环境来看,龙人古琴小镇处于长

---

① 闵学勤.精准治理视角下的特色小镇及其创建路径[J].同济大学学报(社会科学版),2016(5):55—59.

泰马洋溪生态旅游区,毗邻优秀旅游热点城市厦门,具备发展旅游得天独厚的环境优势。最后,从自身条件看,龙人古琴小镇文化底蕴深厚、生态条件良好,建筑与山水俱佳,有稀缺性,具备发展文化生态旅游的优越条件。

旅游开发过度会破坏乡村的宁静,从文化村的特质出发,需要为古琴音乐、国学研究等提供相对宁静、不受外界干扰的环境。古琴小镇的三大组团各有特点,在文化生态旅游开发上可考虑区别对待。如后坊文化部落、桃花岛艺术水岸目前已对外开放,可以作为承载旅游的主体。其中,后坊文化部落新建民居较多,吸引力欠佳,需要通过艺术家工作室入驻、民俗文化展示等增加文化吸引力,可考虑增加民宿、中低端餐饮的旅游基础设施建设,与村头的"格林美"提子观光园(占地百亩、远近闻名的生态休闲农庄)等联动,开展合作。桃花岛艺术水岸与小说《射雕英雄传》中黄药师、黄蓉所住的小岛同名而备受关注,这里风光优美,古树多,闽南民居特色突出,桃花盛开时节尤其美丽,但也受桃花开放季节和开放时间的限制,非桃花开放季节时桃花岛的特色无法充分凸显。建议分区域种植不同品种桃树,以延长观赏桃花时间、增加游客观赏机会。可考虑增加"药师"特色,增设中医药种植园,弘扬中医药文化。中医药文化与古琴文化同属传统文化,两者和谐统一,可以进一步丰富小镇特色传统文化。龙人古琴文化村是古琴小镇的主要特色,全部开放会破坏小镇的宁静,全部封闭也会削弱旅游吸引力,失去进一步宣传机会。古琴文化村可以考虑部分区域和部分时间、有条件的开放(如针对预约旅游团组、参访团队开放,出售门票)。着力打造具有"高端文化品质"的优质旅游产品,着力吸引"人少质高"的高端旅游人群,通过扬利除弊,做到合理控制开发使用、适时适度推进文化生态旅游。扩大旅游经济增量的同时,不破坏当地的生态环境和古琴文化村的宁静,不降低当地城镇社区、村庄居民的生活质量。

六、结语

特色小镇中除了部分千年传统古镇以外,其余大部分由乡转变而来或依托主要村庄建立,长泰古琴小镇属于后者。在长泰后坊村生态环境优越、民风淳朴、传统文化保留较好,但是基础设施相对落后,垃圾、污水收集处理等存在缺陷,在美化、亮化、特色化不足的情况下,龙人古琴文化村入驻后极大地改变了当地的城乡面貌,与美丽乡村建设相结合,共同推动龙人古琴小镇的建设。如今,大型仿古建筑群的建成和古民居的修缮、水岸建设、生态优化等大幅提高当地城建水平,改善了基础设施建设,美化了当地的生态环境,形成、做大了特色文化产业,吸引、集聚全国乃至世界的高素质人群,完善、提高当地的文化结构,有效推动传统文化的对外传播,成为全国重要的文化产业示范基地和省级特色小镇创建单位。

未来,长泰古琴小镇将在国家实施新型城镇化战略和供给侧改革的大背景下,在加强特色小镇建设的机遇下,进一步强化规划引领,探索如何通过体制机制的创新,整合资源、集约用地、完善设施、集聚人气,通过实施"古琴+(产业、文化、生态、旅游、城建、社区)"等突出小镇特色和优势,努力实现产、城、人、文有机融合的理想,让产业形态特色鲜明、传统文化丰富多彩、环境建设美丽宜居、公用设施完善便捷、公共服务高效快捷,推动长泰古琴小镇成为全省、全国特色小镇建设的范例。

集美汽车小镇：平台经济视角下的小镇建设

肖绯霞[*]

摘　要：　集美汽车小镇是厦门唯一入选福建省首批特色小镇创建名单的小镇，其创建过程对福建尤其是厦门新型城镇化建设有重要的借鉴意义。作为不同于产业园区及建制镇的发展空间平台，特色小镇规划与建设理念也应有所不同，平台经济学可以为其提供新的视角。集美汽车小镇应立足汽车特色，实施差异化服务，制定分层优惠政策，开展平台合作，充分发挥汽车贸易、汽车竞技、文化旅游、人口流动、创新孵化等多种平台作用。

关键词：　集美汽车小镇；特色小镇；平台经济学

凭借汽车工业城以"金龙"等企业为龙头的强大产业实力，以正新汽车国际文化中心、双龙潭生态运动景区、全国汽车场地越野锦标赛等为主的汽车文化及运动主题旅游资源，集美汽车小镇入选福建首批28个特色小镇创建名单。按照建设规划，集美汽车小镇将建设成为具有准确的产业定位和文化内涵，兼具旅游和社区功能的综合性发展空间平台。

一、集美汽车小镇概况

集美汽车小镇位于厦门机械工业集中区三期，规划西至正新汽车文化园，

---

[*] 肖绯霞，厦门理工学院文化产业与旅游学院讲师，主要从事文化产业、外国文学研究。

南至灌新路,东至灌口中路,北至洋亭路。其西北侧为生态绿楔,东侧为灌口生活区,南侧为机械工业集中区二期,总用地面积 344.58 公顷。[①] 但从公布的规划图看,汽车小镇实际从机械工业集中区一期金龙公司开始,穿过集中区二期部分地区,到达集中区三期,为两头宽,中间窄的不规则图形。

集美汽车小镇的目标是打造具有"特色鲜明的产业形态、和谐宜居的美丽环境、便捷完善的设施服务、独具特色的汽车文化"的"产、城、人、文"协同发展的特色小镇。

小镇规划项目涵盖汽车产业、汽车文化旅游及公共设施建设等方面的内容,策划项目共计 53 个,总投资 38 亿元。初期重点推进汽车零部件四期项目、正新汽车国际文化中心、双龙潭生态运动景区、全国汽车场地越野赛、三圈海峡两岸车辆模型大奖赛等项目。

二、集美汽车小镇主要平台功能

(一)从平台经济视角规划与建设特色小镇是一种新思路

平台是一种或现实或虚拟的空间,"该空间可以导致或促成双方或多方客户之间的交易"。平台经济学指专注"研究平台之间的竞争与垄断情况,强调市场结构的作用,通过交易成本和合约理论,分析不同类型平台的发展模式与竞争机制,提出相应政策建议的新经济学科"[②]。当前,各种平台不断涌现,平台经济学受到越来越多的关注。

特色小镇既不同于产业园区,也不同于传统意义上的建制镇。《福建省人民政府关于开展特色小镇规划建设的指导意见》开篇即说明特色小镇"是具有明确产业定位、文化内涵、兼具旅游和社区功能的发展空间平台",应以特色为本,成为"'产、城、人、文'四位一体的重要功能平台"。

---

① 应洁,林桂桢.推动产业升级 打造汽车特色小镇[N].厦门日报,2017-4-21.
② 徐晋.平台竞争战略[M].上海:上海交通大学出版社,2013:1.

特色小镇平台与高新区、都市圈等城市经营平台有部分相似之处,但又有其特点。从创建与管理者看,特色小镇的创建者包括居民、企业与地方政府,构成多元。从功能看,特色小镇更丰富。从定价看,除政策方面的准入制度外,几乎没有其他收费项目。从收益看,居民、企业、地方政府均能得益。就集美汽车小镇来说,通过建设集美汽车小镇,居民生活和就业环境得到改善,各汽车生产与服务单位得以发展,小镇常住人口逐渐增多,带动整个灌口的城镇化建设。

鉴于特色小镇的特殊性,从平台经济角度来审视特色小镇可以为小镇规划与建设提供新的思路,对平台经济理论与运用来说也是新的拓展。

(二)集美汽车小镇主要平台功能

从平台经济学角度看,集美汽车小镇应在汽车贸易、汽车竞技、文化旅游、人口流动、创新孵化等方面发挥平台作用。

1.汽车贸易平台

集美汽车小镇应建设成为高质量的汽车贸易平台。为此,至少应拥有一个在全国乃至世界拥有较高声望的汽车生产企业,以此为中心集聚一批关联企业,生产满足平台贸易需求的汽车产品。为使平台保持活跃,增强平台吸引力,还应引领技术时尚,促进新能源新技术的运用,不断创新产品。

(1)就产业规模看,汽车小镇已具备足够的汽车产品生产能力。汽车小镇主要汽车生产区域为厦门汽车工业城。厦门汽车工业城有国家首批汽车及零部件出口基地,入驻有金龙联合、金龙礼宾车、金龙汽车车身、玉柴发动机、理研工业(活塞环)、民兴工业(轮毂)、江申车架、东风德纳车桥、金龙汽车物流等汽车整车制造及零部件配套企业,形成灌口三大百亿产业链之一。这些企业绝大部分都处于汽车小镇规划范围内。

厦门金龙联合汽车工业有限公司(大金龙)致力于大、中、轻型客车整车生产与销售,出口130多个国家和地区,是中国最具价值的500品牌之一,位列中国汽车行业品牌前十强。仅2016年,公司销售各型客车超过3万辆,销售收入约86.7亿元人民币。其中外销数量超过1万台,外销金额约20.7亿元人民币。据中国汽车工业协会对商用车(客车部分)生产企业报送的数据分析，2016年金龙联合客车销量排名全国第六位。①

当前，高端客车市场仍是海格(苏州金龙)的天下，汽车小镇要加强产业优势，引领行业发展，还需要补充高端客车项目。从规划项目看，小镇除重点推进汽车零部件四期及厦晖汽车气门嘴等项目外，还将重点推进金龙豪华客车项目落地。可以预见，未来汽车小镇的汽车生产能力会更强更全面，汽车小镇将成为镇域内外各类整车与零部件贸易的重要平台。

(2)就产业创新看，新能源新技术已得到一定程度的运用。为适应环境保护趋势，响应国家绿色环保要求，小镇核心生产企业金龙联合早在2001年就开始新能源车型的研发工作。2004年成功研发出中国首辆新能源纯电动客车，2015年自主研发出ISG(同轴式双电机混联)插电式混动客车。同年9月，金龙易驱插电式混联系统亮相比利时，这是中国客车首次在海外展示自主研发的新能源整车集成策略。2016年，金龙联合销售出3 000多台新能源客车，位居行业前列。工信部公布的2017年第一批《新能源汽车推广应用推荐车型目录》中，金龙汽车(包括厦门金龙联合汽车工业有限公司和厦门金龙旅行车有限公司)共有21款车型入围。此外，金龙公司还拥有先进的自动化轻客生产线。

目前，小镇规划范围内已建成以金龙客车为核心的新能源客车产业联盟，建有新能源客车公交试验线、国家级新能源客车技术中心、品牌设计中心和新能源汽车动力总成生产基地。

要增强小镇汽车产业的行业影响力，不仅要有较强的供给力，还必须持续创新，引领行业潮流。小镇应加强与国内外先进企业的合作与互动，如举办汽车行业技术交流会或汽车论坛，创办和培育有行业影响力的汽车杂志等。应力求规模、质量、创新并举，使小镇呈现出较强的产业活力，进一步强化小镇产业贸易平台的功能。

---

① 中汽协会行业信息部.2016年前十家客车生产企业销量排名[EB/OL].(2017-01-19)[2017-04-26].http://www.caam.org.cn/zhengche/20170119/1305204293.html.

2.汽车竞技平台

借助灌口工业区汽车产业和知名企业影响力,集美成功举办多次汽车竞技活动,如全国汽车场地越野赛(COC)、灌口·三圈海峡两岸车辆模型大奖赛、全国车辆模型锦标赛、厦门集美海峡两岸运动休闲季(含汽车休闲拉力赛、越野卡丁车比赛等项目)等,未来还将举行世界车辆模型锦标赛(1/10电动越野车项目)。这类竞技活动反过来提高灌口汽车产业形象,促进小镇汽车生产与贸易活动。

(1)中国汽车场地越野锦标赛(COC)。中国汽车场地越野锦标赛(COC)是经体育总局批准、由中国汽车摩托车运动联合会(中汽摩联)主办的汽车场地越野赛事,至今已经有11年的历史。2016年"正新轮胎杯"厦门集美中国汽车场地越野锦标赛在正新汽车国际文化中心赛车场举行,该赛场是全国承办总决赛次数最多的场地,选手称之为"国内最美越野场地"。

从世界汽车赛事角度看,高端赛事有世界一级方程式锦标赛、SuperFormula、世界耐力锦标赛、世界拉力锦标赛。基础层次赛事有各国大学生方程式赛及卡丁车赛。COC为中等层次赛事,与CRC、CTCC等处于同一层次。这一层次的比赛能为众多轮胎企业提供开展试验,积累技术的机会,也能为优秀赛车手提供晋级渠道。

(2)灌口·三圈海峡两岸车辆模型大奖赛。灌口·三圈海峡两岸车辆模型大奖赛于2016年在厦门三圈模型科技体验基地展开平路赛,2017年进行越野赛。活动吸引了来自中国、美国、法国、日本等地数百名顶尖遥控车辆模型高手。

为充分发挥汽车竞技平台功能,应以上述两大赛事为核心,加强比赛场地建设及服务设施建设,增强赛事接待能力与服务能力,适当向其他层次汽车赛事及模型赛事活动延伸。即将于三圈模型科技体验基地举行的世界车辆模型锦标赛(1/10电动越野车项目)就将赛事举办层级延伸到车辆模型世界顶级赛事层次。

3.汽车文化旅游平台

灌口以"小城镇建设"、"集美新城"建设、"美丽厦门人文集美"建设为契机，全面进行城镇与乡村环境改造，广植绿道，治理河流，建设公园，增强污水与垃圾处理能力，使小镇环境焕然一新；积极实施文化保护，如改建扩建凤山祖庙，建设深青古驿公园，保护答嘴鼓和闽南童谣等非遗项目；着力开发生态旅游和休闲旅游项目，如国家级示范点宝生园休闲农庄、双龙潭生态运动景区等；举办各类文化节，如闽南童玩节、大使公节、两岸休闲运动季等。镇内生态环境优美，文化旅游吸引力不断增强，为汽车小镇文化旅游打下良好的基础。

目前，汽车小镇中的"双龙潭生态运动景区""正新汽车国际文化中心"已开始运营，部分项目仍在建设中，形成以汽车和生态运动为主题的文化旅游中心，与临近的"福建省乡村旅游特色村"田头村形成旅游带，进一步增强了汽车文化旅游的吸引力。

当前，小镇规划的汽车文化旅游核心项目只有"正新汽车国际文化中心"，要将小镇打造为汽车文化旅游平台，应以全域理念来指导规划与建设。除"小镇客厅"、景观设计等应体现汽车主题之外，还可以主要汽车生产及配套企业为节点，创设汽车生产文化走廊，拓展汽车文化旅游项目。此外，汽车文化旅游建设还应注重两条腿走路：一是抓好门店式汽车文化旅游项目，二是抓好汽车赛事、节日等阶段性汽车活动旅游，促进小镇汽车文化旅游供给与需求。

4.人口流动平台

无论浙江省推动特色小镇初衷如何，国家推动特色小镇建设的背景都十分清晰。从国务院发布的《关于深入推进新型城镇化建设的若干意见》看，特色小镇建设是新型城镇化的一种路径。因此，人口流动与迁移是特色小镇建设说得不多但却极为重要的目标。由于城市发展需要，对人口的争夺日益激烈，有研究者甚至将人口迁移看成"一场你死我活的城市战争"。因此，从人才流动角度谈小镇人口问题只能算是一个切入点，人口迁移才是城镇化的终极目标。

汽车小镇必须成为促进人口流动与迁移的平台，为小镇集聚汽车人才，促进流动人口向常住人口转化，常住人口向户籍人口转化，带动整个灌口的城镇化发展。这不仅涉及汽车人才流动问题，也涉及公共服务环境对人口流动与迁移的吸引力问题。

促进汽车人才流动。厦门十分重视人才引进。除产业前景及就业环境等因素外,住房条件也是人才考虑的主要问题。小镇汽车生产与服务业并举,应针对各层次人才制定相应的政策。比如中高层次汽车人才住房补贴政策、青年人才廉租或免租政策、流动人口廉租政策等。

提高公共服务水平。政策实施需要强有力的设施建设做后盾,小镇应加强公租房、廉租房建设,加强教育、医疗等基础设施建设,提高文教卫服务水平。这不仅能增加对汽车人才的吸引力,也能吸引非汽车专业人才进入小镇,参与服务业等经营活动,转化为常住人口或户籍人口。

5.汽车技术创新孵化平台

为维持小镇的创新氛围,为汽车产业提供不竭的发展动力,创新孵化也十分重要。小镇应重视汽车相关技术创新孵化,努力建设成为汽车创新孵化平台。

应促成一批小型汽车相关研发企业或项目落地,形成以金龙、正新等知名企业研发部门为龙头,小型研发企业或项目为辅的汽车研发阵容,形成良好的汽车技术创新氛围。可借鉴高新技术园区发展经验,制定政策,为资金与技术牵线搭桥,充分发挥小镇创新孵化平台作用,促进汽车创新技术的孵化、交易与转化。

三、集美汽车小镇平台竞争策略

平台经济理论认为,"不同类型的平台竞争都可能影响平台,同一平台的主体之间存在内部竞争,两个或两个以上的平台之间存在外部竞争"[①],特色小镇是平台,有其对应的双边市场,与其他小镇存在竞争关系。

(一)集美汽车小镇平台双边市场

集美汽车小镇不仅与全国特色小镇之间存在竞争关系,与其他非特色小镇的新型城镇之间也有竞争关系。作为汽车贸易平台,其双边客户市场包括

---

① 徐晋.平台竞争战略[M].上海:上海交通大学出版社,2013:16.

小镇汽车生产相关企业和外部汽车产品买家,小镇内部汽车产品买卖双方两个层级;作为汽车竞技平台,其双边客户市场为各类汽车赛事和小镇汽车赛事承办组织;作为文化旅游平台,其双边客户市场为文化旅游团体或个人,小镇文化旅游服务经营单位;作为人口流动平台,其双边客户市场为汽车相关从业人员、服务人员、潜在迁入意愿人员,小镇企业与地方政府;作为创新孵化平台,其双边客户市场为小镇内外资金和小镇企业创新技术。

(二)集美汽车小镇平台竞争策略

尽管与传统意义的平台有所不同,传统平台竞争策略对特色小镇平台来说仍然适用。一般来说,"平台通过提供差异化的产品与服务,制定最优的收费定价模式,降低用户的多属行为,满足用户多样性偏好等手段或策略来获取竞争优势","一些平台在同行业中获得独特优势与成功,并不仅仅是依靠那些平台竞争策略,平台融合也即平台合作也是一种极其重要的双赢方式"[1]。

1.实施差异化服务

按照国家相关文件意见,到 2020 年,我国将有 1 000 个特色小镇。"差异化"即是特色小镇的"特色"追求。福建首批 28 创建小镇就各有特色,如集美汽车小镇特在"汽车",长泰古琴小镇特在"古琴",武夷山五夫朱子文化休闲小镇特在"朱子",晋江人才梦想小镇特在"梦想"等。

创建应紧紧围绕特色产业,避免特色不特。集美汽车小镇应牢牢抓住汽车概念,在有限的区域内集中发展汽车生产、汽车文化及公共服务设施建设,切忌因眼前利益上无关项目。这不仅会挤压汽车相关产业发展空间,也影响小镇的整体文化气质,造成特色不特。

建成后的特色小镇都将是 3A 级以上景区。届时,对旅游客源的争夺将十分激烈。集美汽车小镇应以汽车文化旅游资源为主,有机融入休闲运动文化资源,打造独具特色的汽车文化主题景区。

---

[1] 徐晋.平台竞争战略[M].上海:上海交通大学出版社,2013:24.

2.制定优惠政策

作为多功能平台,小镇应采取多种方式吸引和发展双边市场,各种优惠政策必不可少。如针对汽车生产与汽车文化服务企业制定相应的土地与税收优惠政策,针对汽车赛事承办、文化旅游经营、技术创新制定相应的补贴与奖励政策,针对人才与人口流动制定相应的户籍政策等。

3.开展平台合作

小镇发展除了考虑平台竞争外,还应考虑平台合作。集美汽车小镇紧邻厦工工业园、深青组团、集美物流园、软件园三期、大学城等。与这些平台开展合作,能够实现平台功能互补,增强汽车小镇平台的吸引力与竞争力。

特色小镇建设是我国推进城镇化的重要举措。特色小镇非园非镇,是兼具产业与社区功能的空间平台,身份独特。集美汽车小镇是厦门首个入选小镇,其成功创建对于灌口、集美、厦门乃至福建都将有重要的示范作用。从平台经济学视角审视汽车小镇建设有助于规划与建设者抛开思维定式,把小镇建设成具有独特汽车产业文化气质,充满活力、宜居宜业的开放性空间平台。

澳头：国际艺术海港小镇

何 鹏[*]

摘　要： 作为翔安区政府重点打造的特色小镇，澳头地理位置优越，自然资源、人文历史资源、旅游资源丰富，渔港历史悠久。澳头常年举办各类国际艺术展，在艺术氛围的熏陶下，本土村民也积极参与艺术创作。澳头已成为本土艺术与国际艺术交流碰撞的基地，重点建设对台渔业基地等旅游项目；塑造"海港文化""海防文化""海鲜文化""侨乡文化"独特的文化特征。澳头努力建成"休闲旅游、传统文化、美丽宜居"的特色小镇，打造乡村旅游示范村，最终建成集群发展的临港小镇、文旅融合的艺术小镇和生态宜居的国际艺术海港小镇。

关键词： 澳头；国际艺术；本土艺术；海港小镇；乡村旅游

作为闽南著名的古老海港侨村，澳头积淀了深厚的海洋文明，澳头人乘风破浪，在百舸争流中锻炼出敢闯敢拼的过人心魄。"美丽厦门战略规划"的实施让这个古老的村庄焕发新的活力。翔安区委区政府紧抓"美丽厦门·共同缔造"的时代契机，把澳头推上建设"美丽乡村"的新里程。

---

[*] 何鹏，硕士，厦门理工学院讲师，主要研究企业商务策划、文化产业营销。

一、澳头简介

（一）地理位置

澳头村坐落于翔安区新店镇东南沿海，与金门、厦门隔海相望，临近翔安隧道出口，位于新城中路与滨海东大道交汇点，交通十分发达，由于其位于海岸弯曲可停靠船只的地方，故名澳头。澳头三面临海，港深水阔，有"闽南美丽海港侨村"的美誉，是古代下南洋的重要通商港口。目前，澳头社区下辖有两个自然村——澳头、上苏，人口共1 200多人，437户，分为居民小组5个。澳头村分布在海外各地的同宗乡亲有6 000人之众，为本土乡民的6倍多。在众多侨民中，以新加坡乡亲最多，约4 000人，其余分布在美国、马来西亚、越南等地，每年都有大量海外乡亲返乡省亲，寻祖问宗。

（二）历史沿革

澳头是闽南著名的古渡口，有各类商铺和古街道，商贾云集，市井繁华。据史料记载，1821年，我国第一艘直通新加坡的货船就由澳头人驾驶，经厦门港直达新加坡港，成为新加坡开埠的第一条商船。从此，澳头人陆续出洋开荒拓土，目前，澳头人遍布世界14个国家和地区。作为著名的古老海港侨村，澳头积淀了深厚的海洋文化，澳头人乘风破浪，在百舸争流中练就敢闯敢拼的过人心魄。澳头在清代属翔风里澳头保，1943年属振南乡澳头保，1950年属第五区澳头乡，1955年属洪钟区，1959年属新店公社澳头大队，1984年改称为澳头村委会，属新店乡，1987年属新店镇。清代有"澳头徐"与"澳头蒋"之别，今并称澳头。

澳头村当地除有四通八达的海外关系外，还有丰富的历史资源，民风淳朴,风光旖旎,人杰地灵,养育了许多杰出的历史人物[①]。据史书记载:清代名宦苏廷玉即诞生于此,苏廷玉先后任刑部主事、山东按察使、四川总督加兵部侍郎衔等职。苏廷玉于道光癸卯年(1843年)所书的"鳌石""超旷"两块碑石保存完好。其他历史名人还有蒋芳镛、蒋禧、徐元熙、徐元龙、苏瑞书、苏光彩、苏镜潭等。

二、澳头艺术特色的打造

(一)艺术小镇建设规划

"美丽厦门战略规划"的实施让古老村庄澳头焕发出新的活力,翔安区委区政府紧抓时代契机,把澳头推上建设"美丽乡村"的新里程。澳头规划用地面积3.39平方千米,常住人口6500人,依托澳头村的"海港文化""海防文化""海鲜文化""侨乡文化",打造"一港三区"——都市渔港产业综合体、海洋新兴产业区、海丝文化艺术区、海滨休闲观光区,更新产业布局[②]。澳头村将依靠自身的优势资源,以"休闲旅游、传统文化、美丽宜居"为目标,打造乡村旅游示范村,重点建设"中国东盟海洋合作基地""中国北欧国际艺术交流基地""中国大陆对台渔业基地",最终的形式是集群发展的临港小镇、文旅融合的艺术小镇和生态宜居的国际艺术海港小镇。

(二)澳头的旅游资源

澳头是厦门市翔安区特色小镇的重点打造对象,拥有丰富的旅游资源,目前有著名景点古渡口、三笔文化馆、怀远湖景观、妈祖庙文化广场、玉鳌园、放生池、欧厝对台渔业基地。

---

① 厦门晚报.翔安澳头文化艺术季再起航开启一场"纸与艺"的对话[EB/OL].(2016-11-04)[2017-06-07].http://www.mnw.cn/xiamen/news/1442073.html.

② 清风亮剑.美丽海港澳头村,闽南渔乡欧厝村[EB/OL].(2016-12-13)[2017-06-07].http://bbs1.people.com.cn/post/29/1/2/160058159.html.

典型案例篇

1. 古渡口

澳头曾是古时通往南洋的港口,一度繁忙,当时南至台湾、广东,北至浙江、河北、天津,船只从此出发,往返各地。澳头村民蒋金链捐献了一只古时留下的大船舷,证明当时的渔民就可制造载重四五百吨的大帆船用于渡海贸易。

图 1　澳头蒋氏宗祠

2. "鳌石"石刻

20世纪50年代末,澳头村内几乎所有的天然巨石都被挖去建造"海底水库",只有苏廷玉祠堂内的"鳌石"石刻幸存。

3. 我素庐

"我素庐"中"我素"二字寓意"我行我素",位于澳头社区下海仔鱼塘边,始建于1934年。坐南朝北,为中西合璧式二层建筑,屋顶平台两厢为半圆形前突,正面立有八根罗马式圆柱,一楼是重力柱,二楼为附壁柱,柱为爱奥尼克式与中国式的花卉雕塑,两柱之间以花卉浮雕相连,多了艺术的灵气。女儿墙一截为西洋式建构,其造型和规模在厦门较为罕见。此庐为旅居新加坡侨领蒋骥甫所建,他在新加坡从事橡胶种植和加工业,其创立的民生树胶厂有限公司规模较大,获利颇丰,又与星洲诸位侨领合办大华银行。1934年,蒋骥甫回故里兴建这所宅第,落成之际遭遇抗战爆发,该房被日寇炮弹炸塌一角。抗战胜利后,此房捐建为觉民小学校舍,供当地学子求学,后又为地下党活动的据点。新中国成立后,我素庐一度成为派出所、大队(村)部所在地。落实侨房政策后归还,现由房主委托人代管。

4. 澳头古牌坊(天旌节孝坊)

澳头古牌坊位于翔安区新店镇澳头社区上施自然村西北角田地间,建于清代光绪九年(1883年)。匾额上镌"天旌节孝"四字,额坊上双面刻"旌表同安诰赠武德佐骑尉苏清浮妻诰赠五品洪太宜人坊"。次间横枋双面浮雕麒麟、狮等纹饰。坊柱前后两侧均刻楹联,彰表和宣扬妇德,柱基以石板夹立。

5. 澳头石狮巷

澳头社后山的一条巷内立着两只石狮,一只高83厘米,胸围110厘米,重400斤左右;另一只高117厘米,胸围163厘米,重1 500斤,人们把这条巷叫作"石狮巷"。

6. 苏蒋同条龙

澳头有蒋、苏两大姓,各占一半人口,蒋、苏两姓的祠堂前后相依紧邻,中间的巷道宽度仅有85厘米,远看就像一座闽式三进古厝。其实这是各自独立的蒋氏家庙和苏氏家庙,隔巷各为整体,蒋氏家庙在前,苏氏家庙在后,两座家庙占地600多平方米,面临大海,背有古榕树两棵,枝繁叶茂。据传蒋姓之女嫁给苏姓为媳妇,蒋氏以家庙后约三分的空地作为嫁妆,以后婿家致富,事业有成,为报先辈养育之恩,就在这块空地上盖起单落家庙,坐向一致,只是围墙内留一厝,南开大门出入。蒋苏两族和睦相处,繁衍后代,被誉为蒋苏同条龙。据专家考证,全国的宗祠无数,不同姓氏两族家庙同建在一处实属罕见,足见关系匪浅,蔚为奇观,令人称羡。

7. 三笔文化馆(澳头文化大院)

"三笔文化"指三个新店土生土长的本土艺术家。"海之笔"苏谣,油画家出身,以锄为媒,以废弃的木头和破碎的瓷片为介,创作出属于他个人的艺术形式"木语瓷言",引起海内外关注。"城之笔"蔡江南,以刀为媒,以泥巴雕塑为介,环岛路书法广场、文曾路、植物园,他的印记遍布厦门"大街小巷"。"田之笔"梁金城,蜚声国内的著名农民画家,以画为媒,拿画笔像拿扫帚一样挥洒自如,绘出闽南乡间最朴素浓郁的乡土气息。

图 2　三笔文化核心展馆

澳头试图打造"国际艺术海港小镇",引进国际艺术,以厚重、淳朴的本土文化助力小镇建设,让海外游子看得见山,望得见海,触碰得到乡愁。"三笔文化",是心灵之桥,桥的一端连起生活,带出艺术,另一端串起海内外乡亲浓浓的乡愁;"三笔文化"更是一幅美丽典范之作,勾勒出以新店为代表的翔安文化事业靓丽的人文底色。澳头文化大院由澳头文化促进会牵头,利用居民自建的三栋民房,经过设计、装修、改造而成,面积约1 600平方米。这里邀请农民画、油画、雕塑等各类艺术家入驻,打造文化艺术创作、交流与展示的平台。正在规划设计阶段的新店文创园区位于澳头文化大院前崭新笔直的大路两侧,它的核心和依托,就是文化大院内一字排开的三栋建筑——"三笔文化馆",它是新店经典本土文化的高度浓缩,也是新店文创园区的起点。

8.美味的海鲜盛宴

自从翔安隧道建成通车后,到翔安澳头吃海鲜已经是厦门老饕们的必修课,澳头的海鲜馆门口停满岛内车牌汽车,大老远来吃顿海鲜就是吃个新鲜。

翔安虽然离厦门岛很近,但许多食物特色鲜明。知名的海鲜馆有"六和居海鲜食府""澳头海鲜馆""大厝宅海鲜馆""663""圆月饭店""讨海人""船桨"。

六和居海鲜食府选址于温馨的古厝,临湖而建,有木栈道,环境优美,古色古香。创始人蒋海堂以自家 300 多年历史的古宅为基础,斥资 100 多万,聘请有经验的老师傅对古宅进行设计修复,重拾老祖宗留下的六和居名号与秘方,沿湖打造古韵十足的海鲜食府。六和居海鲜食府内设"人字号""和字号"等 6 间包厢,门口摆放传统陶瓷碗、木桌椅,环境古朴雅致,赏心悦目。食材的鲜美和独特的烹饪手艺,使其闻名翔安。

澳头海鲜馆位于澳头村海边,主营讨小海而来的小海鲜和地方小吃,十年来坚持传统"古早味土炮"做法,保持原汁原味,得到老饕客称赞。主打"一鱼两吃",食材鲜活,不添加调料,坚持"天然尚好",符合现代人的养生之道。

(三)澳头的艺术特色

澳头有保存完好的古厝和良好的自然环境,积淀了闽南渔村独有的文化底蕴和精神气质,所以打造"百年渔港艺术村"。踏着干净整洁的水泥路,走在碧绿的怀远湖畔,澳头社区仿佛一个有海有花、有历史有文化的社区公园。几年前的鳌头村还是道路泥泞,海蛎壳当道,伴有一个臭水湖。今天的澳头,环境改变了,欧洲艺术和本土艺术在这里包容共生,居民精神文化生活更加丰富。目前,澳头已有三个比较固定的艺术展基地:闽南传统古厝"向东厝"的"北欧当代艺术展",澳头文化大院的"新店三笔文化展",原澳头小学的"美丽乡愁摄影展"。

2016 年举办的"澳头文化艺术季"吸引八方游客,让澳头一夜之间闻名海内外,引来国内媒体的关注,连续两次登上央视。澳头村每一百天便会有一个艺术季,每个艺术季的主题不尽相同,油画、版画、纸本水墨、雕塑等,东西合璧的展览丰富了村民的文化生活,吸引众多游客,村民的收入随之增加。2016 年 11 月 7 日,由翔安区新店镇人民政府、厦门时代空间文化传媒有限公司、北京品信时代文化传播有限公司联合主办的"艺术擦亮海港小镇——翔安澳头国际艺术发展战略研讨会"在翔安区澳头书院成功举办。研讨会邀请来自法国、瑞典、挪威及我国台湾和大陆各地的著名文创专家、艺术家、建筑师、设计师,为澳头艺术小镇的发展出谋划策。在 2016 年"面朝大海·澳头文化艺术季"上,15 位艺术风格迥然不同的北欧艺术家,在澳头"向东厝"展出 135 幅作品,载体包括布面油画、版画、纸本水墨、摄影、雕塑、影像、综合材料。著名画家王彤在老房子的庭院就地取材,打造了"莫兰蒂的记忆",表达人类在大自然面前的脆弱与祈求安全感的心愿。泡沫箱垃圾制作的"爱心小兔"、砂石和沙滩垃圾摆成的"白海豚"……来自瑞典、丹麦等国的北欧艺术家在澳头创作出以环保为理念的艺术展品。2017 年元宵节,澳头迎来开春第一展"东传西渐——澳头雕塑版画展",展出了近百幅中外艺术家的作品,包括吴冠中和毕加索两位艺术大师的画作复刻,展览结合澳头的历史文化与浓厚的艺术气息。西方百年古典铜版画、东西方艺术大师版画以及中国当代雕塑作品,这些不同年代的作品,在澳头古色古香的红砖厝里汇聚。在澳头老厝里举办的东西方版画雕塑展览,实现现代与传统、东方与西方的交融,用"艺术+"的方式,打造艺术小镇旅游品牌,彰显了澳头打造国际性艺术小镇的决心①。

除了北欧艺术家的作品外,澳头村村民也纷纷参与艺术创作。663 海鲜馆的厨师陈清州用近百幅画作诠释艺术对社区的影响,卡车司机孔龙震的画作有三个主题——故乡、卡车和梦想,讲述"一路前行"的艺术人生。新店三笔文化展的推出,意味着新店"三笔文化"正式入驻澳头文化大院,未来,他们将把自己的工作室设在澳头,共同描绘澳头的美丽故事。

澳头村有与现代艺术并存的古老信仰,历史悠久的妈祖庙供村民和游客祭拜。这样的文艺范,在厦门这个古老的渔村里萌芽、滋生、蔓延。文创和艺术,正在成为澳头的全新标签。高大上的文创链条打造,与接地气的群众性文化活动的开展齐头并进,共同形成澳头基层文化建设的独特面貌。

但澳头文化村的宣传有待改进,这些大学生喜欢的艺术展并未进行足够的宣传,厦门各大院校的大学生并不知情。媒体应该增加信息播报,提高澳头村知名度。除此之外,澳头村应完善智慧旅游配套设施,譬如开通微信公众

---

① 郭睿.小渔村"网"住顶尖现代艺术[EB/OL].(2016-04-15)[2016-07-14]http://weibo.com/1765891182/DqTl53hoe? type=repost.

号、微博、网站,增加线上浏览量,让更多的年轻人了解澳头文化村。

三、澳头打造国际艺术小镇的未来发展

(一)澳头的政策机遇

2015年3月,国务院发布《推动共建丝绸之路经济带和21世纪海上丝绸之路的愿景与行动》,提出"支持福建建设21世纪海上丝绸之路核心区,加强沿海城市港口建设,为台湾地区参与'一带一路'建设作出妥善安排"[①]。翔安乃至厦门的发展,文化要作为软实力并走出去。厦门作为"一带一路"新起点,澳头可作为全国艺术家的聚散地,辐射到全球各地,吸引国际艺术家来办展。为贯彻党中央、国务院关于推进特色小镇、小城镇建设的精神,翔安区将澳头列入特色小镇名单,希望澳头以海洋产业为依托,以文化艺术为引领,打造成兼具海洋产业、文化旅游的精致宜居特色艺术聚落。厦门也出台《厦门市人民政府关于开展特色小镇规划建设的意见》,明确指出,厦门要在三五年内培育一批特色鲜明的特色小镇。目前是澳头发展的绝佳机遇,一要依托对台渔业基地,打造特色海洋产业;二要重点打造海丝文化艺术区。

(二)澳头的经济发展规划

随着"美丽乡村"建设的开展,居住环境的改善,游客增多,居民开餐馆或开商店,收入增加。特色小镇建成后,居民的生活品质将再次提高。澳头社区的建设将加快,片区产业将进一步发展,创造更多的就业机会。澳头的对台渔业基地,计划将出现"一港三区"的格局,以都市渔港产业综合体为核心,辐射海滨生态观光区、海丝文化艺术区、渔港综合服务及海洋科研区三区,形成海西地区重要的对台渔业基地。澳头将海洋经济作为渔港小镇的核心产业,重

---

① 本刊讯.推进"一带一路"建设工作领导小组办公室负责人就"一带一路"建设有关问题答记者问[J].中国经贸导刊,2015(12):6—10.

点建设生态、智慧的渔港经济产业园区。都市渔港产业综合体规划为国家中心级渔港,层次高、规模大、功能全、格局优和辐射广,包含渔港经济、海洋科考和滨海旅游三大板块,总面积约88公顷。都市渔港产业综合体已开工建设,建成后将辐射我国台湾以及东南亚地区,带动片区经济发展。

(三)澳头的文化艺术发展规划

1. 打造中国北欧国际艺术交流基地

澳头的发展应紧紧抓住"中国北欧国际艺术交流基地"的定位,澳头曾是古时通往南洋的港口,一度繁忙。澳头村渔港文化底蕴深厚,两度受到中央电视台采访并录制节目《远方的家》《美丽乡村中国行》。澳头老渔港俨然成为厦门的名片,可以作为中国北欧国际艺术的交流基地。在前期合作办艺术展的基础上,深入开展与北欧国家的文化艺术交流、字画艺术品展销、影视合作、商业广告片拍摄、投资合作拍片等。

2. 塑造"三海一侨"的文化氛围

澳头应致力于形成"三海一侨"的文化氛围。海港文化,利用华侨别具特色的古厝建设海港文化展示馆,展示澳头人走向海外的艰辛历程。海防文化,与民兵哨所共建"海防战地文化园",培育富有特色的爱国主义教育基地。海鲜文化,利用古厝民宅和集体发展用地,建设海鲜美食一条街。侨乡文化,利用华侨情缘,营造侨乡氛围。澳头艺术小镇建设必须形成独一无二的特色,形成唯一风格,具备更高的辨识度。小镇建设需要各方参与,这样才可能长久可持续性发展。

3. 吸引民间艺术投资

澳头应依托深厚的文化底蕴,吸引民间资本,合作建设,为艺术小镇引入国内外文创艺术资源及国内外艺术教育项目,建设当代艺术中心、艺术众创空间、艺术家工作室。推动艺术家工作室、电影工作室、表演工作室、戏剧工作室、音乐工作室落户澳头。澳头可采取多种措施,将商业的做法、竞争与合作的思想、业内的最新标准引进来,将艺术产业化、企业化进行到底,可以为澳头艺术小镇的建设开辟更大的发展空间。将艺术与观光行业相结合,将文化进行品牌化运作,可以增加农民收入。自然风景和人文风景应完美结合,使澳头的每一条街道、每一面墙,处处有艺术,一步一个景,整个小镇仿佛就由艺术构成。预计到2021年,小镇将引进600～700家企业入驻,年吸引旅游、购物及餐饮消费50万～75万人次,带动就业岗位两万多个。澳头的特色小镇建设着力点稳稳地放在民生上,澳头村应紧抓实施特色小镇规划建设的有利时机,着力塑造临港休闲的产业形象,温馨惬意的居住形象以及清新浪漫的旅游形象,通过空间拓展、产业带动,彰显临港侨村的独特魅力。

嵩口：千年古镇新兴文创地

叶玉婷[*]

摘　要：　嵩口古镇建设以"保护古镇、复兴乡村"为基本理念，实施"新旧共生共存""共建、共管、共享"模式，古镇得到创造性开发，为我国特色小镇建设积累了宝贵的经验。嵩口古镇可持续发展应坚持以文创带头、科技加盟、全域发展理念的导向，彰显其古镇"特色化"建设，提高竞争力。

关键词：　嵩口古镇；保护；复兴；文创

　　2016年10月11日住建部公布第一批127个中国特色小镇名单，福建省有5个小镇，永泰嵩口古镇位居其中。其实，早在2008年10月14日，嵩口古镇就被文物局、住房和城乡建设部认定为"中国历史文化名镇"。福建省各地保存大量历史古镇和传统村落传统民居风貌，现有中国历史文化名镇名村42个，数量位居全国第二位，中国传统村落125个，数量位居全国第六位。嵩口古镇努力避免千镇一面，打造特色，试图走出一条古镇保护与推进城镇化建设、带动居民致富乃至实现乡村复兴的新路子。嵩口的实践和探索，为小镇建设提供了宝贵的经验。

---

[*] 叶玉婷，厦门理工学院文化产业与旅游学院副教授，主要研究现当代文学、阅读与写作。

一、嵩口古镇之特色

嵩口位处福建省永泰县西南部的群山中,三面环水,清澈的大樟溪来自德化,绕过嵩口镇区直下福州。嵩口镇的旅游资源很丰富,自然景观、人文景观、民俗风情、传统饮食、传统手作及田园风光资源一应俱全,拥有很大的潜力。嵩口古镇将自己定位为历史文化古镇,主打"两张文化"(张圣君文化、张元幹文化)、古民居文化、民俗文化。

(一)"两张"文化

嵩口人文荟萃,福州四大名人之一、南宋著名爱国词人张元幹就出生于此,这里还是中国道教闾山派传奇人物张圣君的故乡。

古镇文风炽盛、人杰地灵。从宋朝至清朝,月洲村一共出了1位状元、2位尚书、41位进士。其中,张元幹家三代进士,从永泰第一个进士张沃开始,后有张肩孟父子六人六进士六同朝,祖孙三代十八官带,这是绝无仅有的科举辉煌。

(二)古民居文化

整个嵩口古镇有古民居160多座,镇区就有60多座,龙口厝、宴魁厝、拔魁厝、耀秋厝、下新厝、下车碓、协庆厝、端公坂厝、用坦厝、成厚庄、宁远庄、半月居等古民居,数量众多,规模宏大,如用坦厝占地达5 000多平方米。古民居大多建造于明清时期,传统街巷和整体风貌保存较好。建筑风格独树一帜,注月楼为碉楼式二层土木建筑,集居住、防御、藏书等多种功能于一体,鹤形路、"阴阳鱼"地面等处,营造时融合中国传统哲学思想,展示了这座历史古镇丰厚的文化底蕴。

古建筑专家和文物专家赞誉嵩口古民居"品种之多、数量之众、保存之好、艺术之高,堪称奇迹"。

(三)民俗文化

嵩口早在新石器时代就有古越先民活动。元至正年间设漈门巡检署,明初治所移到嵩口,俗称"嵩口司",当地至今有"嵩口司铁印直行"的传说。1916年,这里成立全省首家乡级商会;1926年,自行发行纸币,设税卡和鸦片专卖局;1938年,设镇。嵩口历经千年变迁,独特的古镇风格和生活方式以及深厚的文化理念形成悠久的民俗风情。

1. 元宵游神

嵩口的月洲村农历正月有闹元宵游神的习俗。游神时村中青年抬着张圣君塑像和刀轿,锣鼓起,一男子赤膊光脚跳神,先用宝剑舞上一通,而后蹿上刀轿端坐其上,游神队伍绕村巡行,所经之处,燃放鞭炮,烧香祭拜,保佑合镇平安,祈求来年风调雨顺,幸福安康。这一天,全村彩旗招展、锣鼓喧天,是古镇一年中非常重要活动。

2. 五显庙会

每年农历九月二十八日是五显大帝生日,当天要举行隆重的庙会,祝寿,祈求风调雨顺、田禾大熟。五显大帝是财神,成为商人们虔诚膜拜的对象,每月初一、十五,商人们都要到五显庙焚香上供。每年正月十五至十八迎五显大帝,信徒们奉上五牲、香烛纸炮。之后被演绎为"长寿""富贵""康宁""好德""善终"五福临门中的五福。

3. 林公出游

正月十四、十五、十六,林公大使神像被移到德星楼过元宵节。正月十七、十八、十九三日,林公大使神像出游,巡行全乡,古镇的街边商店及全镇人民都会点花烛放鞭炮以示庆贺。

4. 溪湖肥狮

舞狮是嵩口民俗,至今有100多年历史。一般舞狮是站着舞,溪湖肥狮却是蹲着舞,有时就地打滚。节庆假日或乔迁开业之时会邀请舞狮队上门表演,意在驱邪保平安,祝福商家生意兴隆。

5.陈埔纸狮

这是一种与木偶戏相似的表演形式,距今有300多年历史,明末清初,嵩口一位陈姓祖先始创这一娱乐项目。现在,演出多在春节、元宵期间举行,用以禳灾祈福,意在消灾驱邪,祈求吉祥、和顺、丰收。

6.转鸡头

嵩口的酒席上有一道菜,叫白斩鸡。这道菜端上桌后,鸡头一定要朝向桌上最尊贵的客人。被推坐首位的人,为表示对他人的尊重,在白斩鸡上桌后,往往要干一杯酒,把鸡头转向同桌的异姓客人。异姓客人谦让后,喝干不少于一杯的酒,转向同姓其他客人,后一个人喝的酒要比前一个人多,再把鸡头转向下一个人,直到鸡头回到首位。这时,坐首位的人要减半喝掉上一个客人所喝的酒,然后用筷子把鸡头翻过来,至此,酒宴正式开席。

7.虎尊拳

清末,嵩口人郑步恭吸取永泰虎尊拳精髓,发展提高,独创"日月连环腿",由琉球人上地完文传到日本,发展为实力雄厚的"上地流空手道",传到西欧和北美。

(四)市井文化

嵩口码头历史上曾经是各地客商、货商的重要中转地,舟楫穿梭,商旅往来。当年,德化的"中国白"就运抵此处进入海上丝绸之路。郑和下西洋前,福州沿海修造船只所用大型木料来自嵩口……随着大樟溪水运没落,古渡口逐渐式微。

南宋时,嵩口即有小集市;元明时,商业繁荣;清末时,街市规模渐大,逐渐形成赶圩习俗。赶圩习俗延续至今,每逢农历初一、十五,周边县区、乡镇的百姓聚集嵩口中心街,从物物交换到农产品贸易,赶圩习俗及古渡口、临溪而建的天后宫、德星楼以及纵横交错的古街、老商铺一起见证古镇的历史兴衰。

二、嵩口古镇保护与开发之举措

嵩口古镇以"保护古镇、复兴乡村"为理念,强调建设"一座热度只要37摄氏度的温暖的古镇",在这样一个指导思想下,嵩口古镇的保护与开发以人为本,紧紧围绕"保护"和"复兴",实施"新旧共生共存"和"共建、共管、共享"模式。

(一)"模式创新"还原嵩口古镇历史文化风貌

1.不搞大拆大建,立足原貌整体

2011年,嵩口镇研究制定了《中国历史文化名镇(嵩口)保护和发展规划》并得到福建省政府批复通过,开始了福建省首个历史文化名镇名村保护规划的制度创新实践。根据这一规划,嵩口镇不搞大拆大建,立足原貌整体,全镇分为核心保护区、建设控制地带、环境协调区三个保护层次,其中,核心保护区除新建、扩建必要的基础设施和公共服务设施外,其余新建、扩建活动一律坚决禁止。

2.用最少的破坏、最少的投资

2014年,嵩口聘请台湾联合打开文化创意有限公司为古镇把脉,就古镇保护修缮、景观改善设计和大嵩口旅游规划进行总策划。古镇景观改善提高的设想,坚持"尊重自然、尊重历史"的原则,采用节点式整治、针灸式疗法、渐进式推进等方法,创制了嵩口古镇"自然衣+历史魂+现代骨"的新旧共生共存模式。

自2014年以来,嵩口镇共投入资金8 700多万元,对古镇进行保护性开发,为了"活化"诸多静态沉寂的文化遗产,在设计阶段挨家挨户与居民交换意见。每栋建筑、每个角落的古构件一一编号,防止"偷梁换柱",进行"针灸式改造"。全镇以白灰、土黄为主色调,古建筑保持传统建筑形制、风格与纹理。其中,针对古建筑中的土楼、过街楼等具有地方特色的建筑形式和形式各异的封火山墙、牌楼拱券、屋顶梁架、牌匾题字,坚持"整体保护、原样修复"原则;新建筑沿用传统封火山墙装饰,外立面改造与古镇保持一致色调,因地制宜进行色调调和、加挂骑楼、绿化遮掩等处理,融入古镇的整体格局。同时,考虑到现代住宅的居住功能,重点解决核心区的排水排污系统、街区绿化、街巷整治、改厕工程、环境整治、农贸市场改造等问题,提高了居民的生活质量。

如今,张元幹祠堂、道南书院、德星楼、府后路、古渡口、千年圩市等重点人文景观已经修葺一新,嵩口古码头附近的天后宫、关帝庙、石砌古街等也恢复旧貌。嵩口古镇初步呈现原汁原味的传统风貌。

3.共建、共管、共享

(1)共建。为了加快古镇保护开发建设,嵩口镇政府吸引社会资本参与,采取租赁、托管、补助等方式,引导群众将古民居和古商铺出租、托管给政府;也鼓励自主经营,如果资金不够,可与政府、社会合作,共同投资建设,采用多种形式把古迹的潜在价值变成显现效益。建于清代的宴魁厝就采用"租用代管"模式,由镇政府与宴魁厝理事会签订20年协议,14个房间留给房东使用,31个房间租赁作为创客基地。"租用代管"模式解决了民间资金有限修缮不利的问题,同时,又让村民获得长期的固定收入。"共建"制度让古镇的村民积极参与古镇保护开发。

(2)共管。成立古民居管理理事组织、完善村规民约。全镇设1个总会,13个理事分会,以宗族、区域划分,推选德高望重的老人或离退休干部为理事长。理事长负责古民居的消防、卫生等事务,政府给予理事长补贴,政府与理事会有固定的联系制度;制定村规民约、卫生公约,古民居实现常态化管理,提高了群众保护古民居、爱护古民居的意识。

(3)共建。培植业态让村民享受到古镇保护带来的商机,利用古民居发展民宿,形成民宿聚落,古民居集客栈、农家乐、伴手礼研发中心、手工艺旅游服务培训中心于一体,居民可以在家门口创业并真正得到实惠。

嵩口古镇通过让群众自我约束、共同管理,把特色文化、传统工艺、优势农产品转化为增收的资源,让群众在古镇保护开发中参与创收,实现"共建、共管、共享"。

(二)"复兴乡村"品味嵩口古镇慢生活

1. 复兴古镇生活

在保护古民居古建筑基础上,通过古民居古建筑修缮、环境综合整治、传统特色文化挖掘、乡村旅游业态培育等措施,让人住在镇上,留在村里,实现古镇建设与历史文化、自然环境、现实生活、发展需要的和谐统一,解决偏远山区在城镇化发展中常出现的"村落空壳化、产业空心化、资源闲置化"问题。

正如名人洪晃所说:"嵩口古镇没拆房,没让村民搬家,而是保护古迹,召来一批有朝气、干劲的'90后',让她们开民宿、咖啡馆,在古镇做经营。年轻人给古镇带来了活力,引来了更多年轻人。"据统计,2016年,1 000多位搬离古镇的居民回乡创业、谋生。嵩口人又以故乡为荣,这是复兴农村的基础。

2. 开发农文创产品增加商业附加值

嵩口设有福建首家乡镇级民俗博物馆,博物馆里陈列着古石槽、古瓷缸、土砻、辗饼等民俗和农耕物件,通过实物、照片展示村民们各个时代的生活记忆。民俗博物馆的展示,减缓了现代城市人对乡村的疏离感,充满城市焦虑的身心得以舒缓。

嵩口鼓励业主开发个性化农产品,形成古镇农文创"潮品"。他们紧密结合土地、农作物、产品和人,用文化创意包装经营古镇。竹编、藤编、传统农具、木器、瓦罐……这些老物件成了"创意产品",大多可以在当地商铺找到。比如,嵩口是李果大镇,镇民利用这一优势,仿效台湾凤梨酥,开发出李子酥、梅子酥等10多种伴手礼;将当地的鱼腥草加工成特色饮料……嵩口以千年历史文化名镇为底色,以业农文创为主轴,将文创融入农业生产,增加商业附加值,提高市场竞争力。

3. 复活老手艺、手工作坊恢复传统商业风貌

依托古镇景观,让糖人、泥塑等濒临失传的20多种老手艺、100多名老手艺人重新回到街区。修复完工的直街、横街、米粉街等处,米粉店、酿坊、布店等传统商铺和手工业作坊林立。古镇的老手艺、手工作坊焕发新春,重现繁华的商业古街风貌。

4.培植新业态重现古镇繁荣

近几年来,嵩口镇颁布了一系列政策,举办"大学生返乡创业培训班"等,引进外新文化、新创意,通过新业态的培植,城市农村人口回流,古镇恢复生机。一批由年轻人经营的民宿、创意咖啡屋、书吧、茶歇点、工艺品店、导游服务点应运而生。这些年轻人大多因古街区保护建设成功而回乡创业,2016年回流人数超过千人,创意人才、经商人群的回归,让古镇有了朝气。松口气客栈就是其中的代表。经营者之一林露露从小在嵩口镇长大,通过了解镇上的规划,刚毕业的她和几位小伙伴有了回乡发展的冲动,与台湾联合打开公司一起创立"松口气"。客栈是一栋土木结构的三层小楼,原本是中山村委办公地,经过一番设计改造,于2014年投入使用,具备咖啡馆、住宿、培训课堂、寒暑期亲子营等功能。现在,这群年轻人不仅管理客栈,还负责古镇一系列节庆活动的策划,随时客串古镇的导游和推广者。

2016年8月,嵩口镇跻身"中国乡村旅游创客示范基地"行列。2016年年底,利用古镇街区房产资源改造成的新型创客空间签约入驻18个创客团队。台湾大学生、返乡青年、外来大学生等创客群体激发了古镇的活力,改变古镇的样貌,使它更契合现代人对田园生活的遐想,游客到了这里能住得下来,玩得起来,有得消费,老想再来。

5.丰富文创活动提升知名度

通过媒体和节庆活动大胆宣传古镇。制作动画微电影《爱家爱古镇》,用动漫形式展示赶圩、古渡口水运、虎尊拳、德星楼三天庙会、中山打猎队、溪湖肥狮等传统民俗,展现"商贾云集、群贤毕至、市埠繁荣"的千年景象。通过《家园》杂志等纸媒制作《嵩口慢慢走》专题报道,制作"逛逛圩市""去嵩口玩"散步别册、手绘地图,完善游玩手册;策划"背上行囊,去看深山灯港"等节庆活动;利用微信公众号进行推广……这些措施有效提高了古镇的知名度。

三、嵩口古镇可持续发展之构想

《中国旅游发展报告2016》指出,"中国旅游业已进入全民旅游和个人游、自驾游需求为主的新阶段","旅游+"将成为下一阶段行业发展的新趋势。随着旅游市场由大众旅游向小众旅游转变,旅游消费逐渐趋向于文化性和休闲性。融合文化、娱乐、休闲体验等多重旅游功能的"旅游+""特色小镇"势必成为旅游的热点产品。嵩口古镇是国家级的特色小镇,应彰显特色,坚持文创带头、科技加盟、全域发展。

(一)保护开发理念

秉承"保护古镇、复兴乡村"的基本理念,以再现千年古镇的繁荣风貌为目标,充分研究古镇的历史价值、人文特色、建筑格局,在保证古镇"核心"特色与"新旧共生共存"整体风貌的前提下,以景观融入、空间叙事的手法,凸显嵩口的历史人文社会风貌等,使古镇能够借助旅游实现可持续性发展。

(二)文化兴镇理念

文化是古镇延续发展的根脉,也是古镇吸引力的来源,以古镇的千年文化为核,从古建、历史、民俗、节庆、自然风光等四个方面,开发民俗体验、技艺传承、节庆体验、亲子自然体验等旅游产品。以参与传统工艺制作体验为重点,以文化创意为核心,以农业文创为突破点,以节庆活动为吸引点,设计互动式、参与式的多元体验方式,保证古镇持久的活力和生命力。

(三)产业惠民理念

着眼于古镇的长期发展,坚持"共建、共管、共享"模式,让更多的村民参与旅游产业建设,带动特色饮食,开发农业文创产品,培植新业态,使旅游业成为支撑古镇发展的主导产业,带动本地就业,持续"共享"普惠民生政策。

(四)复兴乡村理念

充分利用民俗文化特色和古镇空间,将民俗文化嵌入古镇的各个角落之中,开发高端旅游度假市场,细分客源市场,根据深度旅游爱好者、艺术爱好者、家庭团体、企业商务团体等客源,开发旅居度假、艺术休闲、家庭亲子、商务度假旅游产品,打造古镇高端度假旅游目的地。

(五)全域旅游发展理念

实施旅游全产业链带动战略,以嵩口古镇镇区为核心,联动周边乡村、景区,推进嵩口镇全域旅游发展。通过对相关产业、生态环境、公共服务、体制机制、政策法规、文明素质等进行全方位、系统化的优化提升,实现嵩口古镇及其周边资源有机整合、产业融合发展、社会共建共享,以旅游业来带动和促进嵩口及周边地区的经济社会协调发展。

(六)科技创新理念

科技创新是将科学发现和技术发明应用于生产体系,创造新价值的过程。通过建设光纤数据网络、无线 WIFI 网络、移动通信网络、无线对讲网络、传感器网络等,在景区形成多层次的、全覆盖的通信网络体系,建设"信息化、智慧化"的古镇。借助现代信息技术等科技创新手段为旅游者出游提供资讯和便利,良好的运维保障能够保证旅游体验的完整性和旅游出游满意度,从而建构旅游业的良性业态。

和平古镇:特色小镇的机遇与提升

吴应其*

摘　要:　和平古镇是古代闽西北通往江西的交通商贸重镇,千余年的历史沉淀下丰厚的文化遗产。近年来,当地政府就古镇的保护利用进行了有益的探索,但文化遗产保护的任务还很艰巨,产业化利用还不充分,当地旅游业态单一,产业规模小。古镇应拓宽融资渠道,以"旅游+"引领,促进全方位保护利用和产业融合发展。

关键词:　保护发展;机遇与提升;和平古镇

在住建部公布第一批127个特色小镇的名单中,旅游发展型的特色小镇最多,有64个,占比达50.39%;其次是历史文化型的特色小镇,有23个,占比达18.11%。[①] 地处闽西北邵武市南部,武夷山南麓的和平古镇,入选首批中国特色小镇名单,该镇历史文化资源丰厚,旅游发展潜力巨大,因而兼具历史文化型和旅游发展型特色小镇两种身份。自2002年以来,在政府主导下,和平古镇积极探索文化遗产保护和旅游发展之路,取得一定成效和经验。2005年,和平古镇入选第二批中国历史文化名镇,后获得"福建最美的乡村""国家级生态镇""全国重点镇"等荣誉称号。然而,和平古镇的文化遗产保护利用的广度和深度仍有待提升,旅游经济强镇富民的带动作用有待强化。

---

* 吴应其,厦门理工学院文化产业与旅游学院讲师,主要研究文化人类学、乡村社会与文化。

① 解析住建部首批特色小镇的分布和类型(附中国第一批特色小镇名单详细)[EB/OL].(2017-05-30)[2017-05-30].http://www.tstowns.com/zhujianbu/15367.html.

一、和平古镇的历史文化底蕴

和平古称"禾坪",意为地势平坦,土地肥沃,禾苗旺盛。其有文字记载的历史始于唐代。唐时称"昼锦",宋为"昼锦乡和平里"。因唐时已人口稠密,形成繁华的商贸街市,故宋以降又称"旧市街"。元承宋制。明为"三十三都",万历间建城堡,修宝塔。清乾隆三十四年(1769年)设和平县,置"县丞署"和"把总署",隶属邵武府,辖5个乡,15个都,355个村。民国为邵武第三区。1950年设和平镇,1958年改和平公社,1984年复改和平镇。

因历史上入闽三道之一的古隘道——"愁思岭"隘道在和平境内,中原人士多由此进入福建开拓发展,有"福建八府、殊山起祖"之说,故和平是中原文化进入福建的纽带、桥梁。地理位置的重要性使和平古镇成为邵武沟通闽西北和江西的交通枢纽和商品贸易集散地,成为邵武南区的政治、经济、文化中心。近代以来,随着经济发展与社会变迁,和平古镇的繁华逐渐衰弱,但千余年的历史积淀给后人留下宝贵的文化遗产,使它成为了解传统社会文化的样本。

(一)古建文物

和平古镇是我国罕见的城堡式大村镇,城堡内古镇区面积0.43平方千米,由古街巷和古城堡构成。主街为和平街和东门街。和平街是连接南北城门,据考形成于后唐天成初年,后由南宋丞相李纲筹资修建,长600米,宽6~8米,街中心全以青石板铺筑,两侧均铺鹅卵石,是集市贸易街,临街的建筑多为前店后宅形式,堪称"福建第一街"。东门街连接东门与和平街,双排青石板铺就,长约200米,宽2~4米,是交通性道路。两条主街旁分布近百条纵横交错呈网格状的鹅卵石巷道,形成完整的传统街巷系统。和平城堡建于明万历十六年(1588年),周长360丈,辟8个城门、东西南北四个主城门上建有谯楼。[①] 经近年修复,现有东、南、西、北四座城门和东、南、北三座谯楼。

---

① 张四维.邵武文史资料选辑(第21辑)[M].南平:政协邵武市文史资料委员会,2003:4.

古镇传统建筑及文物古迹繁多,分布在镇区内及镇辖村落,主要有和平书院、聚奎塔、县丞署、旧市义仓、谢氏庄仓、"旧市三宫"(包括兼作福州会馆的天后宫,兼作江西会馆的万寿宫,三仙宫)、惠安祠(下城庙)、中乾庙、黄峭公祠、岐山公祠、李氏祠堂、赵氏祠堂、廖氏祠堂、丁氏家庙、上官家庙、北门谯楼(武阳门)、东门谯楼(震东楼)、黄峭墓等公共建筑,还有廖氏大夫第、李氏大夫第、黄氏大夫第、李家巷明代民居、黄进士宅、郎官第、陈氏贡元宅、蛰庐、刘如九宅等 200 余幢传统民居。岁进士牌坊、旧市禁碑、过街楼、古斗井、古树等古迹为数也不少。这些文物古迹工艺精湛,美轮美奂,内涵丰富深刻,既有中原古风,又体现地方特色,有较高的旅游利用价值,目前已有 19 处被列为省市级文物保护单位。

图 1　和平古镇一角

图片来源:笔者拍摄(2017 年 5 月)。

(二)民间信仰

和平古镇民间信仰氛围浓厚,境内庙宇众多,香火旺盛。往昔妇女年届 49 岁便要举行皈依仪式,经常参与宗教信仰活动。如今仍可见不少老年妇女手执佛珠,口诵经文。古镇每年有几场大型的民间信仰活动,参与者众、影响较大的有浴佛节传经、摆果台和朝华会,其中浴佛节传经和摆果台果蔬保鲜技艺已列入南平市非物质文化遗产名录。和平浴佛节传经是全国独有的民俗活动,活动在大街上举行,内容包括用糖水洗浴裸体的"太子菩萨"及传递经书,以祈生子和子孙满堂、人丁兴旺。摆果台每年农历八月初五在坎下村中乾庙和惠安祠举行,祭祀隋代温陵太守欧阳佑,这一天要将旧年八月初五以来这一年内的四季干鲜蔬果共100余种摆出祭祀神灵。"摆果台"被称为一绝,其绝不在于蔬果之丰和品种之全,而在于一年内的鲜果保存至八月仍能色泽鲜艳、不腐烂不变质,如初上市的鲜果,令人叫绝。朝华会是大型接香仪式,于农历七月举行,迎接前往江西南丰军峰山等地朝拜归来香客。该活动始于元朝初年,近年来影响逐渐辐射至建阳、光泽、泰宁、建宁等其他县市。

(三)宗族祭祀

和平古镇是古代江西入闽的重要通道,从中原迁徙而来的众多姓氏在此定居,据当地派出所统计,现有姓氏达100余个。千百年来,不少姓氏以此为基地继续向外繁衍播迁。他们的后裔追踪溯源,将和平古镇认作祖籍地。近年来,不断有来自异地的族人宗亲前来朝拜祭祖。如每年有多批次遍布海内外的黄氏族人来到平和坎头村,祭拜他们共同先祖五代后唐工部侍郎黄峭公,据称散居各地的黄峭公后裔达数众多。丁氏、张氏、上官氏等姓氏宗亲后裔也有多人来和平古镇祭祀祖先。由此可见,和平古镇姓氏文化、宗族文化发达,古镇俨然成为海内外不少华人姓氏联络感情的重地。

(四)书院文化

"奠地方文风基石,开宗族办学先河",这是和平书院的对联,充分肯定书院的重要地位和价值。该书院五代时由黄峭创立,是闽北地区最早创办的书院,也是我国最早创建的书院之一,不仅开创我国古代宗族办学的先河,更揭示和平千余年来读书求学、重视教育的氛围。自宋代以来,书院吸引了一大批历史上的著名学者前来讲学,如宋代著名理学大师朱熹、杨时都曾到书院讲学授徒,书院因此文风炽盛,英才辈出。自开科取士以来,古镇共出137名进士,6位尚书,2名宰相,举人、秀才更是数不胜数,文学家、书法家、名儒隐士也层出不穷。其中显赫几个朝代的上官家族出进士60多人,最鼎盛时期,同朝为官达 70 多人,在中国历史上绝无仅有。所以,和平古镇不愧为"中国进士之乡"。

(五)民间文学与艺术

千百年来,和平古镇在传承中原汉文化的同时不断创新创造,给后人留下丰富的民间文学、民间艺术等文化遗存。数年前收集整理的《民间文学三套集成(邵武卷)》中的民歌、民谚、民间故事传说,三分之一采集自和平。南平市级非物质文化遗产"张三丰的传说"在和平古镇广为流传,一定程度上佐证了太极宗师张三丰出生并成长于和平,为近年来打造和平太极文化小镇提供历史依据。古镇艺术门类齐全,有被誉为"古文化活化石"的国家级非物质文化遗产傩舞,省市级非物质文化遗产传统戏曲三角戏、吹打乐"长门"、表演艺术"南词北调",还有花鼓灯、七巧灯、烛桥龙灯、茅坦舞(刀花舞)、元宵"稻草龙"、农民书法,这些民间文艺均具有较高的历史价值和文化价值。

(六)生产生活习俗

和平人在长期的社会实践中养成多种具有地方典型的生产生活习俗,如植苎织布,稻田养鱼,田埂种豆,中草药采集与应用,还擅长游浆豆腐、碎铜茶、包糍、米酒等传统名产制作。其中最具特色的是不用石膏,也不用盐卤,仅用陈浆作酵母制成的游浆豆腐以及功效显著且能溶碎铜钱的碎铜茶(又名观星茶),此二者与前文所述"摆果台"并称"和平三绝"。另外,和平传统菜肴品种繁多,烹饪方式多样,有经典的"十大碗"——和平豆腐、红烧肉、泥鳅钻蛋、洋糕、炒尾血、目鱼明笋汤、百家饭、杀猪菜、和平鲤鱼、四季山药。较出名的还有"八大干"——萝卜干、咸鸭干、黄豆干、梅菜干、豆腐干、咸肉干、辣椒干、鲤鱼干。

二、和平古镇的保护与旅游发展实践

改革开放以来,随着青壮年劳动力外出务工,昔日人头攒动的和平古镇日益冷清,隐匿于闽西北山区之中,少人关注。不少古建筑由于长期无人居住、照料，更缺乏维护，屋顶漏水，屋身倾斜甚至坍塌。有的村民甚至拆掉旧房，修建与古镇不相协调的新式建筑。古镇遂显得凌乱、破败。进入2000年以后，随着国内旅游的兴旺，和平古镇的价值逐渐受到重视，古镇的保护和发展迎来大好时机。十几年来，地方政府积极实施古镇保护战略，谋求发展旅游经济，使古镇生命得以延续，价值得以利用。

（一）古镇保护整治与建设

1986年，随着和平新街的建成投用，和平古镇结束了其千百年来作为商品交易集散地的历史，部分居民搬进新街居住，喧闹繁华的古街人气骤然下落。为了方便周边村落居民的出行，古街的鹅卵石路面改为水泥路面，仅保留路中间的青色石板。90年代，随着外出务工潮的出现，古镇人口愈发稀少，大部分古民居常年闲置。县丞署、谯楼、和平书院等公共建筑更是年久失修，损毁严重。古镇犹如进入暮年，悄然老去。

2002年，古镇迎来重大转机，时任福建省省长习近平来到和平古镇考察，他充分肯定古镇的珍贵价值，指示要重视古镇的保护利用。不久，邵武市政府组建南武夷旅游发展有限公司，负责古镇的保护和旅游发展。同年10月，聘请国内著名古城保护专家阮仪三教授团队编制《和平古镇保护与整治规划》。由于资金缺乏，南武夷旅游发展有限公司对古镇文化遗产的保护心有余而力不足。无奈之下，公司只好实行消极保护策略，维持现状，但禁止私人擅自拆建行为。此后，政府积极寻求外来投资商，试图以市场化手段，借助民间资本保护开发古建筑。2005年9月，经协商上海大境堂公司获得和平古镇39年开发经营权。然而，大境堂公司了解到古镇修缮需要大量资金投入，而且短期无法得到回报，转而先行开发投资少、见效快的距离古镇10余千米外的"天成岩"景区。因此，古镇的保护与整治规划并未得以实施。不过，政府已严厉禁止对古建筑的人为破坏。为改善古镇居民的居住条件，避免居民拆旧居建新房，2009年镇政府在古镇外开辟土地，启动新村建设项目。不幸的是，古镇先后遭遇2008年南方特大冰灾、2010年历史罕见的冰雹和暴雨袭击，损失惨重，古镇的保护任务迫在眉睫。

2011年,和平古镇被列为福建省第二批小城镇综合改革建设试点乡镇,古镇在沉寂数年后终于揭开保护和发展的新一页。为顺利推进古镇保护与整治进程,政府投资回购大境堂旅游投资有限公司持有的和平古镇旅游开发经营权,成立和平小城镇建设综合开发有限公司,先后编制《和平镇总体规划(2011—2030年)》《和平国家历史文化名镇保护规划(2014—2030年)》,目标是建设成为大武夷历史文化旅游重镇。自2011年10月以来,古镇已投入3亿多元资金,收储房屋9 000多平方米,收储土地521亩,拆除危旧房1 000余平方米[①];遵循"修旧如旧"原则,在专家指导下对古建筑、古民居、古街巷修缮维护。至今已完成县丞署、东门谯楼等10余处文保单位的修缮和古街立面的改造,清理重现和平书院前古斗井,建成南门谯楼、和平规划展示馆及东门、南门两个休闲广场,实现"三线下地",古镇整体面貌获得质的提升。

图2　东门谯楼

图片来源:笔者拍摄(2017年5月)。

(二)古镇旅游发展探索

在着力保护历史文化遗产的同时,和平古镇也积极利用文化遗产资源发

---

① 和平镇人民政府.和平镇2014年政府工作报告[EB/OL].(2015-02-12)[2017-05-30].http://swhp.shaowu.gov.cn/Item/1478.aspx.

展旅游经济。

1.编制规划,列入省市重点项目

早在2003年,和平古镇就列入福建省七大省级重点旅游项目之一。2004年,政府委托上海同济城市规划设计研究院编制《和平古镇旅游发展总体规划和详细规划》,提出打造"和平十六景"——环古堡八景、古堡内外八景,明确近期整治和建设项目。此外,前文所举和平古镇总体规划及保护规划均将旅游功能作为规划重点。

为实施规划,和平古镇多次列入省市重点项目,2007年、2008年、2009年的福建省重点建设项目名单中均包含"和平古镇—天成奇峡生态旅游区开发项目"。2015年、2016年、2017年,"和平古镇开发项目"再次列入福建省重点建设项目名单。此外,和平古镇是《福建省"十二五"旅游业发展专项规划》确定培育的特色旅游名镇和《福建省"十三五"旅游业发展专项规划》建议建设的特色旅游休闲城镇,被列为福建省"十三五"旅游重点项目。2014年,和平古镇旅游开发项目入选全国优选旅游项目名录。

2.加快旅游设施建设,完善服务接待功能

借助小城镇建设项目,和平古镇的旅游接待设施日渐完善。首先,重建或修缮南谯楼、东谯楼、县丞署、和平书院、黄氏宗祠、古斗井等10余处古建筑,种植观赏树木和草皮,建设"荷塘月色"等田园景观,丰富旅游内涵,提高观赏价值。其次,新建、扩建旅游公路、停车场、游客服务中心、古街漫步道、景区星光工程、旅游厕所等旅游配套服务设施。最后,实施"智慧景区"工程。设置古镇区仿古景点标识牌、旅游导览牌、旅游指向牌等,完善古镇标识系统;实现景区范围内无线网络全覆盖,安装智慧闸机,方便游客进出参观点。由于景区创建及古镇风貌保护成效显著,2014年年底,和平古镇景区顺利通过国家4A级旅游景区验收。

3.提供旅游接待服务,探索营销推广途径

2003年,和平古镇开始封闭接待游客,由南武夷旅游发展有限公司负责经营管理,向每位进古镇区游客收取门票费。当时除游览接待服务外,缺乏针对游客的饮食、购物等服务项目,故年接待游客量甚少。据统计,2004年全年旅游人数仅6 000余人次。至2011年,每年接待游客达10余万人次。①

此后随着和平古镇小城镇建设项目的实施,和平书院、黄氏宗祠、县丞署等古建筑逐步修缮和重新布置,陆续对游客开放,游客购票后由导游带领参观。部分居民看到古镇旅游发展的前景,尝试开设土特产店和风味小吃店,经营游浆豆腐、碎铜茶、笋干、米酒等本土特色的美食和农产品。现古镇及附近新街有餐饮店14家、土特产店30余家、家庭旅馆5家。2015年10月,在距离古镇1千米处,和平唯一的生态农业园开园,吸引不少游客顺道参观体验。总体而言,近几年和平古镇的旅游服务项目增加不少,吸引更多游客前来观光游览。另外,部分剧集在和平古镇拍摄的热播电视剧《拿什么拯救你,我的爱人》、央视《走遍中国》之《中国古镇》和平古镇专题、《远方的家——江河万里行》和平古镇专题、全国主流媒体"清新福建"采风行的50多名资深编辑记者对和平古镇的报道等,都起到正面宣传作用。近两年,到访古镇的游客量每年达30万人次,相比以前有较大提升。

图3 古镇老街

图片来源:笔者拍摄(2017年5月)。

---

① 黄自棋.邵武市和平镇开展修缮工作 重现千年古镇风韵[EB/OL].(2011-12-16)[2017-05-30].http://news.66163.com/2011-12-16/579441.shtml.

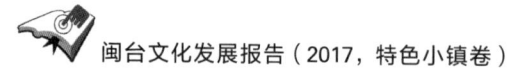

为提高和平古镇的知名度,古镇积极探索营销推广之路。自 2014 年起,连续三年举办古道越野赛,2016 年,该赛事首次成为顶级赛事环勃朗峰超级越野赛的积分赛。2016 年 1 月,古镇举办首届乡村美食节暨豆腐王大赛。这些赛事为和平古镇带来不少人气,古镇也借此机会得以宣传推介。

三、古镇保护发展中之不足及提升建议

得益于十几年来颇为严格的保护制度和"修旧如旧"式的修缮整治,和平古镇基本保留原貌,重点古建筑保护完好或重现,部分居民搬至新村生活条件大大改善。旅游经济从无到有,居民或多或少参与其中,受益面逐渐扩大。但是,无论从文化遗产保护及旅游化利用看,还是从旅游产业规模看,古镇还存在明显不足。古镇应加大文化遗产保护力度,创新文化遗产利用方式,大力发展文化旅游产业。

(一)保护发展中之不足

调查发现,制约和平古镇发展的主要问题集中在遗产保护利用及旅游产业规模上。

1.文化遗产保护力度不够,遗产利用不充分

从现状看,修缮整治后的和平古镇面貌一新,街巷整洁。但深入街区内部,时常能发现残破的建筑,或架构歪斜,或屋顶坍塌,或墙体破损。修建于 20 世纪七八十年代的现代民居夹杂其间,其水泥平顶或琉璃瓦屋顶,与古镇徽派建筑格格不入。因此要全面保护古建筑的完整性,维持景观的协调性,还需加大保护力度。由于管理滞后,修缮后的古建筑目前仅 5 处开放供游客参观,其余闭门谢客。另外,除部分临街店面经营土特产、风味小吃外,多数古民居无人居住,处于闲置状态,文化遗产资源未能实现物尽其用。

和平古镇拥有众多非物质文化遗产,但多数面临保护传承及利用问题。除碎铜茶制作技艺、游浆豆腐制作技艺、包糍制作技艺,摆果台蔬果保鲜技艺、摆果台蔬果保鲜技艺等非物质文化遗产,因仍具有现实生产利用价值或精神

信仰价值而得以传承外,其余非物质文化遗产濒临消失或已经消失。植苎织布、稻田养鱼、田埂种豆等习俗基本被放弃;本镇已无傩舞队和三角戏班,每逢重大节事表演须外请演出团队;"张三丰的传说"资料整理不多,也缺乏有效宣传;"长门"、"南词北调"、花鼓灯、"烛桥"、茅坦舞、"稻草龙"等民间艺术均后继乏人;非物质文化遗产的宣传展示不够,现有的简单展示集中在规划展示馆与南门口的黄氏宗祠(和平戏院)内。

2.旅游产业规模小,产业带动能力不强

相较于国内旅游热点古镇,如浙江乌镇、江苏周庄、安徽宏村,和平古镇的旅游发展显得步履蹒跚。兴起于2003年的旅游接待业,经历10余年的探索,至今尚未成为支柱产业,经营单位旅游服务中心甚至入不敷出。由于古镇现实行免门票制度,该中心的收入仅来自游客每人10元的导游讲解费,年30余万的客流量中请导游讲解的约占十分之一,故而讲解费收入难以维持10余名导游及保安的薪资。因旅游产品形态单一,不足以深度体验,到访游客一般走马观花式的游览后,当天返程,极少游客停留过夜,可见古镇经营商户从年30余万游客身上获利有限。显然,有限的游客量与有限的消费力,难以带动旅游关联产业的发展,除前文述及40余家经营户外,鲜见其他如食品、手工艺、文化创意、休闲农业、观光林业等相关产业的参与,而经营者多为中老年人,年轻人很少参与,这表明现阶段有限的旅游业收入对年轻人而言缺乏吸引力。

(二)保护发展的提升策略

为建设文化旅游特色小镇,和平古镇今后应重点解决在文化遗产保护利用及旅游产业发展上的问题与不足,建议从以下两方面入手:

1.拓宽融资渠道,促进全方位保护发展

长期以来,和平古镇的保护发展仰赖上级部门拨款,经费毕竟有限,对古镇保护利用这样庞大的工程而言只是杯水车薪。因此,和平古镇要跳出"守着金山要饭吃"的老路,加强古镇发展的自身造血功能。要积极探索融资渠道,创新融资模式,鼓励利用PPP模式(即公共部门与私人企业合作模式)、众筹模式、"互联网+"模式、发行私募债券等方式,引导社会各类资本投资古镇保护利用与旅游业发展。

2.以"旅游＋"引领,推动产业融合发展

和平古镇除蕴涵丰富的文化遗产资源外,还有良好的自然生态环境。古镇山环水绕,山清水秀。禾田溪、罗前溪两河环绕而过。其北面是海拔逾千米以上的留仙峰、武阳峰、翠云峰,传说张三丰在这一带修炼。古镇应结合本地优势,实施"旅游＋"战略,推动旅游与文化、生态、体育、农业、林业等产业的融合发展,培育旅游新业态。比如:打造文化创意产业园,吸引优秀的文化、工艺、音乐等专业人才进驻,鼓励外出青年回乡创业,形成创客团队,活化利用历史文化遗产资源;发展具有旅游休闲功能的竹业、豆业、茶业、渔业,布业等特色农林业;以张三丰太极文化为主题,挖掘地方中草药资源,培育健康养生与体育旅游产业。积极宣传书院文化、宗族文化,推广研学旅游、寻根旅游;贯彻全域旅游理念,加强与周边景区,特别是镇属传统村落的联动,壮大区域旅游经济。

四、结语

纵观十余年和平古镇保护发展历程,可以看出古镇经历过 2002 年、2005 年、2011 年三次发展机遇,每次机遇都是一次重大考验与挑战。这些年来,虽然古镇文化遗产的传承和利用不尽如人意,旅游产业发展缓慢,但庆幸的是古镇物质文化遗产能基本保持原色。当前古镇再次迎来新的发展机遇,特色小镇建设即将启动,如何在保持古镇原貌的基础上更合理充分利用文化遗产资源,发展旅游经济,实现以文促旅,文旅结合,将再次考验管理者和经营者的智慧。

汀溪:乡村休闲小镇的特色建设

黄金洪*

摘　要： 汀溪镇拥有丰富的自然与历史文化资源,在以镇政府为主体的各级政府有关部门及当地群众的共同努力下,汀溪的乡村休闲游产业发展状况良好,但也存在着民宿身份不合法、公共服务设施需要完善、景区的管理机制有待理顺、互联网营销推广做得很不到位和创意策划宣传人才较为短缺等问题,需要从积极呼吁、培育市场、加大投入、外引内联和立足培训等方面着手予以解决。

关键词： 同安;汀溪镇;特色建设

汀溪镇位于厦门市同安区的西北部,与泉州安溪、南安毗邻,是进出厦门特区的北大门,也是厦门典型的山区镇、老区镇。全镇面积155.85平方千米,人口2.01万,下辖隘头村、路下村、褒美村、古坑村、西源村、荇畲村、顶村村、堤内村、半岭村、前格村、五峰村、汪前村和造水村13个行政村。2016年10月14日,被国家发展改革委、财政部和住建部共同认定为第一批中国特色小镇,是厦门市唯一入选的小镇,也是福建省五个入选的小镇之一。

一、汀溪镇特色建设的状况

汀溪镇之所以能入选为中国第一批特色小镇,与其自身的自然环境和

---

* 黄金洪,厦门理工学院副教授,研究方言学、民俗学和文化产业。

历史文化资源分不开,与多年来各级政府和有关部门与当地民众的努力密不可分。

(一)自然环境资源

汀溪镇气候宜人,属南亚热带海洋性季风气候带;山川秀丽,森林覆盖率达68.7%;水流众多,有汀溪、溪东两大水库和汀溪、西源溪、茂林溪、造水溪等河流,自然环境资源丰富。其中,较突出的已开发利用的有以下三种。

1.温泉

境内遍布优质的温泉资源,单镇政府附近的隘头村就开发出京闽盛之乡温泉度假酒店(五星级)、银丰温泉和大地铭祥温泉;古坑和西源村也各开发了翠丰SPA温泉公园(四星级)和汤里温泉,后者还是厦门唯一开发利用的白硫黄温泉。另外,造水等村的温泉资源还等待着被开发。丰富的温泉资源是汀溪镇打造温泉度假休闲胜地的重要依托。

2.山地

境内多山地森林,其中顶村村、堤内村和汪前村完全坐落在山地上,多数村庄则山地与平地兼具,如褒美、古坑、荏畲、前格、五峰和造水村等。将秀美的山地资源开发成充满山水田园诗意的健康休闲度假胜地典范的是顶村村。每逢节假日,该村车来人往,旅馆、民宿一房难求。另外,位于汪前村的厦门第一高峰,海拔1175米的云顶山周边山地,每年春天漫山遍野的杜鹃花也吸引了不游客前往赏花踏青。

3.峡谷

与山地紧密相连的是峡谷。境内较有名的峡谷有荏畲村的蝴蝶谷、前格村的仙峡和汪前村的汪前大峡谷。蝴蝶谷,春夏时节,蝴蝶缤纷,有九连环瀑布,有"仙女池"、"止步崖"、"曲径通幽"、"倒扣石船"和天然石梯等景点;仙峡,林木郁郁,乱石堆叠,有随处可见的百年重阳木、野葡萄、野生黄花菜、竹林等植物和"风动石"、"神龟出洞"、"金蟾观日"等景观;汪前大峡谷,全长约3千米,落差近600米,密布着各种嶙峋怪石、湍流飞瀑。险峻奇特的峡谷,使汀溪镇成了厦门及周边市民寻幽探胜户外休闲运动的理想之地。

(二)历史文化资源

除丰富的自然环境资源外,汀溪镇也有众多的让人流连忘返的历史文化资源。

1.文物古迹

境内著名的文物古迹有:省级重点文物保护单位——汀溪水库边上的宋代汀溪窑址,荏畲村的畲族八卦古楼,褒美村的朱熹文山石刻遗迹,五峰村的清代德安古堡和闽南第一始祖押千观,西源村的清代"万寿仙泉"石刻和宋代大枫寨山寨遗址,堤内村的从宋代用到清代的乌石岩"九十九间"山寨,北起半岭村半岭自然村、南抵前格村五里林的茶马古道等。

2.民居建筑

"据2015年的普查,同安辖区内60年以上,保存完整、特色明显、规模较大,具有一定人文底蕴的古民居就有555处,其中汀溪镇就有260多处"[①]。比较著名的是路下村的"棋盘厝"和褒美村的"匣钵厝"。前者总面积约1 100平方米,始建于清末,原为两落大厝带双边护厝,后因人丁兴旺,民国时在后院增建第三落大厝,带有军事防御功能是其独具特色之处;后者将大量的瓷器匣钵敲成有规则的10平方厘米碎片,然后将之作为砌墙的构件材料,是闽南古民居对陶瓷业废弃物的创造性再利用,具有深刻的瓷文化内涵。它见证了同安汀溪窑业从宋代到清代近1 000年的繁华,也见证了宋元时期"海上丝绸之路"的繁忙,因而具有非常重要的历史文化价值。

3.非物质文化遗产

境内的非物质文化遗产主要有路下村的元宵装瓯祭祖、造水村的宋江阵和珠光青瓷传统烧制技艺,它们都名列在省级非遗榜单上,是汀溪镇不可多得的珍贵历史文化资源。每年元宵节期间,不少市民慕名前往路下村祠堂观看装瓯祭祖盛典;在汀溪镇的各种节庆乃至厦门市的各种庆祝场合中,时常可以

---

① 厦门广电网."棋盘厝"与"匣钵厝"[EB/OL].(2016-04-20)[2017-04-30].http://tv.xmtv.cn/2016/04/20/VIDESVTP3aqPYnpe2er69oJZ160420.shtml.

看到造水宋江阵传习中心演员的矫健身影;珠光青瓷也已远销海内外,成为汀溪镇的熠熠生辉的文化名片。

此外,文山斗拱岩寺和南洋报恩寺等佛教圣地、历史名刹,一年四季都吸引着不少的游人和香客前往顶礼膜拜、放松身心,也是汀溪镇重要的历史文化资源。

(三)政府和群众的共同努力

在我国"大政府、小社会"的政治体制中,政府主导着民生的发展方向。因此,多数社会公共事业上的成功,离不开政府的努力作为和人民群众的积极参与。汀溪镇作为我国第一批特色小镇,以镇政府为主体,区政府有关部门、各村委会及当地民众都做出了贡献。

1.科学规划,描绘全镇发展蓝图

早在2005年,汀溪镇政府就开始着手对全镇的建设进行规划。他们与国家发改委小城镇发展中心联系,编制全镇经济社会发展战略;与同济大学规划设计研究院、厦门城市规划研究院等单位商洽,编制全镇总体规划(含生态环保和旅游规划)和小集镇中心、五峰民俗村的控制性详规与部分修建性详规,为打造特色小城镇描绘发展蓝图:以镇政府西侧沿西源溪建设两三平方千米的集温泉疗养、休闲度假、商务会议于一体的生态型小城镇;以造水村为中心,依托已入驻开发的亿美集团,开发建设一个15 000亩的绿色生态农业旅游基地;以蝴蝶谷、文水山庄为主,在茬畬、西源开辟一个温泉疗养户外运动基地;结合汀溪水库上游主河道防洪道,在按生态环保要求对五峰进行旧村改造的同时,依托明清古堡、闽南第一始祖五峰押千观建设具有闽南特色的民俗文化村;依托云顶山和山地自然景观,以及当年彭德清将军率众打游击的旧战场,开辟厦门第一高峰户外运动场,形成一个生态旅游链[①]。实践证明,当年的规划科学合理,为特色小城镇建设指明了正确的方向。

---

① 中国乡村发现.福建的特色小镇有这样的特色[EB/OL].(2017-03-15)[2017-04-30].http://www.zgxcfx.com/sannongzixun/201703/97140.html.

2. 筹措资金,全面推进各项建设

在建设资金上,汀溪镇政府采取"四轮驱动"的方式进行筹措:一是发动农民自筹资金,参与村、镇建设;二是积极争取国家政策性资金扶持;三是努力争取市、区资金进行基础设施建设;四是尽可能吸纳国内外资金、项目和先进理念,进行高起点开发建设。同时将镇区的小城镇建设和旧村改造、新村建设有机结合起来,全面推进各项建设。可以说,正是由于上述得力的措施,今天汀溪各乡村的面貌才如此美好:全镇各村路面水泥硬化于 2012 年基本完成,每个村都配备有一定数量的由专人负责管理的公共厕所和垃圾收集点,花草树木美化了每户农家的门前屋后,村容村貌呈现出田园牧歌般的诗情画意。

3. 多方协调,全力打造休闲产业

在全面推进各项建设的同时,汀溪镇政府还努力与区旅游局、农业局、建设局和公交公司等有关部门协调,并发动各村民众共同参与,全力打造温泉健康休闲和乡村休闲旅游产业。如今,全镇村村通公交,大大便利于村民们的出行和游客们的往来;乡村休闲游线路规划合理,景区标识路牌清晰;各种农民投资开办的自助采摘果蔬园、农家乐、民宿等农业休闲点四处开花……2015 年,汀溪镇因此被授予"福建省乡村旅游休闲集镇"称号,顶村、五峰、前格、造水、荏畲、褒美、隘头、古坑、西源 9 个村分别于 2014 年、2015 年和 2016 年获评"福建省乡村旅游特色村"称号,六大主题旅游集群正在形成:以顶村、堤内为代表的生态休闲特色游;以荏畲、西源为代表的青少年户外体验特色游;以褒美、古坑、路下为代表的陶瓷文化和宗教文化游;以隘头为代表的温泉养生特色游;以前格、半岭为代表的森林峡谷与海丝文化特色游;以汪前、五峰、造水为代表的绿色工业和绿色农业特色游。乡村休闲游正成为汀溪镇的特色产业,"富美汀溪"由口号变成了现实。

4. 培植品牌,努力提高地方知名度

在全力打造休闲产业的过程中,总体而言,汀溪镇政府对于培植品牌、提高地方知名度非常重视。首先,他们与区农业局一起,大力扶持"一村一品"产业,鼓励农民成立各种产、供销一体化的果蔬合作社,种植品牌农作物,使路下村的生姜、褒美村的进士芋、古坑村的"同安红"三角梅、堤内村的茭白、汪前村的岩葱和造水村的生态玉米远近闻名。顶村村还因生产"绿茭林"茭白于2012年就被农业部入选为全国第二批"一村一品"村镇。其次，与区旅游局、厦门日晚报社等共同举办各种节事，以节庆和赛事等活动提升地方知名度，如"海峡两岸骑行游""汀溪河道汽车越野赛暨同安温泉节""汀溪温泉旅游节""海丝情·同安路·同安汀溪最美乡村越野跑""多彩前格·醉美汀溪"，每年9月顶村的"茭白节"和12月褒美村的"芋头文化节"等。这些"一村一品"和节事活动，对于汀溪地方品牌的塑造发挥重要作用。

正是因为具有上述丰富的自然环境与历史文化资源，加上以镇政府为主导的区、镇、村各级政府和有关部门，以及当地民众的共同努力，汀溪镇才拥有今天的建设成就，才得以进入全国第一批特色小镇名单。

二、汀溪镇特色建设的不足

成为全国第一批特色小镇既是对既往建设结果的肯定，又是新征程的起点。因此，总结成功经验，寻找不足，是做好下一个阶段工作的基础。虽然汀溪镇的特色建设已取得较为辉煌的成就，但存在的不足也是显而易见的。

(一)民宿身份处于不合法的尴尬境地

在乡村游已蔚然成为一个休闲产业的今天，汀溪镇的民宿业也呈星火燎原之势，各乡村特别是获评"福建省乡村旅游特色村"称号的顶村村等，尤以民宿的乡村生活体验获得城市居民的青睐。然而，由于国家到目前为止还没有对民宿的开办和管理做出具体规定，没有出台相关的行业标准，导致如果按酒店业的法规、政策进行管理，多数由农民对自家住房进行改造而成的民宿，因硬件条件无法达到公安、工商、消防、卫生等部门的要求，无法办理相关证照。这种身份不合法的尴尬境地，使业主们心存顾忌，不敢放开手脚大胆投资经营，对整个民宿业乃至乡村休闲游产业的发展极为不利。

(二)公共服务设施还需要进一步完善

随着乡村游的发展,汀溪镇各乡村的公共服务设施都显露出需要得到进一步完善的一面。在交通上,尽管各村都通了公交,但由于工作日与节假日客流量的悬殊,公交班次在兼顾社会效益与经济效益的前提下,很难做出令各方满意的安排。如从同安小西门前往顶村村和堤内村的632路公交,一天来回6个班次,平均每两小时一趟。该路车平时车可罗雀,节假日则人满为患。如果平时减少班次,对村民的出行不利,节假日增加班次,司机与车的临时调度和安排都不是一件轻易的事;在景区标识路牌上,当前的寺庙观堂、旅游特色村和星级景区等,大多由区旅游局统一制作与设置。多数农家乐式的休闲景区却没有这种待遇,他们基本上都是各做各的,在公路边胡乱树立起各种样式的标识牌。这既不符合公路、交通和广告等相关法规的规定,也影响乡村游形象,并时时让业主们担心被拆除和取缔;在停车场与公用厕所的配套上,面临着与交通方面相似的问题。节假日里,由于到各乡村自驾游的人多,停车场经常爆满,有的只好停到村里的交通干道上,拥堵成了节假日的常态。厕所也严重不够用,许多男性游客不得不在广大的乡村山林和田野中做回归自然的"野人",女性游客则要以坚强的意志抑制那难以诉说的无厕可如之苦,等等。

(三)一些景区的管理机制有待于理顺

在管理机制上,一些乡村游景区存在着村委会包揽景区一切管理工作的问题。如前格村和造水村,由于目前还没有引进外来投资和成立合作社等对景区进行综合开发、管理,当游客在节假日里如潮水般不断涌来时,村委会的全体成员都要一齐上阵,既当讲解员,又当交通疏导员,还要应对各种可能发生的突发事件,人人都成了不停旋转的陀螺。而且,为了进一步做大做强村里的旅游经济,村干部们往往一身兼几任,既要完成手头各项日常事务工作,又要为景区建设跑上跑下,到上面跑镇政府要资金,到下面做村里百姓的土地征用、观赏植物种植动员等工作,完全将村委会的职能与景区管理职能混同起来。有的尽管引进了外来资金建设了某个项目,但由于没能在管理上与景区管理相对接,有时反而成了村里的一种负担。如位于造水村的2013年被评为"福建休闲农业示范点""海峡两岸(厦门)农业合作示范园"的厦门绿色乡村生态科技有限公司,每年春节期间500多亩樱花绚烂开放,吸引了大量游客前去踏青赏花,在给造水村带来人气的同时,也给景区管理带来巨大压力。人多车多,交通疏导、垃圾清扫等,都要由村干部及其临时组织的志愿者来做,使得村里上下颇有怨言。

(四)互联网营销推广还做得很不到位

随着"互联网+"时代的到来,能充分利用互联网及其衍生品手机APP、微信、微博等进行宣传推广与营销,是任何行业做大做强的关键。在旅游景区上,尤为如此。如果一个景区能够充分利用自家的网站、手机APP和微信公众号,经常将最近、最新的经营信息进行推送,对于人们出行选择的影响肯定要远远大于那些不注重利用互联网进行营销推广的景区。总的来说,汀溪镇各乡村游景区的互联网营销与宣传推广做得还很不到位。截至2017年3月,在9个"福建省旅游特色村"中,只有顶村村有网站、手机APP和微信公众号,五峰村、前格村和褒美村有微信公众号,其他的基本上是三样俱无。虽然每个村都已在"世纪之窗"村务公开网上开通了官方网站,但几乎处于无人维护状态,信息不仅老旧,而且很少有与旅游相关的推介内容,有等于无。

(五)创意策划宣传人才还较为短缺

与互联网营销推广做得不到位相伴随的是创意策划宣传人才的短缺。正是因为各乡村游景区创意策划宣传人才的缺乏,才导致对互联网营销推广的茫然无知,乃至于忽略和无视于它对于景区品牌塑造的重要性。另外,尽管汀溪镇近几年来也举办了一些如前文所举的对提高地方知名度卓有成效的节事活动,但那些活动几乎都是由区旅游局和镇政府等自上至下推动而成的,真正由各景区自觉发起的并不多。其主要原因还是在于缺少创意策划宣传人才,难以策划出有亮点、能吸引人的持续性活动主题。

此外,有些景区由于资金投入等原因,存在着建设进程缓慢的问题。如造水村,虽然2015年就被评为"福建省旅游特色村",但一年多过去了,其景区建设基本上还停留在原始状态;造水溪边上的慢行步道才开始启动,规划中的民俗馆、温泉湿地公园和游客服务中心等,还只是水中月、空中阁。这与该村所得的荣誉很不相称,也对汀溪镇的乡村游品牌形象产生名不符实的负面影响。

三、对汀溪镇进一步做好特色建设的建议

针对上述存在的不足,汀溪镇政府要更加充分发挥主导作用,以更加务实的态度做好各项工作,协调好各方关系,切实将特色小镇建设稳步推向前进。

(一)积极呼吁,推动民宿经营朝合法化规范化方向发展

民宿之所以不合法,就在于没有相关的管理法规和行业标准作依托。这种状况在全国各地乡村休闲游产业不断壮大的今天,迫切需要得到改变。为此,国务院办公厅于2015年11月印发了《关于加快发展生活性服务业、促进消费结构升级的指导意见》,提出"积极发展客栈民宿、短期公寓、长租公寓等细分业态",为民宿发展指明方向;厦门市政府办公厅于同年更早前的5月份就印发了《厦门市关于进一步促进休闲农业发展的意见》,对民宿管理做出明确规定:"积极支持农民以庭前屋后等资源为载体发展'农家乐'等休闲农业项目;村民利用原有自建房作为民宿使用,参照出租房有关规定进行管理,持有效证件办理入住登记手续,场所提供住宿规模不得超过15间。此项规定由各区政府和市公安局负责落实。"但是,尽管有国务院和市政府的文件作支撑,由于各区政府和市公安局近两年来没有对民宿管理做出实质性的举措,民宿身份不合法的尴尬境地就一直没有得到改变。为此,汀溪镇政府要联合同安区其他乡村游产业发达的乡镇,如莲花等,积极向区政府和市公安局呼吁,促使出台有关规定,彻底打消业主们的顾虑,推动民宿经营朝合法化规范化方向发展。

(二)培育市场,挖掘工作日老年人群体乡村休闲游潜力

"截至 2014 年,厦门市户籍 60 周岁及以上老年人数 28.53 万人,占全市户籍总人口的 14.22%……根据市发展研究中心预测,到 2020 年,厦门市户籍总人口约为 247.19 万人,老年人口数约为 39 万人,全市老龄化程度为 15.78%。"[①]这是有户籍的老年人口数,实际上,常住人口中的老年人口数要比户籍里的多得多,因为常住人口总数本身就要比户籍中的总人口数多出不少:"截至 2016 年末,厦门市常住人口已达 392 万人,比上年增加 6 万人,增长 1.6%。"[②]众所周知,由于地理与气候条件优越,许多外地的老年人通过投靠子女或直接购房到厦门定居养老,但由于落户条件限制,其中相当一部分人只能以常住人口身份生活。因此,作为"2015 中国养老城市排行榜 50 强"的榜首——中国最适合养老的城市,厦门常住人口中的老年人数肯定要远远多于户籍中的老年人数。就是按 2014 年户籍里老年人占比的 14.22%保守比率算,到 2016 年年底,全市常住人口中的老年人数就已达到了 55.74 万。这不是一个小数目,它意味着一个庞大的乡村休闲游市场等待着被开发。多数老年人的时间相对宽松和可自由支配,鉴于各景区节假日里人满为患的状况,汀溪镇政府下一步应将市场营销和推广的重点放在挖掘工作日里城区老年人群体的乡村休闲游潜力上,培育"夕阳红"市场。由于老年人大多不太善于通过互联网获取外界信息,除了要加大在报纸、电视等传统媒体上进行宣传推介外,最好的营销方式就是直接与各社区联系,在居民集中区设立固定的汀溪乡村游宣传板块,让老年人了解汀溪旅游的内容与特色,以及到达每个景区的公交与交通路线。同时,以每个社区居委会为定点,登记和发放由镇政府统一制作的旅游优惠券(工作人员可由居委会成员兼任,报酬可按实际到游的人数进行核算),老年人(甚至年轻人)可以凭旅游优惠券在工作日里到汀溪各景区游玩,享受门票、餐饮、住宿

---

① 海西晨报.厦门老年人幸福指数高 平均期望年龄达到 80.1 岁[EB/OL].(2015-04-28)[2017-03-31].http://www.mnw.cn/xiamen/news/896333.html.

② 台海网.厦门常住人口达 392 万:湖里区最多 但岛内人口增长正在放缓[EB/OL].(2017-02-10)[2017-03-31].http://news.163.com/17/0210/08/CCTAJ3SM00014AEE.html.

等力度较大的优惠。如此,不但可增加全镇的旅游总量,而且能使工作日与节假日的客流量得到平衡,对乡村游的各项工作常态化开展非常有利。

(三)加大投入,增强和完善各项公共服务基础设施建设

在培育老年人市场、平衡节假日与工作日客流量的同时,加大财政投入力度,增强和完善各项公共服务基础设施建设迫在眉睫。否则,人来了,却因旅游过程中的诸多不便坏了口碑,后续的发展就会成问题。首先,在前期,要给予区公交公司一定的补助,以增加重点旅游乡村线路的日常班次。待人流量上去后,再根据实际情况逐渐减少补助金额。其次,要与区旅游局、农林局、公路局等协调,统一为农家乐、观光果蔬园等农业休闲景区制作与设置景区标识路牌。再次,要与区土地、城管等部门协商,出台景区修建停车场、公共厕所等土地使用和办公用房建设方面的扶持政策,可采取以奖代补等形式,鼓励各景区扩建停车场、增加公共厕所的覆盖范围。最后,要在各景区的一定范围内设立便民服务站点。虽然目前信用卡、支付宝、微信钱包等电子货币使用起来越来越便捷,也越来越盛行,但考虑到老年人及景区附近农民售卖农产品的实际状况,各便民服务站点除了应该提供热水、常规急用药品和针线、雨伞、塑料袋、尼龙绳子等日用品外,最好要配备上银行柜员机,以便于游客在现金短缺时及时取用。景区柜员机的使用频率与城区相比,必然低得多,加上各景区较为分散且相距较远,多数银行出于投放成本与收益考虑,可能没有什么积极性。因此,予以银行适当的补助,也是很有必要的举措。

(四)外引内联,理顺投资者、村委会与村民之间的关系

针对一些旅游特色村村委会包揽景区管理工作、旅游项目与景区管理衔接不畅等管理机制和景区建设进度缓慢问题,破解之法就是进一步外引内联,理顺投资者、村委会与村民之间的关系。"外引内联"主要涉及景区开发资金的来源,一是要引进外来资金,二是要发动当地村民联合投资,将外来资金与村民投资相结合,设立独立于村委会的股份公司或合作社,以理顺各方关系,避免村委会过多地卷入景区的经营管理中去,为景区的良性发展奠定扎实基

础。在这点上,汀溪镇已有可循的成功先例——顶村村。在该村开发的前期,政府以打造"美丽乡村"为出发点,为之做好交通、公厕等基础设施建设。之后,随着乡村环境的美化,村民们共同出资成立了农民合作社,并于2014年5月引进香港劲美林业股份有限公司,以"企业+农户"的方式共同投资开发"顶上人家"旅游项目。村民以土地和房屋入股,企业出资,民宿、农家乐等迅速发展起来,实现了顶村旅游的品牌化和规模化,经济效益得到迅速提升,"短短3年间,顶村村民年人均收入达到了2.3万元,村财政收入更是达到了150万元"[①],开创了企业与农户共赢的局面。顶村的景区管理已基本上脱离了村委会包揽的窠臼,走上了公司化运营的路子,是一个值得学习和效仿推广的乡村游景区开发、管理的典范。

(五)立足培训,打造互联网宣传营销与创意策划人才队伍

对于互联网营销推广做得不到位及创意策划宣传人才欠缺的问题,首要应做的是立足培训,然后兼顾引进,打造一支善于应用互联网进行推广营销和善于进行创意策划宣传的人才队伍。镇政府应请来互联网技术操作与宣传营销专家、活动创意策划专家等,集中为每一景区派出的人员进行不下三次的免费授课。由于多数的果蔬合作社、农家乐和旅游特色村的工作人员文化素质不高(大多原为农民),课程内容可以围绕设计和维护网页、制作和推送微信公众号、互联网宣传营销与活动创意策划的基本技巧等方面展开。目的是让学员们认识到互联网及其衍生品手机 APP 等宣传营销的重要性,掌握基本的新媒体运用技术和活动创意策划方法,树立起互联网+营销思维与创意策划意识。"兼顾引进"则涉及两方面的事:其一,由于创建网站和制作手机 APP 等需要较为专业的人员才能完成,很有必要由镇政府引荐有关的专业公司帮助各景区进行创建和制作。前期的费用可以由镇政府直接承担,后续的维护等则由景区自行负责。其二,各景区也应在引进人才上下功夫,招聘一些有网络

---

① 福建法制报.生态美厦门美丽乡村的底色[EB/OL].(2016-07-13)[2017-03-31].http://news.sina.com.cn/o/2016-07-13/doc-ifxtwchx8634094.shtml.

维护技术和创意策划能力的人员,由他们负责起景区的营销宣传与活动创意策划等工作。特别是一些旅游特色村,在引进外资和成立合作社之前,可就所进的大学生村干部的职业素质和能力向上级有关部门提出要求,让那些懂网络、会维护微信公众号和手机 APP 的大学毕业生到村里任职,暂时解决景区的互联网营销和创意策划人才短缺问题。如此以往,各景区必将因拥有互联网营销和创意策划宣传人才而呈现出精彩纷呈的面貌,必将凭其独特的营销策划活动吸引游客们的眼球,进而使之多次进入景区游玩乃至住宿,将经济效益最大化。

值得一提的是,目前汀溪各旅游景区基本上不存在以假乱真、价格欺诈和乱收费现象,但从维护口碑和长远利益出发,应该加大宣传和教育力度,让各经营业主,尤其是景区附近售卖农畜产品的农民,认识到违法短视行为的危害。同时,加大举报奖励与惩处力度,让违法者无空可钻并付出惨重代价。只有这样,才能杜绝以饲料蛋、饲料鸡鸭冒充土鸡蛋、土鸡鸭等现象,防止游客受到不法侵犯。

综上所述,汀溪镇由于其自身的自然环境与历史文化资源,加上以镇政府为主体的上下共同努力,在过去十来年中取得较为辉煌的成就,得以当选为中国第一批特色小镇。然而,一些明显的不足之处也不可避免地存在着。只要能正视这些不足,努力想办法加以解决,相信汀溪的特色小镇建设必将迎来更加灿烂的明天!